Landbuch-Verlag GmbH
Hannover

Ernst Andreas Friedrich

Naturdenkmale Niedersachsens

Naturschöpfungen

Lieber Vater,
möge Dir dies Buch einige Seiten Deiner „neuen Heimat" zeigen, die zu sehen nicht vielen vergönnt ist.
Alles Gute zum 70.

Dein Ralf
und Christina

Naturdenkmale Niedersachsens

Ernst Andreas Friedrich

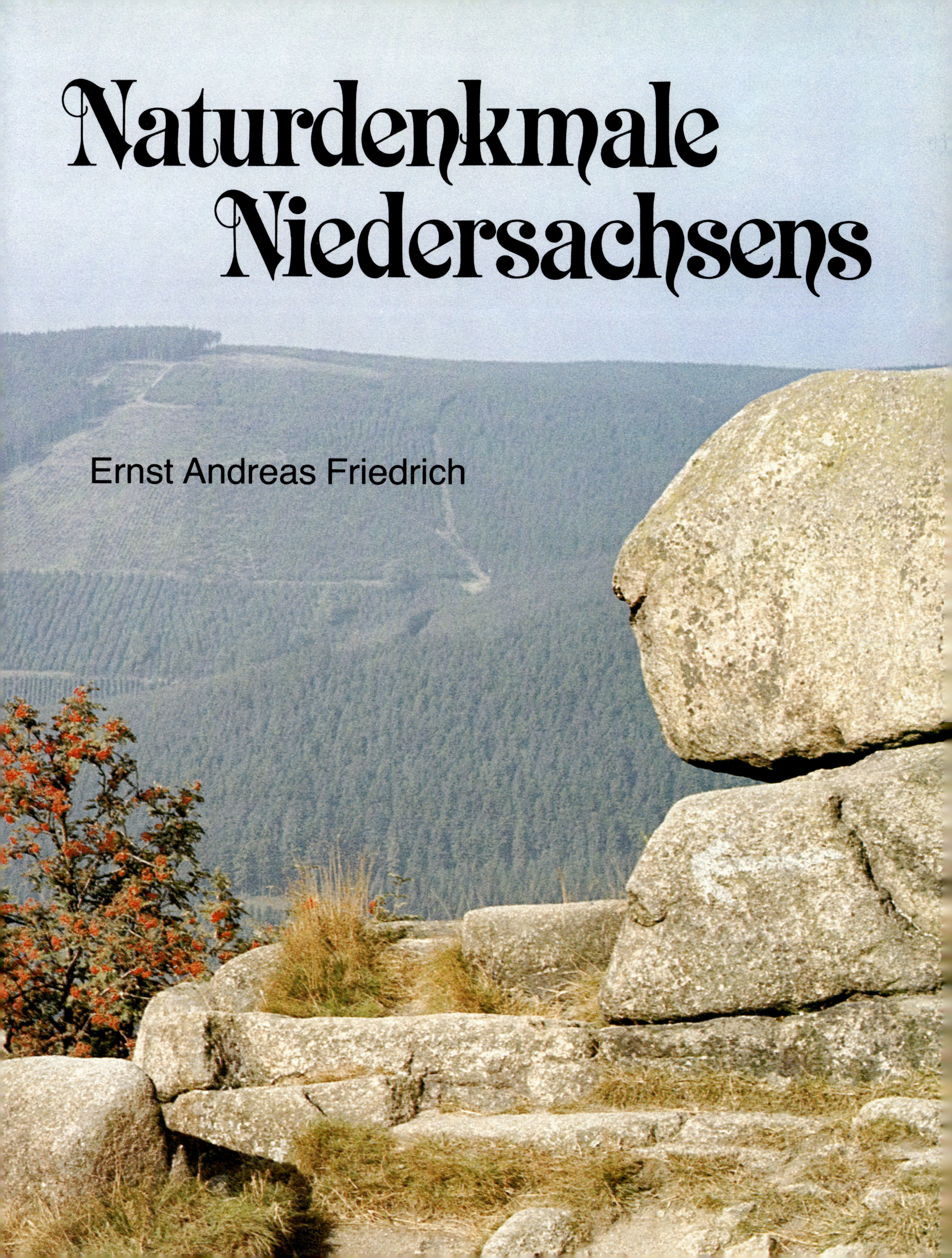

Meinem Freund und Mentor
Oberlandforstmeister a. D. Walter Kremser
gewidmet

Fotos:

Margarete Bink, Hameln	Seite 143	links Mitte
Jürgen Diedrich, Ronnenberg	Seite 143	links unten
Fritz-Martin Engel, Ansbach	Seite 152	
Julius Gross, Hannover	Seite 104	oben, 104 unten, 199 oben Mitte
Bernd Kerber, Barsinghausen	Seite 143	rechts unten
Friedrich Wilhelm Kölle, Lengerich	Seite 143	rechts oben
Hans Laßwitz, Hannover	Seite 65	rechts unten, 65 links unten,
	Seite 91	links oben, 91 links unten,
	Seite 139	rechts, 143 links oben
Eckart Pott, Stuttgart	Seite 199	links oben, 199 rechts oben
Bodo Schillat, Hamburg	Seite 126	
Harald Schneider, Geesthacht	Seite 127	
Jürgen Weber, Hannover	Seite 139	links oben, 139 unten,
	Seite 154	oben, 154 unten,
	Seite 169	links oben, 169 rechts oben,
	Seite 169	unten, 179,
	Seite 211	links oben, 211 rechts oben,
	Seite 245	oben, 259 oben

Titelbild und alle übrigen vom Verfasser

Innentitel:
Im Nordharz. Blick von der Feigenbaumsklippe über das Okertal zum Eichenberg.

---

2. Auflage
Landbuch-Verlag GmbH, Hannover, 1981

Fotosatz: K.-K. Wäsch KG, Hannover

Druck: Wilhelm Schröer & Co., Seelze/Hannover

Buchbinderische Verarbeitung:
Landbuch-Verlag GmbH, Hannover, Buchbinderei S. R. Büge, Celle/Westercelle

ISBN 3 7842 0239 X

Inhalt

Vorwort

Dieses Buch entstand aus Liebe zur Natur und zu Niedersachsen. Es will in möglichst ansprechender und leichtverständlicher Weise aufzeigen, wie die Naturkräfte im niedersächsischen Raum im Laufe vieler Jahrmillionen gewirkt und was sie dabei an der Erdoberfläche an Besonderem hervorgebracht haben. Es ist kein wissenschaftliches Buch, wenngleich auch zur Erklärung von Naturvorgängen und zur Beschreibung der Naturgebilde auf Ergebnisse der naturwissenschaftlichen und geschichtlichen Forschung stark zurückgegriffen wurde.

Das Wort „Naturdenkmal" im Titel des Buches ist nicht nur in seiner naturschutzrechtlichen Bedeutung zu verstehen, sondern auch im Sinne Alexander von Humboldts, der diesen Begriff einstmals prägte. Mit ihm sind Schöpfungen der Natur gemeint, die der Beachtung und des Gedenkens wert sind – gleichgültig ob sie rechtlich als Naturdenkmal ausgewiesen sind, ob sie sich zu einem weitläufigen Naturschutzgebiet summieren oder ob sie vom Naturschutz überhaupt nicht erfaßt sind. Hier soll es nur darauf ankommen, einmal möglichst viele geologische, hydrologische, botanische und sonstige Sehenswürdigkeiten in einer Zusammenschau vorzustellen. Sicherlich werden viele Leser überrascht sein, was Niedersachsen an Naturgebilden von nationalem und internationalem Rang vorzuweisen hat.

An dieser Stelle sei allen gedankt, deren Wissen in dieses Buch eingeflossen ist. Der Dank gilt vor allem den Mitarbeitern der niedersächsischen Naturschutzverwaltung, der Landesforstverwaltung und der Wasserwirtschaftsverwaltung, die zum Zustandekommen dieses Buches beigetragen haben. Leider mußte vieles unberücksichtigt bleiben, darunter so gut wie alle Naturgebilde, die durch menschliche Mithilfe entstanden sind. Sie zu würdigen, müßte einmal Gegenstand einer eigenen Darstellung sein.

Hannover, im Januar 1980

Zur 2. Auflage

Die vorliegende 2. Auflage des Buches „Naturdenkmale Niedersachsens" unterscheidet sich von der ersten nur durch einige wenige Korrekturen. Eine grundsätzliche Änderung erfuhr lediglich der Beitrag über die Lippoldshöhle, in dem auf Grund vorher nicht bekannter urkundlicher Unterlagen die historische Figur des Lippold von Rössing von der Sagengestalt des Räubers Lippold getrennt werden mußte. Die im Vorwort zur 1. Auflage erwähnten Überlegungen, ein weiteres Buch über diejenigen Naturdenkmale Niedersachsens zu schreiben, die ohne menschliches Zutun nicht das wären, was sie sind, haben inzwischen greifbare Formen angenommen.

Hannover, im Januar 1981

Ernst Andreas Friedrich

Wo liegt was in Niedersachsen?

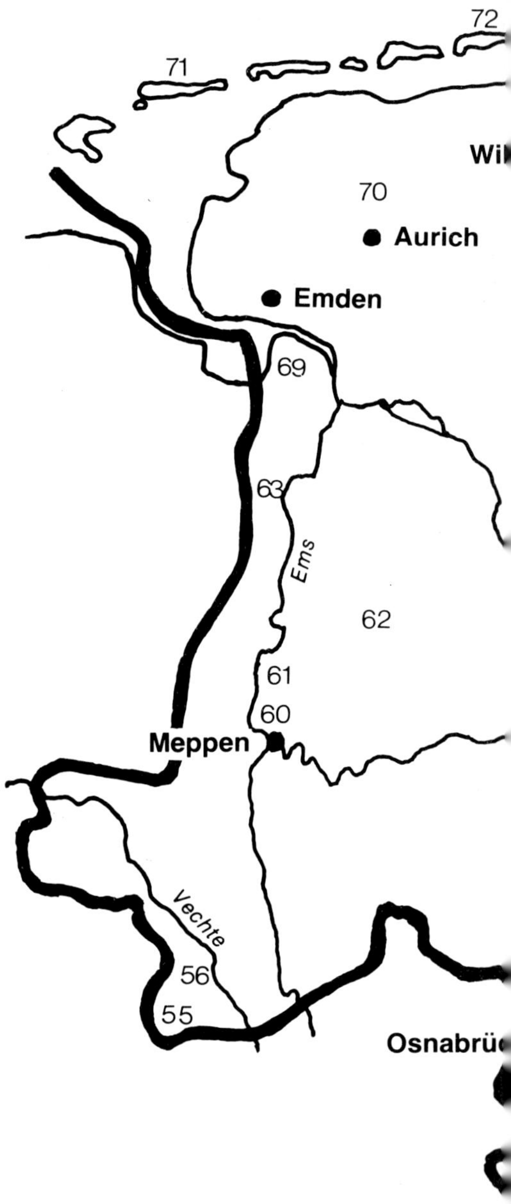

1 Hühnerfeld
2 Hurkutstein
3 Huteeichen im Bramwald
4 Hoher Hagen
5 Eibenhain im Pleßwald
6 Seeburger See
7 Rhumequelle
8 Rotenberg
9 Hainholz
10 Steinkirche
11 Einhornhöhle
12 Römerstein
13 Sachsenstein
14 Achtermannshöhe
15 Urfichten im Oderholz
16 Bruchbergmoor
17 Okertal
18 Iberger Tropfsteinhöhle
19 Hübichenstein
20 Lauenberger Huteeichen
21 Selterklippen
22 Hilsmulde
23 Steinmühle
24 Breitenstein
25 Pyrmonter Dunsthöhle
26 Ithklippen
27 Lippoldshöhle
28 Sackwald
29 Hainberg
30 Upstedter Linde
31 Kanstein
32 Schweineberg
33 Hohenstein
34 Süntelbuchen
35 Riesenberghöhle
36 Bückeberge
37 Nenndorfer Krater
38 Steinhuder Meer
39 Riddagshauser Teiche
40 Reitlingstal
41 Drömling
42 Lindenwald von Druffelbeck
43 Bissendorfer Moor
44 Giebichenstein
45 Eichenkratt von Deblinghausen
46 Hülsen von Wehrenberg
47 Meißendorfer Teiche
48 Wacholderwald bei Schmarbeck
49 Bullenkuhle
50 Werteichen der Göhrde
51 Maujahnskuhle
52 Wilseder Berg
53 Teufelsmoor
54 Balksee
55 Gildehäuser Venn
56 Bentheimer Klippen
57 Bifurkation der Hase
58 Saurierfährten von Barkhausen
59 Dümmer
60 Flütenberg
61 Tinner Loh
62 Hümmling
63 Heeder Linde
64 Wildeshauser Geest
65 Hasbruch
66 Zwischenahner Meer
67 Sehestedter Moor
68 Neuenburger Urwald
69 Dollart
70 Ewiges Meer
71 Hammersee
72 Spiekeroog
73 Knechtsand

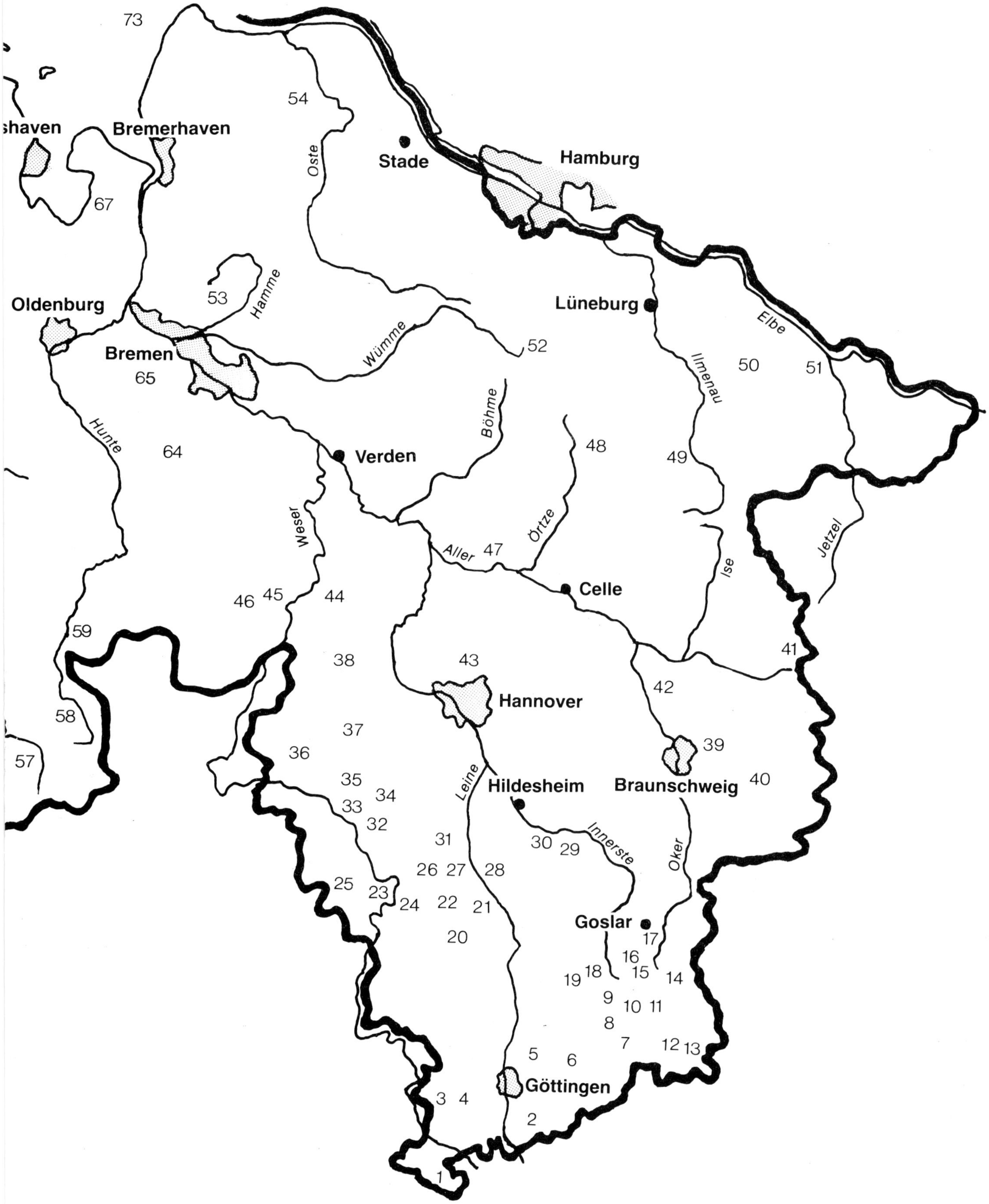

shaven
Bremerhaven
Stade
Hamburg
Oldenburg
Bremen
Lüneburg
Verden
Celle
Hannover
Hildesheim
Braunschweig
Goslar
Göttingen
Oste
Hamme
Wümme
Elbe
Ilmenau
Böhme
Hunte
Weser
Aller
Örtze
Ise
Jetzel
Leine
Innerste
Oker
73
54
67
53
52
50
51
65
64
48
49
47
46
45
44
59
41
38
43
42
58
37
39
57
36
35
34
40
33
32
31
30
29
26
27
28
25
23
24
22
21
20
17
16
19
18
15
14
9
10
11
8
7
12
13
5
6
3
4
2
1

2 Einsiedelei im Reinhäuser Wald:

Der Hurkutstein

Wenige Kilometer südöstlich von Göttingen liegt Reinhausen, der einstige Sitz eines Adelsgeschlechtes, das im 11. Jahrhundert die Grafen des Leingaues stellte. Vier Geschwister dieses Geschlechtes gründeten hier 1085 das Chorherrenstift St. Christopheri, das zu Beginn des 12. Jahrhunderts vom Erben der Reinhäuser, dem Grafen Hermann von Winzenburg, in ein Benediktinerkloster umgewandelt wurde. Das Kloster ist seit der Reformation nach und nach verfallen. Die letzten Reste seiner romanischen Pfeilerbasilika sind in der heutigen Dorfkirche enthalten, die weithin sichtbar auf einer von einer Buntsandsteinplatte gebildeten Anhöhe liegt. Der Buntsandstein spielt in diesem Dorf überhaupt eine beherrschende Rolle: Längs seines senkrechten Abbruches verläuft die Hauptstraße, deren östliche Häuserreihe an oder in den roten Fels gebaut ist. Dieses sehenswerte Dorf am Wendebach gab dem Wald seinen Namen, der sich südöstlich anschließt.

Das Stückchen Erde, das der Reinhäuser Wald auf einer Fläche von rund 2 000 Hektar bedeckt, erhielt den ersten Anstoß zu seiner heutigen Form durch das Zechsteinmeer, das vor etwa 200 Millionen Jahren weite Teile Mitteleuropas überflutet hatte. Von diesem Meer wurden – wie an vielen anderen Orten Niedersachsens, so auch hier – Salze abgelagert und darüber Buntsandstein, Muschelkalk und Keuper. Als dann ungefähr 50 Millionen Jahre später in der Jura- und in der folgenden Kreidezeit die Saxonische Faltung einsetzte, zerbrachen die abgelagerten Gesteinsschichten in Schollen, von denen die einen absanken und die anderen sich auffalteten. Auf diese Weise entstand ein Bruchfaltengebirge, wie es heute noch das Landschaftsbild in einem großen Teil des Göttinger Raumes bestimmt. Diese tektonischen Vorgänge, mit denen sich eine mehr oder weniger steile Aufrichtung der Gesteinsschichten verband, bewirkten auch die Verwerfung, die von den Geologen der Reinhäuser Bruch genannt wird.

Im Gebiet des Reinhäuser Waldes verursachten die tektonischen Vorgänge nicht ganz so tiefgreifende Veränderungen. Sie ließen hier die Gesteinsschichten zum Teil in ihrer alten Lagerung oder gaben ihnen durch Heben oder Senken nur flache Neigungen. Das hatte zur Folge, daß die hier vorherrschenden Buntsandsteinschichten den abtragenden Kräften der Verwitterung weniger stark ausgesetzt waren. So entstanden breite Bergrücken, flache Wölbungen und Hochebenen, die von zahlreichen Tälern, Schluchten und Mulden unterbrochen sind. Eine derartige Geländevielfalt kennt man in anderen Buntsandsteingebieten nicht, so daß sie als eine Besonderheit der Landschaft um Reinhausen gilt. Etwas Besonderes stellen auch die beiden „Gleichen" dar, die das Reinhäuser Gebiet überragen: ein steiler Berg mit zwei fast gleich hohen Kuppen aus Muschelkalk, die einander auch in der Form ähneln. Von den beiden Gleichen spinnt sich eine Sage zu einem vielbesuchten Naturgebilde im Reinhäuser Wald, dem Hurkutstein.

Das Dorf Reinhausen ist entlang einer Verwerfung des hier lagernden Buntsandsteins gebaut. Über Reinhausen ist auch der Wanderweg am einfachsten zu erreichen, der zum Hurkutstein und den anderen Buntsandsteinklippen des Reinhäuser Waldes führt. Unser Bild zeigt das Dorf im Schein der Abendsonne. Im Hintergrund sind die beiden Gleichen zu erkennen.

Dieser an seiner Oberfläche stark verwitterte Stein von etwa 10 Meter Höhe ist einer der ungezählten Buntsandsteinfelsen, auf die man unter dem vorwiegend aus Buchen gebildeten Baumbestand des Reinhäuser Waldes stoßen kann. Er befindet sich im Klaus- oder Klustal, das heute unter der Bezeichnung Waldschlößchenstraße besser bekannt ist. Seinen Namen erhielt er durch einen Einsiedler, der in ihm gehaust haben soll, dessen Existenz aber historisch nicht belegt ist. Er hat sich der Nachwelt nur in einer Sage erhalten sowie in der Tatsache, daß sich in dem auf einer Anhöhe liegenden Felsen eine Höhle befindet, die von Menschenhand bearbeitet ist und die einem Einsiedler sehr wohl als Bleibe hatte dienen können.

Die Sage berichtet, daß die beiden Burgen, die früher auf den Gleichengipfeln standen, zwei Brüdern gehörten. Der Herr von Altengleichen hatte keine Kinder, so daß nach seinem Tode alle seine Güter an seinen Bruder gefallen wären. Da geschah es aber, daß auf Altengleichen doch noch ein Sohn und Erbe geboren wurde. Das erzürnte den Herrn von Neuengleichen so sehr, daß in ihm ein böser Gedanke aufkeimte. Er befahl einem seiner Knechte, der ihm das Leben verdankte und deshalb treu ergeben war, den verhaßten Neffen zu beseitigen. Das jagte dem Knecht zwar einen Schrecken ein, doch er wollte nicht undankbar sein. Am Weihnachtstage darauf, als Vater und Mutter des Knaben im Kloster Reinhausen die Kirche besuchten, verkleidete sich der Knecht als Mönch und lockte in der Burg Altengleichen den Jungen an sich. Dann trug er ihn tief in den Wald hinein und überließ ihn seinem Schicksal. Er selbst aber kehrte nicht wieder zu seinem Herrn zurück, sondern zog fort in die weite Welt.

Die Sage schildert nun, daß ihn in der Fremde Heimweh und Gewissensbisse plagten und zwar so sehr, daß er eines Tages doch wieder in Reinhausen war. Er beichtete dem Prior des Klosters seine schwere Sünde und bat darum, ihn in das Kloster aufzunehmen, damit er seine Schuld durch ein frommes Leben abbüßen könne. Doch der Prior wies ihn in den Wald hinaus, wo er fern von den Menschen leben sollte. So suchte sich der Knecht im Klosterwald einen Felsen, von dem aus er die Gleichen sehen konnte. Er erweiterte eine Felsenspalte zu einer kleinen kammerartigen Höhle, die ihm bei Nacht und Kälte, Regen und Schnee Schutz bieten sollte.

Was sich von dieser Sage tatsächlich zugetragen hat, ist schwer zu ergründen. Sicher scheint nur zu sein, daß der überlieferte Name des Steines mit einem Manne zu tun hat. Die Bezeichnung „Hurkut" leitet sich von „hurkuzen" her, das nach dem Wörterbuch der niederdeutschen Mundart der Fürstentümer Göttingen und Grubenhagen aus dem Jahre 1858 soviel wie „niederhocken, sich verkriechen" bedeutet. Ein Hurkut ist somit einer, der hockt oder kauert. So kann es gut möglich sein, daß in der Höhle dieses Felsens, die drei Meter über dem Erdboden liegt und nur über eine Leiter zu erreichen ist, ein Einsiedler hauste, der von Waldbesuchern stets nur in hockender, kauernder Haltung gesehen wurde und deshalb, zumal man seinen richtigen Namen nicht kannte, einfach Hurkuz oder Hurkut genannt wurde. Ein Beweis ist es aber nicht, weil der Hockende auch nur in der Phantasie der Menschen bestanden haben kann.

Zutreffend kann auch die Annahme sein, daß ein historisch bezeugter Mönch namens Heinrich Hufnagel, der in einer Klause nahe einer von ihm erbauten Kapelle zum Heiligen Grab im Reinhäuser Wald wohnte, von der Phantasie des Volkes nachträglich in den Hurkutstein versetzt wurde. Dieser Mönch sammelte im Jahre 1387 milde Gaben für das in jener Zeit stark verschuldete Kloster Reinhausen. Aber auch für diese Annahme, daß die geschichtliche Person des Klausners Hufnagel zur Sagengestalt des Hurkut umgewandelt wurde, fehlt ein schlüssiger Beweis. So muß die Frage offen bleiben, ob in diesem Felsen tatsächlich ein Einsiedler gehaust hat oder nicht.

Der Hurkutstein wurde bereits 1936 zum Naturdenkmal erklärt, ebenso die Eiche, die auf ihm steht. Weitere Naturdenkmäler im Reinhäuser Wald sind die Jägersteine, der Taufstein und die Bürgergrotte, die alle leicht zu erwandern sind.

Der Hurkutstein im Reinhäuser Wald (Bild rechts) ist ein vielbesuchtes Naturdenkmal. Hat in seiner Höhle ein Einsiedler gelebt oder nicht? Diese Frage stellt sich wohl jeder Besucher, der die Sage kennt, die sich um diesen Buntsandsteinfelsen rankt. Da seine Stirnwand nach Nordwesten gerichtet ist und daher die längste Zeit des Tages im Schatten liegt, lassen sich von ihm nur im Sonnenlicht des späten Nachmittags gute Fotos machen. Der Weg zum Hurkutstein führt weiter zu den Jägersteinen (Bild links), deren Besichtigung ebenfalls lohnt.

3 Nach mittelalterlichem Vorbild:

Die Huteeichen im Bramwald

Nördlich von Hann. Münden, der alten Handelsstadt am Zusammenfluß von Werra und Fulda, erhebt sich am Ostufer der Weser in steilem Anstieg der Bramwald. Während sich die Weser auf einer Höhe von 100 Meter über Normal-Null durch ihre enge Talaue zwängt, erreicht der Bramwald eine Höhe von über 400 Meter. Seinen höchsten Punkt hat er mit 410 Meter auf dem Totenberg, dessen Name an ein siedlungsfernes Gebiet erinnert, das einst nicht einer einzigen Dorfgemeinschaft, sondern einer ganzen Gaugemeinschaft gehörte. Wie der Solling, der Kaufunger Wald und der am westlichen Weserufer in Hessen liegende Reinhardswald ist der Bramwald ein Teil des mächtigen Oberweser-Buntsandsteingewölbes, dessen obere Schicht rotleuchtende Felshänge bildet.

Wie schon sein Name zu erkennen gibt, ist der Bramwald ein ausgesprochenes Waldgebirge. „Bram" bedeutet dabei Grenze. Dieser alte Begriff findet sich zum Beispiel auch noch im Zeitwort verbrämen und im Namen der Hansestadt Bremen. Etwa 6 000 Hektar groß, ist der Bramwald ein alter Grenzwald, der auch heute noch Niedersachsen zum Nachbarland Hessen hin begrenzt.

Sein Waldbild hat allerdings im Laufe der Jahrhunderte manche Wandlung erfahren. Zeigte es sich im Mittelalter noch als reiner Laubwald, so ist es durch die neuzeitliche Forstkultur mehr und mehr ein Nadelwald zur Holzerzeugung geworden. Dennoch ist der Baumbewuchs mit Buchen, Eichen, Fichten, Lärchen und Kiefern recht vielfältig geblieben. An manchen Stellen gibt es auch Buntlaubhölzer wie die Ulmen im Ilmengrund und die Wildkirschen im Kespergrund. Ilme ist ein altes Wort für Ulme und Kesper für Kirsche. Die Bodenflora ist dagegen wie überall auf Buntsandstein sehr arm, so daß der Boden des Bramwaldes nur mit Heidel- und Preiselbeeren sowie mit Adlerfarn bedeckt ist.

Obgleich heute im Bramwald die forstliche Nutzung im Vordergrund steht, findet man noch genügend Stellen, die das einstige Aussehen bewahrt haben. Am deutlichsten sichtbar wird es bei den Huteeichen an der sogenannten Langen Bahn, einem Wanderweg auf dem Scheitel des Bramwaldes. Dieser Weg zweigt von der Straße Varlosen-Hemeln nach Norden ab und stellt die Verlängerung der von Bühren kommenden Straße dar.

Im Mittelalter und in der beginnenden Neuzeit bis in das 19. Jahrhundert hinein war die Nutzung des Waldes vielseitiger als heute. Nicht die Holzproduktion stand im Vordergrund, sondern die Waldweide für das Vieh. Dazu waren Bäume wie Eichen, Buchen und Wildobst erforderlich, die nahrhafte Früchte hervorbrachten. Die Bäume durften nicht zu hoch sein, damit sie ihre ganze Kraft auf die Ausbildung breiter Kronen verwenden konnten. Denn nur so konnten sie möglichst viele Früchte tragen. Zudem mußten die Bäume genügend weit auseinander stehen und frei von Unterholz sein, damit die Schweine, Ziegen und Rinder die Eicheln und Bucheckern leicht auffinden konnten. Der zwei Hektar große Hutewald an der Langen Bahn zeigt das Bild des damaligen

Die prächtige, über 200 Jahre alte Märchenbuche (Bild rechts) steht am Steilufer der Weser. Unter ihr sollen die Brüder Grimm oft gesessen haben.

Die als Naturdenkmal erhaltenen Huteeichen (Bild unten) an der Langen Bahn, einem Wanderweg auf dem Scheitel des Bramwaldes, vermitteln noch ein Bild davon, wie der Wald des Mittelalters aussah.

Die fast ebene Dransfelder Hochfläche ist mit vielen Basaltkegeln übersät, von denen unser Bild unten zwei zeigt, nämlich den Ossenberg und die Grefenburg. Der größte dieser Vulkane ist der Hohe Hagen, dessen Basaltschlot (Bild rechts) jedoch schon fast abgebaut ist. Als der aus dem Erdinnern an das Tageslicht gequollene glutflüssige Basalt abkühlte, erstarrte er zu der für ihn typischen Säulenform (Bild links). Dieses Foto stammt aus dem Steinbruch des Hohen Hagen.

Gauß, der neben Archimedes und Newton zu den genialsten Mathematikern der Welt gerechnet wird, arbeitete rund 25 Jahre an dieser wissenschaftlich berühmt gewordenen Aufgabe. Er erfand dabei zur Verbesserung der Winkelmessung im Gelände den Heliotrop, den Sonnenspiegel, mit dessen Hilfe das bis dahin größte trigonometrische Dreieck der Welt festgelegt werden konnte: vom Hohen Hagen über den Brocken im Harz zum Inselsberg im Thüringer Wald. Zum Gedenken an diese geodätische Glanzleistung wurde 1911 auf dem höchsten Punkt des Hohen Hagens der Gaußturm mit dem Gaußzimmer errichtet. Doch infolge von Sprengungen im nahegelegenen Steinbruch stürzte der Turm 1962 ein, so daß ein neuer gebaut werden mußte. Er wurde 1964 seiner Bestimmung mit der Hoffnung auf eine längere Lebensdauer übergeben. Von diesem Turm aus reicht der Blick weit über die südniedersächsischen und nordhessischen Basaltberge.

Im Mittelalter soll der Hohe Hagen zum Schauplatz einer Begebenheit geworden sein, über die schon viel gelacht wurde. Über sie berichtet aber nicht die Geschichtsschreibung, sondern nur die Sage. Danach soll ein Welfenherzog mit einer Streitmacht von Münden ausgezogen sein, um die Göttinger zu züchtigen, weil sie ihm den Zoll verweigert hatten. Die Göttinger aber warfen sich dem Herzog in offener Feldschlacht entgegen und drängten ihn bis Dransfeld zurück. Da kamen ihm die treu ergebenen Dransfelder zu Hilfe, und gemeinsam besiegten sie die Göttinger. Aus Dankbarkeit verlieh der Herzog den Dransfeldern einige Freiheiten, darunter auch das Jagdrecht, das bald darauf zum ersten Male ausgeübt wurde.

Doch Wunsch und Tat waren zweierlei. Wie die Göttinger behauptet haben sollen, hätten die Dransfelder noch nie in ihrem Leben ein Stück Wild gesehen. So sei es gekommen, daß sie eine auf dem Hohen Hagen weidende Eselin für einen Hasen hielten. Sie wollten ihn sogleich erlegen. Als sich das Tier aber sehr zahm zeigte, fingen sie es lebendig. Da bemerkte einer der Waidgesellen, daß das Langohr ein volles Euter hat. Sie beschlossen, es zu melken und tranken mit Wohlgenuß die ihnen unbekannte Hasenmilch. Seitdem heißen die Dransfelder die „Hasenmelker".

Für die Überlieferung dieser Sage sorgte auch einer ihrer Bürgermeister, der um die Mitte des 17. Jahrhunderts die Geschicke des Ortes lenkte. Dieser Bürgermeister namens Georg Grünewald schrieb 1655 die plattdeutsche „Historye von den Hasenmelckers" – ein Schwank, der noch heute aufgeführt wird. Darin bekommen auch die Göttinger als die „Eselfresser" ihr Teil ab, doch das ist eine Geschichte, die mit der Dransfelder Hochfläche und dem Hohen Hagen nichts zu tun hat.

5 Eine forstbotanische Kostbarkeit:

Der Eibenhain im Pleßwald

Nördlich von Göttingen, in der Nähe des Fleckens Bovenden, erhebt sich auf einem schmalen Felsvorsprung aus Muschelkalk in 340 Meter Höhe die Burg Plesse über das Leinetal. Im 11. Jahrhundert erbaut und im 17. Jahrhundert nach dem Dreißigjährigen Krieg dem Verfall preisgegeben, werden seit einigen Jahren viel Geld und Mühe aufgewendet, um die von zwei Türmen beherrschte Ruine der Nachwelt zu erhalten. Die Reste der Burg Plesse stellen im südlichen Niedersachsen das bekannteste und am meisten besuchte Denkmal mittelalterlichen und frühneuzeitlichen Wehrbaues dar. Unweit dieser malerischen Burgruine, auf deren Trümmern auch schon Johann Wolfgang von Goethe gesessen und – wie er in einem Gedicht mitteilte – „in die Welt hinausgeschaut" hat, finden Naturfreunde eine forstbotanische Kostbarkeit, wie es sie kein zweites Mal auf deutschem Boden gibt: den Eibenhain im Pleßwald.

Die Eibe ist jener seltsame Nadelbaum, der im Gegensatz zu anderen keine Zapfen hervorbringt, sondern rote Beeren – genauer gesagt Scheinbeeren. Diese Baumart ist überall sehr selten geworden. Zwar findet man sie noch in Gärten und Parkanlagen, so in Niedersachsen im Französischen Garten von Celle, im Park des einstigen Jagdschlosses Baum bei Bückeburg oder – in Fachkreisen weltberühmt – als kunstvoll geschnittene Hecke im Garten hinter dem Kapuzinerkloster des Jagdschlosses Clemenswerth bei Sögel im Hümmling. Doch das sind alles Eiben, die von Menschenhand gepflanzt worden sind. Im ganzen niedersächsischen Flachland gibt es nur noch eine einzige wildwachsende Eibe, der zu allem Übel der verheerende Orkan vom 13. November 1972 die Krone raubte, nachdem sie schon mindestens 1 000 Lebensjahre ungefährdet überdauert hatte. Sie steht im Krelinger Bruch bei Walsrode nun als drei Meter hoher Stumpf mit einem erhalten gebliebenen Seitentrieb, von dem man hofft, daß er zu einem neuen Stamm wird. Im niedersächsischen Berg- und Hügelland dagegen kommt die Eibe noch etwas häufiger vor, hat sich aber auch hier mit Ausnahme des Eibenhaines im Pleßwald nur in vereinzelten Exemplaren erhalten.

Warum die Eibenwälder in Niedersachsen wie auch anderswo verschwunden sind, hat zwei Gründe, die mit den Eigenarten des Eibenholzes zusammenhängen. Einmal ist dieses harte blutrote Holz nahezu unverwüstlich und übertrifft an Haltbarkeit sogar noch das der Eiche. Viele alte Häuser Niedersachsens stehen auf Sohlbalken aus Eibenholz. Zum anderen ist es sehr geschmeidig – eine Eigenschaft, die es bis ins späte Mittelalter zu einem begehrten Rüstungsrohstoff machte.
 Schon in antiker Zeit wußten Griechen, Römer, Kelten und Germanen dieses biegsame Holz zur

Die Ruine der Burg Plesse (Bild rechts) ist im Leinetal schon von weitem zu sehen. Sie wurde in den vergangenen Jahren vorbildlich restauriert.

Vom Parkplatz der Burg aus läßt sich der Eibenhain am Hang des Hainberges (Bild unten) am bequemsten erreichen. Er stellt – auch wenn es bei seinem Anblick schwer zu glauben ist – noch eines der größten geschlossenen Eibenvorkommen Europas dar. Im allgemeinen kennt man Eiben nur als immergrüne Büsche im Garten.

seinen Diener zum Fischmeister, um einen Aal zu holen. Doch statt eines Aales brachte ihm der Diener eine silberweiße Schlange. Graf Isang ließ auch sie sich schmecken, wußte er doch, daß jeder, der von solch einer Schlange ißt, die Sprache der Tiere verstehen lernt. Aber der Genuß dieser ungewöhnlichen Speise hatte noch eine andere Wirkung: Dem Grafen fielen plötzlich alle seine Sünden und Frevel ein, so daß ihm vor Angst ganz heiß wurde, als ob er – wie es in der Sage so bildhaft heißt – „die Hölle angeblasen hätte". Um Kühlung zu finden, flüchtete er in den Garten. Dort überbrachte ihm ein Bote die Nachricht, daß seine Schwester die Schändung nicht habe verwinden können und am Kummer darüber gestorben sei. Dem Grafen wurde sehr elend, zumal er auch auf dem Schloßhof die Hühner, Enten und Gänse von seinem ruchlosen Leben sprechen hörte. Er solle schnell den Ort seiner Sünden verlassen, riefen ihm die Hennen zu. Ehe die Sonne unterginge, würden die Türme des Schlosses umfallen und die ganze Burg im Erdreich versinken.

Graf Isang, immer verzweifelter, sattelte schließlich sein bestes Pferd und sprengte im letzten Glanz der Abendröte über die Zugbrücke zum Burgtor hinaus. Auf einer Anhöhe bei Gieboldehausen schaute er noch einmal zurück. In diesem Augenblick fing die Erde zu zittern und zu beben an. Die Wälle, Mauern und Türme der Burg stürzten in sich zusammen und verschwanden in unergründlicher Tiefe. An ihrer Stelle wogte plötzlich ein großer See, aus dem zuweilen heute noch – und das ist nun keine Sage mehr, sondern Tatsache – behauene Quadersteine und Eichenbohlen herausgeholt werden. Wie Bohrungen, die vor einigen Jahren im Seeboden niedergebracht wurden, und anschließende Pollenanalysen gezeigt haben, befand sich in der Zeit von etwa 5000 bis 800 vor Christus an dieser Stelle kein Gewässer, sondern ein Moorgebiet mit Birken, Erlen und Pappeln. Gegen 500 vor Christus trat dann eine Senkung des Untergrundes um 10 bis 12 Meter ein – möglicherweise der Vorgang, um den sich die Isang-Sage rankt. Es war einer der zahlreichen Erdfälle im Gipskarstgebiet südlich des Harzes, das sich bis unter den Buntsandstein der Goldenen Mark erstreckt. Durch die Auslaugung der Zechsteinsalze im Untergrund bildeten sich Höhlen, deren Decken mit der Zeit einbrachen. Auf diese Weise entstanden viele kleine und kleinste Dolinen, aber auch große Becken wie das von Lindau oder von Pöhlde und so auch des Seeburger Sees.

Heute ist dieses Gewässer nur noch bis zu vier Meter tief und – das Schicksal fast aller niedersächsischen Binnenseen – einem Verlandungsprozeß unterworfen. Der Seeboden besteht hauptsächlich aus Torf und Schlamm. Doch am Ostufer, wo Stümpfe mächtiger Linden nachgewiesen werden konnten, steht unter dem Wasser Löß an, der durch eine Strömung abgetragen, an das Westufer transportiert und dort abgelagert wird. Macht dieser Lößlehm das Seewasser schon äußerst fruchtbar, so kommen noch Nährstoffe hinzu, die der Regen von den Ackerflächen auf den Uferhügeln in den See schwemmt. Sie fördern im Seewasser das Pflanzenwachstum und damit den Verlandungsprozeß. Überdies hat sich an der Einmündung der Aue ein Schuttkegel gebildet, der immer größer wird. Die Aue, von Ebergötzen ankommend, ist das Flüßchen, in dem nach der Lausbubengeschichte „Max und Moritz" von Wilhelm Busch der Schneider Böck sein unfreiwilliges Bad genommen hat.

Um die unaufhaltsame Verlandung des Seeburger Sees auf das natürliche Maß zu beschränken, wurden in den zuständigen Behörden schon viele Überlegungen angestellt. Dabei kam man auch auf den Gedanken, am Einfluß der Aue ein Becken zu bauen, in dem sich der ständig herangeführte Schutt ablagern kann. Aber viel Hoffnung auf Verwirklichung dieses Planes besteht nicht, weil das angeschwemmte Material sehr fein ist und deshalb das Ablagerungsbecken sehr weitläufig sein müßte. Möglich dagegen dürfte es sein, daß die Felder um den See durch Flurbereinigungen so geschnitten und gelegt werden, daß die Ackerfurchen parallel zum Seeufer verlaufen und nicht mehr wie bisher auf den See zu.

Der Seeburger See ist die einzige natürlich entstandene Wasserfläche im gesamten Untereichsfeld. Seine Ufer sind schwer zugänglich. Man kommt nur von Seeburg und von Bernshausen her an das Wasser heran. Er war einstmals viel größer; doch teilt er das Schicksal mit vielen anderen Seen Niedersachsens, allmählich zu verlanden. Unser Bild, von der Seeburger Seite aus gemacht, läßt am rückwärtigen, östlichen Ufer Bernshausen erkennen, nach dem der See ebenfalls schon benannt wurde.

7 Das Geheimnis spät gelüftet:

Die Rhumequelle

In Niedersachsen gibt es über 4 000 staatlich geschützte Naturdenkmale. Eines der eindrucksvollsten davon ist die Rhumequelle im südlichen Harzvorland nahe des Ortes Rhumspringe, der ihr seinen Namen verdankt. Genauer gesagt, liegt sie in einem Talkessel an der Südabdachung des Rotenberges, auf dem sich im 10. Jahrhundert ein großer Vogelherd König Heinrich I. befand. Dem Besucher zeigt sich diese Quelle als ein rundlicher Teich von etwa 20 Meter Durchmesser. Sie wurde lange für die größte Quelle Europas gehalten. Doch es stellte sich heraus, daß der Aachtopf in Südbaden, in dem die bei Immendingen versinkende Donau wieder zutage tritt, und die Vaucluse-Quelle in Südfrankreich noch mächtiger sind.

An welcher Stelle der größten Quellen Europas auch immer der Rhumsprung stehen mag, gehört er zu den ganz großen des Kontinents. Seine Schüttung, die den Quellteich als fünf Meter breiter Fluß verläßt und seit 1978 im Raum Duderstadt zur Trinkwasserversorgung genutzt wird, kann in der Sekunde 5 000 und mehr Liter erreichen. Der bisher gemessene höchste Wert betrug am 15. März 1957 je Sekunde 5 430 Liter. Das bedeutet, daß an diesem Tage bei einer Schüttung von 469 Millionen Litern fast jeder Bundesbürger aus dieser Quelle mit einem Eimer voll Wasser hätte versorgt werden können.

Das sind gewaltige Mengen des nassen Elementes, die sich hier ständig ihren Weg an das Tageslicht bahnen. Kein Wunder, daß sie seit eh und jeh das staunende Interesse der Menschen fanden, in vorchristlicher Zeit sogar auch deren religiöse Verehrung. Aber selbst noch in christlicher Zeit wurde hier dem Walten einer göttlichen Kraft gehuldigt, wie eine Christusfigur aus Eisen bezeugt, die im Quellteich gefunden wurde. Vermutlich war sie – genau weiß man es nicht – bei einer Prozession in die Tiefe versenkt worden.

Die Quelle des Rhumeflusses, der nach 43 Kilometern bei Northeim in die Leine mündet, wurde aber nicht nur bestaunt und verehrt. Schon früh begannen auch Menschen darüber nachzusinnen, woher wohl das viele Wasser eigentlich kommt. Selbst der berühmte deutsche Naturforscher und Geograph Alexander von Humboldt hat sich mit dieser Frage befaßt und 1789 die Quelle besichtigt. Er kam zur Auffassung, daß sie durch unterirdische Seitenarme der Saale und Elbe gespeist würde. Doch diese Vermutung wurde durch spätere Untersuchungen widerlegt.

Heimatforschern war aufgefallen, daß die Quellschüttung jeweils erheblich zunahm, wenn die Harzflüsse Oder und Sieber Hochwasser führten. Dagegen war bei Niedrigwasser der beiden Flüsse die Ergiebigkeit der Rhumequelle immer beträchtlich geringer. Das legte den Gedanken nahe, daß zwischen den Flüssen und der Quelle eine unterirdische Verbindung bestehen könnte. Hinzu kam die Beobachtung, daß in trockenen Jahren die Oder im Pöhlder Becken und die Sieber zwischen Herzberg und Aschenhütte versiegen. Und so viel Wasser konnte ja überhaupt nur aus dem niederschlagsreichen Harzgebirge kommen, dem niederschlagsreichsten Gebiet Norddeutschlands, war eine weitere Überlegung.

Im Jahre 1913 verschaffte man sich schließlich Gewißheit. In das Wasser von Oder und Sieber wurde Farbe geschüttet, die mit in den Spalten und Klüften der Zechsteingipse und -dolomite dieses Gebietes versank. Und in der Tat kam die Farbe nach einiger Zeit in der 50 bis 80 Meter tiefer gelegenen Rhumequelle wieder zum Vorschein.

Ein weiteres Geheimnis – wie tief der Quelltopf ist – wurde erst 1966 gelüftet. Am Morgen des Pfingstsonntages dieses Jahres stieg ein Taucher ein und stellte fest, daß die Quelle nicht 40 Meter tief ist, wie man bis dahin geglaubt hatte, sondern nur 9 Meter. Dann bildet Geröll den Abschluß. Das Wasser strömt hauptsächlich aus zwei größeren Spalten ein, dazu aus nicht zählbaren kleineren. Überhaupt gibt es außer der Hauptquelle der Rhume in diesem Talkessel noch etwa 360 Nebenquellen.

Der Taucher stöberte auf dem Grund des Quellteiches, wo völlige Finsternis herrschen soll, auch den erwähnten eisernen Christus auf. Die 23 Zentimeter große Figur war mit Dolomit stark versintert und zudem von Geröll behaftet. Außerdem fand der Taucher einen Mühlstein, von dem

Die Rhumequelle als die drittgrößte Europas zählt zu den bedeutendsten Naturdenkmalen Niedersachsens. Man könnte meinen, sie sei ein Teich, der friedlich in einem Talkessel liegt. Während der warmen Jahreszeit sieht man die Quelle allerdings selten so verlassen, meist drängt sich hier eine große Zahl von Besuchern.

Dieses Bild macht deutlich, wieviel Wasser die Rhumequelle ständig schüttet. Um es wegzuführen, mußte sie sich einen 5 Meter breiten Abfluß bahnen. Wer den Austritt der Rhume aus dem Quellteich blütengesäumt sehen will wie auf unserem Bild, muß seinen Besuch in den Frühsommer legen, weil später die Uferpflanzen abgemäht werden.

angenommen wird, daß er von der alten Rhumspringer Mühle stammt, die später eine Papierfabrik wurde.

Das erste Mal urkundlich erwähnt wurde die Rhumequelle im 13. Jahrhundert. Sie gehörte damals den Grafen von Scharzfeld und Lauterberg. Später ging sie in den Besitz des Klosters Pöhlde über, das im 10. Jahrhundert von Königin Mathilde, der aus Widukinds Geschlecht stammenden Gemahlin Heinrichs I., gegründet worden war und im Dreißigjährigen Krieg zerstört wurde. Aber noch vor der Klostervernichtung kam das Quellgebiet an das Fürstentum Braunschweig-Grubenhagen, wobei allerdings die Grenze zu Rhumspringe, das zu Kurmainz gehörte, mitten durch den Quelltopf gezogen wurde.

Die Nachfolger dieser Herrschaftsgebiete – die Landkreise Osterode und Göttingen – teilen sich noch immer dieses Naturgebilde. Zwar sollte durch die niedersächsische Kreisreform von 1977 diese jahrhundertealte Grenzziehung korrigiert und die Quelle ganz dem Kreis Göttingen zugeschlagen werden. Doch es ist dann unterblieben. Diese Änderung sollte aber nicht wegen der Quelle selbst vorgenommen werden, sondern ausschließlich wegen des Wohnplatzes Rhumequelle mit seinen rund 60 Bewohnern. Obwohl dieser Ort fast unmittelbar an Rhumspringe angrenzt und seine Bewohner auch dorthin orientiert sind, gehören sie weiter zur Gemeinde Herzberg, das im Kreis Osterode liegt.

Auf die schöne Sage, die sich um die Entstehung der Rhumequelle rankt, wird in dem Abschnitt über den Römerstein eingegangen.

König Heinrichs Vogelherd:

8

Der Rotenberg

„Herr Heinrich sitzt am Vogelherd recht froh und wohlgemut; aus tausend Perlen blinkt und blitzt der Morgenröte Glut." Schon viele mußten in der Schule dieses Gedicht lernen, in dem Johann Nepomuk Vogl, ein 1802 in Wien geborener österreichischer Beamter, jene denkwürdigen Augenblicke an einem Tag des Jahres 919 verherrlichte, in denen Herzog Heinrich von Sachsen die Nachricht von seiner Wahl zum deutschen König erhielt. Nur wenige aber werden wissen, wo sich dieser für die deutsche und europäische Geschichte bedeutsame Ort befindet und daß er jederzeit bequem erreichbar ist.

Heinrich, der aus dem sächsischen Geschlecht der Ludolfinger stammte, besaß als Herzog wie auch als König mehrere Vogelherde. So befand sich ein großer in Dinklar bei Hildesheim, einer der ältesten Siedlungen Niedersachsens, und ein anderer auf der Vogelsburg bei Einbeck, an die heute nur noch die Vogelbeke – ein von diesem ehemaligen Burgberg herabfließendes Bächlein – und das Dorf Vogelbeck im Leinetal mit ihren Namen erinnern. Doch der Vogelherd, an dem Heinrich bei seiner Lieblingsbeschäftigung von der Botschaft der Königswahl überrascht wurde, stand auf dem Rotenberg im südwestlichen Harzvorland.

Dieser bis zu 262 Meter hohe Berg ist ein etwa 11 Kilometer langer Höhenzug aus Buntsandstein, der sich von Südosten nach Nordwesten erstreckt. Auf der nördlichen Seite fällt er steil ab, auf der südlichen dagegen ist er flach abgedacht, jedoch von stark eingetieften Tälern zerschnitten. Wer diesen Berg einmal von Pöhlde aus, das an seinem Fuße liegt, ersteigt, kann sich gut vorstellen, wie hier einst die fürstlichen Reiter zu dem einsamen Vogelsteller hinaufpreschten, vor ihm in die Knie sanken und ihm huldigten. Sie überbrachten die Reichsinsignien auf testamentarischen Wunsch des kinderlos verstorbenen letzten deutschen Königs aus fränkischem Geschlecht, Konrad II. Konrad hatte Heinrich als seinen Gegner schätzen gelernt.

Ob es sich tatsächlich so zugetragen hat, wie es die Sage überliefert, ist allerdings durch nichts bestätigt. Es gibt Geschichtsforscher, die meinen, man habe sich das alles nur ausgedacht, um zu zeigen, daß Heinrich nicht nach der Krone getrachtet habe. Andere dagegen zweifeln nicht am Wahrheitsgehalt dieser mündlichen Überlieferung, darunter Leopold von Ranke, einer der bedeutendsten deutschen Historiker und Begründer der objektiven quellenkritischen Geschichtsschreibung. Ranke schrieb in seiner „Weltgeschichte", einem grundlegenden Werk: „Nicht ganz zu übersehen ist die Sage, daß dem Herzog Heinrich, als er am Vogelherd beschäftigt war, die Krone überbracht worden sei."

Wie dem auch sein mag, führt der Weg zum Rotenberg zu einer geschichtsträchtigen Stätte Niedersachsens. Auf dem Berg stand zur Zeit Heinrichs I. eine Burganlage, die zu einem im Tal nahe der heutigen Kirche von Pöhlde gelegenen Adelshof, der späteren Königspfalz Palidi, gehörte.

Pöhlde am Fuße des Rotenberges liegt in einem weiten Becken, das durch einen der größten Erdfälle in Niedersachsen entstanden ist. Wo heute die Kirche steht, befand sich einst ein bedeutendes Benediktinerkloster.

Von Palidi leitet sich der Ortsname Pöhlde her. Leider ist von der Burganlage auf dem Rotenberg, die noch heute im Volksmund „König Heinrichs Vogelherd" heißt, fast nichts erhalten geblieben.

Wie planmäßige Grabungen in den Jahren 1955 bis 1966 und 1974 ergeben haben, handelte es sich um zwei zeitlich verschiedene Befestigungsanlagen: eine Unterburg mit Erdwall und Graben und eine Oberburg mit gemörtelter Mauer. Die in der Oberburg gefundenen Mauerreste gehörten zu Baulichkeiten, die – wie vermutet wird – einer kleinen Besatzung als Unterkunft dienten. In Notzeiten fanden die Bewohner des Pöhlder Adelshofes in der Burg Schutz. Außerdem bildete sie eine Wegesperre für den Fastweg, der über den Kamm des Rotenberges führt und Teil einer uralten Heer- und Handelsstraße war. Zu beiden Seiten dieses Weges liegen auf dem Höhenzug zahlreiche Gräber aus der Zeit von 1800 bis 1600 vor Christus, der frühen Bronzezeit.

Der Vogelfang war einstmals ein beliebter Zeitvertreib. Er wurde schon von den alten Römern ausgeübt und entwickelte sich im Mittelalter in den deutschen Landen zu einer Art Sport. Um Schmuck-, Sing- oder Speisevögel zu fangen, ersann man allerlei Vorrichtungen, die von der einfachen, mit Beeren oder Mehlwürmern bestückten Leimrute bis zu großausgelegten Vogelherden reichten.

Unter einem Vogelherd der damaligen Zeit muß man sich ein Beet von etwa 7 bis 8 Meter Länge und 2 bis 3 Meter Breite vorstellen, an dessen beiden Längsseiten mit Netzen bespannte Holzrahmen aufgestellt waren. Auf das Beet wurde Vogelfutter gestreut, außerdem wurden Lockvögel darauf gesetzt. Wenn sich genügend Finken, Lerchen, Stare, Schnepfen, Ammern oder – besonders begehrt – Krammetsvögel eingefunden hatten, ließ der in einer nahen Hütte sitzende Vogelsteller mit Hilfe eines Zuggarnes die Schlagnetze fallen. Je größer die gefangene Vogelherde war, desto größer waren Freude und Stolz des Fängers – eine Empfindung, die heute nicht mehr zeitgemäß ist.

Diese Beschäftigung brachte König Heinrich den Beinamen „Vogler" oder „Finkler" ein. Aber die Geschichte gab ihm einen weiteren: „Städtegründer". Denn so sehr er auch an seinem Hobby hing, so tüchtig war er als Herrscher des deutschen Reiches. Er verband das abgefallene Lothringen und damit das Rheinland wieder mit dem Ostreich. Er schlug die Ungarn zurück, die Deutschland jährlich mit Raubzügen heimsuchten. Er unterwarf die Slawen östlich der Elbe, und er gewann den Dänen das Land zwischen Eider und Schlei ab. Vor allem aber hat er im östlichen Sachsen viele Burgen errichtet und Städte gegründet.

Pöhlde war zu seiner Zeit ein herrscherliches Zentrum. Heinrich, der hier auch als König noch sehr oft weilte, verschrieb 929 das Königsgut Palidi seiner Gemahlin Mathilde, die dem Geschlecht Widukinds entstammte. Mathilde, die von Güte und Frömmigkeit beseelt war, gründete in Pöhlde ein Benediktinerkloster, das durch großzügige Schenkungen und Stiftungen zu bedeutendem Ansehen gelangte. Doch im Dreißigjährigen Krieg wurde es zerstört, wie auch vom Königsgut nichts erhalten blieb. Die einst glanzvolle Zeit am Fuße des Rotenberges wurde fast spurlos verwischt. Außer einigen Grundmauern neben der heutigen Kirche sind von der einstigen Klosterkirche nur Reste des Chorgestühls und des Altars verblieben, die im Niedersächsischen Landesmuseum Hannover aufbewahrt werden.

Den Rotenberg zu besuchen, lohnt aber auch aus einem naturkundlichen Grund. An seinen Hängen sowie im Umland gibt es zahlreiche Erdfälle, die durch Auswaschung des hier in der Zeit des Zechsteinmeeres abgelagerten Salzes entstanden sind. Der eindrucksvollste Erdfall ist die „Schwimmende Insel" am Osthang des Rotenberges. Diese kreisrunde Einbruchstelle, die etwa 25 Meter tief ist und von Rand zu Rand 80 Meter mißt, war einst mit Wasser gefüllt, auf dem eine aus morschen Baumstämmen, Geäst, Laub, Flechten, Moosen und angeflogenem Sand gebildete Insel schwamm. Vom Wasser ist seit Jahrzehnten nichts mehr zu sehen. Es soll abgelaufen sein, als in der Nähe dieses Erdfalles die Eisenbahnlinie Herzberg-Rhumspringe gebaut wurde. Auf dem Trichterboden verblieb ein Morast, und an den Wänden haben sich Buchen angesamt. Wer dieses Naturphänomen sehen will, findet es von da aus am besten, wo die Straße Pöhlde-Rhumspringe über die Eisenbahnlinie führt. Nördlich vor dieser Straßenbrücke führt ein Feldweg den Berghang hinauf, der nach knapp 300 Meter auf den Waldrand und damit zugleich auf den Erdfall trifft.

Die „Schwimmende Insel". Einst war dieser Erdfall mit Wasser gefüllt und eine Insel schwamm darauf. Heute ist nur noch ein Morast verblieben.

9 Letztes unversehrtes Gipskarstgebiet:

Das Hainholz

Das Gebiet des heutigen Niedersachsens war vor Beginn des Erdmittelalters vor über 200 Millionen Jahren vom Zechsteinmeer bedeckt. Das Wasser war vom Norden her in das damals wüstenartige, leicht eingesenkte Festland eingedrungen, hatte es flach überflutet und verschwand wieder, als eine Barre die Wasserzufuhr vom Weltmeer her so zu behindern begann, daß die Verdunstung nicht mehr ausgeglichen werden konnte. Die Geologen nennen Werden und Vorgehen dieses Meeres eine geschichtliche Episode, der aber gerade Niedersachsen sehr viel zu verdanken hat: Das Zechsteinmeer schwemmte Bodenschätze heran, die, wie Kupfer, Kali und Steinsalz, noch heute in Niedersachsen abgebaut werden.

Die Zechsteinformation, die in Schichten übereinander aus Kupferschiefer, Kalk, Stein- und Kalisalzen und darüber Salzton besteht, ist entsprechend der Ausdehnung des Zechsteinmeeres auch über den ganzen niedersächsischen Raum verbreitet. Allerdings liegt sie in weiten Teilen des Landes sehr tief und tritt nur an wenigen Stellen an die Erdoberfläche. Dies ist vor allem im westlichen und südlichen Harzvorland der Fall, wo sie den mächtigen Urstock des Harzgebirges als rund 4 Kilometer breites Band umsäumt.

Im Gegensatz zu anderen Gebieten Nidersachsens kann hier jedoch kein Salzbergbau betrieben werden, weil die auch hier einst umfangreichen Salzlager im Laufe von Jahrmillionen vom Regen- und Sickerwasser aufgelöst und fortgeschwemmt worden sind. Sie gelangten wieder dorthin, woher sie gekommen waren, in das Weltmeer. Was blieb, ist ausgehöhltes Gipsgestein, das aber an vielen Stellen des Harzvorlandes längst eingebrochen ist. Dadurch entstanden Mulden von kleinen trichterförmigen Dolinen wie zum Beispiel bei Osterhagen in der Nähe von Bad Steina bis hin zu ausgedehnten Bodensenken. Zur Freude vieler Naturfreunde ließ jedoch der Verkarstungsprozeß, der noch nicht abgeschlossen ist, bis jetzt eine große Zahl von Höhlungen übrig.

Die vielgestaltigste Gipskarstlandschaft am Harzrand ist das Hainholz, das einige Kilometer südlich von Osterode bei dem alten Dorf Düna liegt. Dieses 79 Hektar große Naturschutzgebiet hat schon viele Wissenschaftler beschäftigt. Sie kommen alle zur gleichen Feststellung, mit der ein Untersuchungsbericht in Heft 15/1976 des „Geologischen Jahrbuchs" beginnt: „Das Naturschutzgebiet Hainholz bei Düna (Südharz) ist das bedeutendste geschlossene und unbeeinflußte Gipskarstgebiet Mitteleuropas." Der Karst sei voll entwickelt, Bäche schwänden bei Eintritt in den Gips, ihr Wasser sei in Höhlen und Erdfällen aufgeschlossen, heißt es weiter. In der Tat sind unter

Die Jettenhöhle stellt den größten Hohlraum im Gipskarstgebiet des Hainholzes bei Düna dar. Obgleich sie keine Schauhöhle ist, zählt sie ständig viele Besucher. Wer in den dunklen Schlund eindringen will, muß dafür ausgerüstet sein. Schon nach etwa 70 Meter trifft man im sogenannten Kreuzdom auf den 1,70 Meter tiefen Pfeilersee, den unser Bild zeigt. Tropfsteingebilde gibt es in der Jettenhöhle nicht.

Sanfte Berghänge und liebliche Täler bestimmen das Aussehen des Südharzes im Gegensatz zum Nordharz. Unser Bild, das vom Osthang des Steinberges bei Scharzfeld aufgenommen ist, läßt den Blick über das Bremketal bis zum Eichelnkopf und den beiden Knollen schweifen. Die Straße im Tal geht hinter der Biegung in Wanderwege über.

sein soll, dann aber von einem Mönch und fränkischen Kriegern vertrieben wurde. Doch weder das eine noch das andere ist bewiesen.

Als sicher dagegen gilt, daß diese 28 Meter lange und 6 bis 8 Meter breite und hohe Höhle einst christlich-sakralen Zwecken diente. Diese Nutzung ist aus der Kanzel zu schließen, die sich an der rechten Höhlenseite vom Boden abhebt, sowie aus dem Altarplatz in der Mitte des düsteren Raumes, zu dem Stufen emporführen. Am rundbogig ausgehauenen Höhleneingang befindet sich links eine Nische, in der möglicherweise das Weihwasserbecken untergebracht war oder auch, wie ebenfalls vermutet werden kann, ein Heiligenbild.

Der heute von Lindenbäumen überschattete Vorplatz der Höhle könnte mit ihrem Heiligtum im Innern durch einen Vorbau verbunden gewesen sein. Dieser Vorplatz diente vom 9. bis in das 16. Jahrhundert hinein für Leichenbestattungen. Die Gräber dieses mittelalterlichen Friedhofes wurden durch mehrere zwischen 1925 und 1937 vorgenommene Ausgrabungen freigelegt. Der Zeitraum, in dem der Höhlenvorplatz für Bestattungszwecke genutzt wurde, läßt sich ziemlich genau bestimmen. Das ist vor allem durch gefundene Münzbeigaben, sogenanntes Totenfährgeld, möglich, zumal viele der Münzen datiert sind. Doch wer hier bestattet wurde, ist nicht bekannt.

Groß war das Erstaunen, als 1937 unter der Kanzel der Steinkirche das gut erhaltene Skelett einer Frau freigelegt wurde, die hier in einer Kiste aus Stein beigesetzt war. Aus dem lückenhaften Gebiß der Toten wird geschlossen, daß es eine Person hohen Alters war. Doch um wen es sich handelt, ist bis heute ein Geheimnis. Daß es die weise alte Frau aus der erwähnten Sage sein könnte, liegt im Bereich der Möglichkeit. Zwar soll sie bei ihrer Vertreibung von einem Einhorn davongetragen und vor ihren Verfolgern in Schutz gebracht worden sein. Doch wo sie letztlich blieb, läßt die Sage offen.

Die besondere Bedeutung dieser Höhle liegt jedoch in weit früherer Zeit. Sie wurde bereits in der Älteren Steinzeit, die etwa vor 10 000 Jahren zu Ende ging, von Menschen als willkommener Rastplatz genutzt, die in den Harzbergen wie auch in der weiten Oderniederung als Jäger umherschweiften. Unter den christlichen Gräbern wurde in 1,20 Meter Tiefe eine etwa 2 Zentimeter dicke Aschenschicht entdeckt, in der die meisten bei den Grabungen gefundenen Überreste von Geräten aus Feuerstein und Kieselschiefer wie Messer, Kratzer und Klingen, zudem eine aus Knochen gefertigte Nähnadel eingebettet waren. Weiter fanden sich Keramikscherben und Knochen der mannigfaltigsten Beutetiere von der Waldmaus bis zum Rentier und zum Bison. Die verhältnismäßig dünne Aschenschicht läßt vermuten, daß hier in jener frühen Zeit keine dauernde, sondern nur eine vorübergehende Besiedlung stattgefunden hat.

Vieles dieser alten Kultstätte wird wohl für immer in geheimnisvolles Dunkel gehüllt bleiben. Als Kirche ist die Höhle längst in Vergessenheit geraten. Über sie liegt seit 1586 keine urkundliche Nachricht mehr vor. Doch die Menschen hat sie immer wieder angezogen und gedanklich beschäftigt. Außer bei Hermann Löns taucht sie auch bei einem anderen namhaften Schriftsteller niedersächsischer Herkunft auf: in der Erzählung „Hastenbeck", in der Wilhelm Raabe Folgen der im Wesertal südlich Hameln ausgetragenen merkwürdigsten Schlacht des Siebenjährigen Krieges an Menschenschicksalen dichterisch verbrämt darstellte. Danach hatten in dieser Zeit venezianische Goldsucher wie im ganzen Harz so auch in der Steinkirche nach Edelmetall geschürft. Ob dies tatsächlich zutraf, ist ebenfalls ein ungelöstes Rätsel.

Die Steinkirche, nach wie vor viel besucht, diente auch als Vorwurf für einen der berühmt gewordenen Stahlstiche mit Motiven aus dem Harz des spätromantischen Malers und Zeichners Ludwig Richter. Er komponierte in die Höhle eine Gruppe von Kindern mit von ihnen gehüteten Ziegen.

Der Ritterstein, der am südlichen Harzrand den Ort Scharzfeld überragt, ist der äußerste Sporn des steil abfallenden Steinberges. Da er von einer kleinen Befestigungsanlage aus mit Wall und Graben umgeben war, könnte er im Mittelalter ein vorgeschobener Beobachtungsposten der einstigen Reichsburg Scharzfels gewesen sein.

Die sagenumwobene Steinkirche am Westhang des Steinberges bei Scharzfeld gibt viele Rätsel auf. Sie diente bereits vor der Christianisierung als Kult- und Opferstätte. Ursprünglich war diese Felsenkirche eine natürliche Klufthöhle.

11 Vom Fabeltier keine Spur:

Die Einhornhöhle

Als im niedersächsischen Raum noch den heidnischen Göttern geopfert wurde, lebte in der heute als „Steinkirche" bekannten Grotte bei Scharzfeld im Südharz eine weise alte Frau. Wie die Sage berichtet, war sie hochgeachtet, weil sie vielen Ratsuchenden den rechten Weg zu weisen wußte. Die Leute hörten auch dann noch auf sie, als schon die christlichen Missionare ins Land gekommen waren. Das verdroß die Verbreiter der neuen Lehre. Um auch am südlichen Harzrand den alten Götterglauben endlich ins Wanken zu bringen, riefen sie Krieger Karls des Großen zu Hilfe. Sie sollten die Greisin fangen und fortführen. Doch noch ehe dies geschehen konnte, kam aus dem Wald ein seltsames Tier, das groß wie ein Hirsch war, aber nur ein einziges Horn hatte, und zwar mitten auf der Stirn. Es kniete vor der Alten nieder, ließ sie aufsitzen und lief mit ihr davon.

Die Krieger nahmen sofort die Verfolgung auf. Doch obgleich ihr Anführer, ein Mönch in schwarzer Kutte, zu größter Eile antrieb, kamen sie mit ihren schweren Rüstungen in dem dichten Unterholz nur langsam voran. Bald war ihnen der Mönch weit voraus. Als er die Alte fast erreicht hatte, tat sich unter ihm plötzlich die Erde auf, und er stürzte in die Tiefe. Um ihm zu helfen, ließen sich die Krieger an Stricken in das Erdloch hinunter. Doch ihre Rettungsaktion war vergeblich. Sie entdeckten nur, daß sich hier eine geräumige Höhle befand. Während von der alten weisen Frau niemals wieder etwas gesehen oder gehört worden sein soll, seien die Gebeine des zu Tode gestürzten Mönches später in der Höhle aufgefunden worden.

Hier endet die Sage im Übergang zur Wirklichkeit. Der Deckeneinsturz, von dem in ihr die Rede ist, bildete jahrhundertelang den einzigen Zugang zu der großen Dolomithöhle bei Scharzfeld, die 1762 den Namen „Einhornhöhle" erhielt, nachdem sie vorher im Volksmund „Zwerglöcher" geheißen hatte. Sie heißt heute noch Einhornhöhle und lockt jährlich viele tausend Besucher an. Allerdings dient das Loch in der Decke, durch das der Mönch gestürzt sein soll, nicht mehr als Höhleneingang, sondern als Ausgang. Ob eines der hier ausgegrabenen menschlichen Skelette von dem Gottesmann der Sage stammt, ist jedoch mehr als fraglich.

Ein Skelettgrab wurde in der Nordostnische der großen Vorhalle gefunden. Es enthielt Gebeine von etwa 13 Menschen, darunter fünf bis sechs Kinder. Doch wie mehrere bronzene und eiserne Fibeln beweisen, muß dieses Grab schon in der Zeit um 400 vor Christus angelegt worden sein. Ein anderes in der Höhle entdecktes Skelett erwies sich als das eines „armen Sünders", eines Delinquenten, den der Celler Herzog Christian Ludwig in der zweiten Hälfte des 17. Jahrhunderts verscharren ließ. Dagegen vollzog sich die Christianisierung dieses Gebietes am südlichen Harzrand, um die es in der Sage geht, ausgangs des 8. Jahrhunderts.

Ein weitaus größeres Interesse weckte die Frage, ob es hier tatsächlich das sagenumwobene Einhorn gegeben haben soll, über das als erster in der Geschichte der um 400 vor Christus am Hofe

Die Blaue Grotte der Einhornhöhle, die heutigen Besuchern als Ausgang dient, war früher ein Höhlendom, dessen Dach eingestürzt ist. Durch das entstandene Loch sind vor ungefähr 5 000 Jahren die ersten Menschen in die Höhlenräume eingedrungen. Vordem gewährten sie viele Jahrtausende lang Bären und anderen Tieren Unterschlupf. Die Tiere waren durch Öffnungen eingedrungen, die sich wieder verschüttet haben. Die Knochen, die man in großer Zahl im Höhlenlehm fand, hielt man lange Zeit fälschlich für die des Einhorns.

12 Einst Korallenriff im Zechsteinmeer:

Der Römerstein

Der Harz hat viele Gesichter. Sein lieblichstes trägt er nach Süden zur Schau. Hier sind die Berge nicht mehr so hoch aufgetürmt und die Täler nicht mehr so tief eingeschnitten wie in seinem nördlichen Teil. Das Landschaftsbild wird von sanften Hängen mit üppigen Wiesen und freundlichen Laubwäldern geprägt. Die Täler weiten sich zu Mulden. Dieser große Unterschied zwischen Nord- und Südharz hat vor allem geologische Gründe. Während der Norden aus Gesteinen des Erdaltertums wie Quarzit, Granit, Grauwacken, Diabas, Gabbro und dergleichen mehr aufgebaut ist, besteht der Südrand aus Zechstein und Buntsandstein aus dem Erdmittelalter. Dabei hat besonders der Zechsteingürtel, der sich von Seesen über Osterode und Herzberg bis Walkenried und darüber hinaus erstreckt, zur Bildung der anmutigen Landschaftsformen beigetragen.

Der Zechsteinsaum des Südharzes enthielt einstmals in seinem Untergrund umfangreiche Kali- und Steinsalzlager, die aber im Laufe von Jahrmillionen vom Sickerwasser aufgelöst und fortgeschwemmt worden sind. Dadurch entstanden Hohlräume, in die das darüber lagernde Gestein eingebrochen ist. Solche Senkungsfelder sind zum Beispiel das Pöhlder und das Lindauer Becken. Es gibt aber auch viele kleinere Erdfälle, die auf die Salzausräumung zurückzuführen sind. Neben den eingebrochenen und den noch bestehenden Höhlen haben sich über und unter Tage weitere Naturgebilde wie Klüfte, Spalten, Sacktäler, Wannen, Quellköpfe, Versickerungen und merkwürdige Bachläufe geformt. Das Gebiet erhielt den Charakter einer Karstlandschaft.

Die Frage, wie diese vielfältigen Naturgebilde wohl entstanden sein mögen, hat die hier ansässigen Menschen schon in früher Zeit beschäftigt. Zwar fehlte ihnen der naturkundliche Wissensschatz der heutigen Zeit, doch waren auch sie schon den tatsächlichen Zusammenhängen auf der Spur. Eine Meisterleistung des Beobachtens und Kombinierens, wenngleich auch von überreicher Phantasie verbrämt, ist in der Sage vom Römerstein überliefert. Sie darf als erster Versuch der Erklärung eines niedersächsischen Naturphänomens von europäischem Rang gewertet werden.

Der Römerstein ist ein Felsengebilde, das sich recht unvermittelt und deshalb sehr ins Auge fallend aus dem Wiesengelände zwischen Bad Steina und Tettenborn nahe der Bundesstraße 243 erhebt. Es ragte schon aus dem Zechsteinmeer heraus, das vor rund 200 Millionen Jahren von Norden her in das eingesenkte Germanische Becken eingedrungen war und dann weite Teile Mitteleu-

Der Römerstein zwischen Bad Steina und Tettenborn ragte bereits vor rund 200 Millionen Jahren als Korallenriff aus dem Zechsteinmeer heraus. Obgleich er bei einer Vergletscherung vom Druck des Eises und von der Frosteinwirkung zertrümmert wurde, bietet er noch immer einen imposanten Anblick.

ropas überschwemmte. Der Römerstein ist eines der Korallenriffe, die sich auf Untiefen dieses Meeres – auf nur ganz flach überfluteten Bodenschwellen – bildeten. Es wird vermutet, daß er vorwiegend aus Kalkalgen und Moostierchen aufgebaut ist, deren Feinstrukturen jedoch durch die spätere Dolomitisierung, das heißt Herauslösung des Kalziums aus dem Kalksandstein durch kohlensäurehaltiges Wasser, verlorengegangen sind.

Der Sage nach stellt der düster anmutende Römerstein die zertrümmerte Burg von Riesen dar. Er war einstmals von weißen Alabasterfelsen fast halbkreisförmig umgeben, von denen heute allerdings nicht mehr viel übrig ist. Das blendendweiße Gestein wurde und wird noch immer – wie die noch in Betrieb befindlichen großen Gipsbrüche dieses Gebietes zu erkennen geben – für Wirtschaftszwecke abgebaut. Der Römerstein – so wieder die Sage – war von den Riesen als Burg errichtet worden, um die hier verlaufende Grenze zum Reich der Zwerge zu schützen. Diese waren zwar wesentlich kleiner als die Riesen, sollen dafür aber klüger und deshalb gefährlich gewesen sein. Sie wohnten vor allem unter dem Sachsenstein, der sich noch heute als mächtige steile Gipswand zwischen Bad Sachsa und Walkenried erhebt. Auch ihre Wohnungen – die Zwergenlöcher – sind noch zu sehen. Sowohl der Römerstein, dessen Name nichts mit den alten Römern zu tun hat, als auch der Sachsenstein stehen heute unter Naturschutz.

Eines Tages durchstreifte der Sage nach ein stattlicher Riesenjüngling namens Romar den benachbarten Harzwald, um zu jagen. Da sah er unter einem Baum ein Mädchen schlafen, von dem er nicht wußte, daß es Ruma, die jüngste Tochter des Zwergenkönigs, war. Als sie die Augen aufschlug und sogleich fliehen wollte, sprach Romar freundlich auf sie ein, so daß sie blieb. Sie trafen sich hier noch öfter, ohne zu wissen, daß sie verfeindeten Völkern angehörten. Schließlich vermählten sie sich auch. Allerdings konnte Ruma vorher nicht noch die Zustimmung ihres Vaters einholen, weil er – wie es in der Sage heißt – in den fernsten Gegenden seines Gebietes weilte und an eine Rückkehr vorerst nicht zu denken war.

Er kam so spät zurück, daß Ruma bereits einen Sohn geboren hatte. Als der Zwergenkönig von all dem Vorgefallenen erfuhr, wurde er sehr zornig. Er verlangte von Ruma, daß sie sich von Romar lossage. Da sie sich aber standhaft weigerte, ergriff er ihr Söhnchen und zerschmetterte es an einer Felswand. Ruma schloß er in eine finstere Höhle tief im Innern der Berge ein und ließ deren Eingang durch tückische Kobolde bewachen.

Nun folgt der naturkundlich interessante Teil der Sage: Ruma arbeitete unablässig an ihrer Befreiung und Wiedervereinigung mit ihrem Gatten. Da ihre Mutter eine Wassernixe war, besaß auch sie die Kraft, sich in eine solche zu verwandeln. Als Quell versuchte sie immer wieder auszubrechen, wovon eine ganze Reihe tiefer Erdfälle zeugt. Doch der erbarmungslose Vater schleuderte sie immer wieder zurück. Ihre Anstrengungen führten schließlich aber doch zum Erfolg. Es gelang ihr, unterirdisch weit über die Grenzen des Zwergenreiches hinaus vorzudringen und am Fuße des Rotenberges ungehindert zutage zu treten. Seitdem bildet sie hier die drittgrößte Quelle Europas, die zu ihrem Andenken den Namen Rumaquelle, heute Rhumequelle, erhielt. Nach ihrem Mann nannte das Volk fortan die Riesenburg Romarstein, aus dem sich Römerstein entwickelte.

Erst viel später, nämlich 1913, verschaffte man sich durch Farbversuche die Gewißheit, daß das Wasser von Bächen und Flüssen aus dem Südharz im karstigen Untergrund versickert und in der Rhumequelle wieder an das Licht des Tages kommt. Dadurch wurde die naturkundliche Überlegung, die der Sage von Romar und Ruma zugrunde liegt, wissenschaftlich bestätigt. Der Römerstein, der einst wohl ein kompakter Felsen war, wurde vermutlich durch den Druck des Eises einer der Lokalvergletscherungen des Harzes während der Eiszeiten zertrümmert, so daß er seitdem den Eindruck erweckt, als stelle er eine Felsengruppe dar.

In der Nähe des Römersteins, südwestlich der Bundesstraße 243 bei Osterhagen, liegen Grünländereien, die wie von Bombentrichtern übersät anmuten. Die Bodenvertiefungen sind Dolinen, die durch Ablaugungen des im Untergrund lagernden Salzes entstanden sind. An der Bundesstraße steht die naturgeschützte Branntweinseiche, die ebenfalls eines Blickes wert ist. Sie hatte einst für die Fuhrleute des Zisterzienserklosters Walkenried eine besondere Bedeutung: An dieser Eiche pflegten sie zu rasten und sich einen Schluck zu gönnen.

13 Gipssteilwand mit Zwergenlöchern:

Der Sachsenstein

Im Zechsteinsaum am südlichen Harzrand erhebt sich zwischen Bad Sachsa und Walkenried der Sachsenstein. Dieser flachgewölbte Berg mit seinem leuchtendweißen Steilabbruch an der Westseite ist ein sehr auffallendes Naturgebilde. Der Steilhang ist 50 bis 60 Meter hoch, fast 800 Meter breit und in geschwungener Linie zu einer Felsenbucht geformt. Ob man ihn von unten oder von oben betrachtet – stets vermittelt er einen starken Eindruck. Die gesamte Zechsteinschicht, deren sichtbaren Teil der Sachsenstein darstellt, hat eine Mächtigkeit von etwa 350 Meter. Sie wurde vor rund 200 Millionen Jahren vom damaligen Zechsteinmeer abgelagert.

Der Zechstein ist hier Anhydrit, das heißt schwefelsaurer Kalk, der an seiner Oberfläche durch die Einwirkung des Niederschlagswassers in Gips umgewandelt wurde. Dieser chemische Vorgang löst in der obersten, etwa 10 bis 50 Zentimeter dicken Anhydritschicht zugleich eine weitere, recht merkwürdige Veränderung aus: Ihr Volumen vergrößert sich so sehr, daß sie sich aufwölbt. Das Ergebnis sind blasenartige Höhlungen, die im Volksmund Zwergenlöcher heißen, weil sie der Sage nach Zwergenwohnungen sind. Man findet sie beim Besuch des Sachsensteins zu Dutzenden. Das größte Gebilde dieser Art ist die übermannshohe Waldschmiede nahe dem Spazierweg, der entlang der Bahnlinie Walkenried-Bad Sachsa führt. Ihre Kuppel weist eine Scheitelhöhe von 2 Meter auf, der innere Durchmesser beträgt 7,50 Meter und die Wandung ist 50 Zentimeter dick.

Der Steilhang des Sachsensteins entstand durch die zerstörende Kraft des Wassers. An seinem Fuß entlang fließt die von Bad Sachsa kommende Uffe, die den Felsen ständig unterspülte. Es bildeten sich Grotten, die bei ihrem Einsturz jeweils Teile des Berghanges mitrissen. Das verstürzte Gestein wurde vom Wasser aufgelöst und wegtransportiert. Übrig blieb der heutige Steilhang oder – wie er hier auch genannt wird – „Glint". Dieser Prozeß vollzog sich innerhalb vieler Jahrtausende und geht auch jetzt noch weiter, allerdings so langsam, daß er in einem Menschenleben nicht wahrnehmbar ist.

Der Sachsenstein, der einst die Grenze zwischen dem niedersächsischen und dem thüringischen Siedlungsraum bildete und daher seinen Namen hat, war bis in die Mitte des vorigen Jahrhunderts nur von einer dürftigen Grasnarbe bedeckt. Als der spätromantische Maler und Zeichner Ludwig Richter in seine Reihe von Stahlstichen mit Motiven aus dem Harz 1838 auch den Sachsenstein aufnahm, war der Berg noch völlig kahl. 1851 begann das Forstamt Walkenried mit ersten Aufforstungsversuchen. Auf der höchsten Erhebung wurden Kiefern angepflanzt, und ab 1863 kamen Fichten hinzu. Inzwischen ist daraus Hochwald geworden, der sich wie ein dunkles Tuch über das weiße Gestein breitet.

Der Waldboden ist von üppig wuchernden Gräsern und Kräutern bedeckt. Unter den Pflanzen des Sachsensteins befindet sich eine botanische Rarität, die nur an ganz wenigen Stellen der Welt anzutreffen ist: das Gipskraut. Dieses kriechende Pflänzchen, das in Niedersachsen hier sein einziges Vorkommen hat, ist recht unscheinbar. Es wird bis zu 25 Zentimeter hoch, besitzt schmale Blätter und kleine weiße Blüten. Sein Zuhause sind Gipsfelsen, in denen es sich mit seiner kräftigen Pfahlwurzel festklammert. Das Gipskraut gilt als eine Charakterpflanze der alpinen Geröllhalden auf kalkreicher Unterlage.

Am Nordflügel der Steilwand, der durch den Einschnitt der 1869 gebauten Eisenbahnlinie Osterode-Ellrich abgespalten ist, finden sich die Ruinen einer Burg, die schon viele Rätsel aufgaben und noch immer aufgeben. Es sind die Reste der Sachsenburg. Sie soll die Nachfolgerin einer alten Wallburg gewesen sein, die hier in der Zeit von 741 bis 748 von Sachsen gegen die Franken angelegt worden war. Noch zwei Jahrhunderte vorher waren die Sachsen und Franken Verbündete und zerstörten gemeinsam durch den Sieg in einer Schlacht, die im Jahre 534 bei Ronnenberg zwischen Deister und Leine stattfand, für immer das Königreich der Thüringer. Doch später standen

Die bis zu 60 Meter hohe und fast 800 Meter breite Gipssteilwand des Sachsensteins, von der unser Bild nur einen Teil erfaßt, ist durch Gesteinsabsturz entstanden. Da dieser Vorgang anhält, wird sich im Laufe der Zeit an ihrem Aussehen noch viel verändern.

Die Waldschmiede ist das größte Zwergenloch im Bereich des Sachsensteins. Die zu Gips verwandelte oberste Schicht des Anhydrits hat sich an dieser Stelle so hoch aufgewölbt, daß in der entstandenen Höhlung selbst große Menschen aufrecht stehen können.

sie sich wieder feindlich gegenüber, bis Karl der Große 804 die Eingliederung der Sachsen in das Frankenreich erzwang.

Die Sachsenburg behielt ihren Namen auch bei, als hier 1073 Heinrich IV., der kein Sachse, sondern ein Salier war, den Bau einer neuen Burg begann. Dieser Kaiser, der schon als sechsjähriger Knabe seinem verstorbenen Vater Heinrich III. auf den deutschen Königsthron folgen mußte, versuchte später in Sachsen verlorenes Königsgut zurückzugewinnen und wieder die Reichsgewalt zu festigen. Dabei ging er nicht zimperlich vor. Die damit verbundenen Kämpfe zwangen ihn zum Bau einer Kette von Burgen um den Harz, darunter die neue Sachsenburg. Sein Festungsbaumeister war Bischof Benno von Osnabrück, der mehr Architekt als Kirchenmann war. Da der sächsische Widerstand gegen den Kaiser immer stärker wurde, mußten die Burgen in größter Eile errichtet werden. Deshalb holte Heinrich schwäbische und rheinische Fronvögte herbei, die die Bewohner des Südharzes unbarmherzig zur Leistung von Hand- und Spanndiensten antrieben. In den Unterjochten keimten Rachegefühle auf, die dazu führten, daß sich Sachsen und Thüringer gegen den Kaiser verbanden. Eine starke Streitmacht der Sachsen überraschte ihn auf der Harzburg, in die er geflüchtet war. Er mußte erneut fliehen, wurde dann aber doch gestellt. Um Leben und Thron zu retten, mußte er sich verpflichten, seine Zwingburgen wieder schleifen zu lassen. Wie gründlich dies geschah, beweisen die kümmerlichen Überreste der Sachsenburg. Sie sind Zeugen innerdeutscher Zerrissenheit.

Von Hornfelskappe geschützt: **14**

Die Achtermannshöhe

Obgleich der Harz das höchste Gebirge Norddeutschlands ist, zählt er nicht im entferntesten zu den großen der Welt. Dennoch hat er mit manchem der gewaltigen Gebirgsstöcke anderer Kontinente etwas gemeinsam: das Unvermittelte, wie er sich über sein Vorland erhebt. Ob man von Norden, Westen oder Süden auf ihn zukommt – immer wieder ist man über diese Berge erstaunt, die wie eine Insel aus der umgebenden Landschaft herausragen. Nur nach Osten zu, auf thüringischer Seite, verläuft er gemächlich, so daß niemand genau zu sagen weiß, wo das Gebirge aufhört und das Flachland beginnt. In dieser Inselform ist einer der Hauptgründe zu suchen, warum der Harz seit eh und je ein weites Interesse zu seiner Erkundung und wissenschaftlichen Erforschung weckte und den Status einer Besonderheit erhielt. Es gibt keine Landkarte von Deutschland, und sei sie noch so alt, in der der Harz nicht vermerkt wäre – selbst dann, wenn die meisten anderen Mittelgebirge fehlen. Er ist das Dach Norddeutschlands im gleichen Sinne, wie es dem Himalaja für die gesamte Welt zuerkannt wird.

Die stärkste Anziehungskraft auf Besucher geht dabei vom Oberharz aus. Er umfaßt die höchsten Erhebungen, die gewissermaßen ein Gebirge auf dem Gebirge darstellen. Leider ist der König der Harzberge, der 1142 Meter hohe Brocken, von seinen westlichen Nachbarn aus nicht mehr zu erreichen. Er liegt auf dem von ihnen aus unzugänglichen Gebiet der DDR. Doch schon die nächsthöheren Berge wie der Wurmberg mit 971 Meter, der Bruchberg mit 928 Meter und die Achtermannshöhe mit 926 Meter liegen auf bundesdeutschem Gebiet und bilden hier die drei höchsten Erhebungen Niedersachsens.

Unter ihnen nimmt die Achtermannshöhe eine gewisse Sonderstellung ein, weil sie eine andere Form zur Schau trägt als die übrigen Oberharzer Berge. Diese, zumal wenn sie zum Brockenmassiv gehören, haben abgerundete, behäbige Gipfel. Daran ist der Wurmberg schon von weitem ebenso zu erkennen wie sein größerer Bruder, der Brocken. Dagegen ragt die Kuppe des Achtermanns als nackter Fels keck in den meist wolkenverhangenen Himmel. Das hat einen besonderen Grund: Dieser Berg besitzt eine etwa 40 Meter lange, gezackte Kappe aus hartem Grauwacken-Hornfels,

Folgende Seiten:

Vom Gipfel der Achtermannshöhe aus hat man einen herrlichen Blick auf die höchsten Berge des Oberharzes. Unsere Kamera richtete sich auf den Wurmberg bei Braunlage, nach dem Brocken die zweithöchste Erhebung des Harzes und damit die höchste im Westharz. Das Bild zeigt die behäbige Form der Oberharzer Berge und daß der Gipfel der Achtermannshöhe im Vordergrund die Baumgrenze überragt.

die ihn vor weiterem Zerfall schützt. Um zu erklären, wie das kommt, bedarf es eines kurzen Ausfluges in die Harzgeschichte.

Der Harz ist ein Überbleibsel des alten variskischen Gebirges, das sich vor etwa 250 Millionen Jahren von Südwesten nach Nordosten quer durch Mitteleuropa auftürmte. Außer im Harz bildet es heute noch die Kernschichten des Schwarzwaldes, des Rheinischen Schiefergebirges, des Thüringer Waldes, des Fichtelgebirges, des Erzgebirges und anderer deutscher Mittelgebirge. Nach dieser Gebirgsbildung drangen im Harz wie auch in den anderen genannten Gebirgen gewaltige schmelzflüssige Granitmassen aus dem Erdinnern an die Oberfläche, die das Brockenmassiv entstehen ließen. Der Granit erstarrte, und es folgte ein Zeitraum der Verwitterung und Gesteinsabtragung. Dieser Schrumpfvorgang wurde noch verstärkt, als vor etwa 200 Millionen Jahren vom Norden her das Zechsteinmeer in das europäische Festland einbrach und auch das Harzgebirge überflutete. Erst 35 Millionen Jahre später, in der Jurazeit, in der dieses Meer zu verdunsten begann, ragte der Harz wieder aus dem sinkenden Wasser heraus.

Entscheidend für das heutige Aussehen des Brockenmassivs ist in diesem Abschnitt der jahrmillionenlangen Entwicklung die Tatsache, daß es aus Granit gebildet ist. Dieses Tiefengestein, das auch an anderen Stellen des Harzes vorkommt, hat eine recht eigentümliche Art zu verwittern. Es wird von drei aufeinander senkrecht stehenden Kluftsystemen durchzogen, die es in einzelne Quader zerlegen. An deren Ecken und Kanten kommt es dann zu verstärkter Verwitterung, so daß Abrundungen entstehen, die dem Granit das Aussehen von gestapelten Wollsäcken verleihen. Die Geologen sprechen deshalb auch von Wollsackverwitterung. In den Fugen zwischen den Granitquadern sickert das Niederschlagswasser abwärts, erweitert die Zwischenräume und löst zugleich den im Granit enthaltenen Feldspat. Das Gestein zerfällt in Grus. Es kann aber auch sein, daß sich tonige Bindemittel herausbilden, durch die sich das einsickernde Wasser seinen Weg ins Innere verstopft und deshalb unter der oberen Quaderschicht bergab rinnen muß. Auf diese Weise verteilt es sich auf eine größere Fläche und kann daher keine tiefen Täler einschneiden. Die Folge sind mildgeformte Bergkuppen wie die des Brockens und des Wurmberges.

Bei der Achtermannshöhe, die der gleichen Verwitterungsart unterworfen ist, kommt eine Besonderheit hinzu. Als an dieser Stelle der glutflüssige Granit an die Oberfläche quellen wollte, stieß er auf eine Deckschicht aus Grauwacke, die er nicht zu durchbrechen vermochte. Dafür aber wandelte er sie um. Die Geologie nennt dieses Geschehen Kontaktmetamorphose. Das heiße Magma ist kraft seiner hohen Wärme in der Lage, berührte Gesteine zu fritten, das heißt oberflächlich zu schmelzen oder auch ganz oder sogar völlig zu verglasen. Aus Kalkgestein wird Marmor, aus Kohle Anthrazit oder Graphit und aus Grauwacke – einem mehr oder weniger groben grüngrauen Sandstein – Hornfels. Dieses aus Grauwacke entstandene neue Gestein ist nach seiner Erstarrung sehr hart und splittrig und vermag der Verwitterung stärksten Widerstand entgegenzusetzen. Aus solchem Gestein besteht die Kappe der Achtermannshöhe und schützt sie vor Zerfall.

Eine weitere Besonderheit dieses die Baumgrenze überragenden Gipfels zeigt sich in seiner Pflanzenwelt. Auf der Blockhalde siedeln nordische Moose und Flechten, die eine pflanzengeographische Kostbarkeit ersten Ranges darstellen. Leider sind sie stark gefährdet. Der Achtermann hält einen der schönsten Aussichtspunkte des Westharzes bereit und wird deshalb stark besucht. Aber nicht alle ersteigen den Gipfel über die dafür vorgesehenen Treppensteine, sondern wählen den Weg außerhalb des Geländers über die Felsblöcke. Wer dies tut, trägt zu einer Vernichtung der dort wachsenden seltenen Pflanzen bei. Der Achtermann gehört zu dem über 7 000 Hektar umfassenden Naturschutzgebiet Oberharz, und in Naturschutzgebieten ist nicht nur das Beschädigen von Pflanzen verboten, sondern auch schon das Verlassen der Wege.

Wer dieses Bild betrachtet, mag darin vielleicht einen Haufen loser Steine sehen. Doch weit gefehlt! Es ist der aus Hornfels bestehende Gipfel der Achtermannshöhe, des dritthöchsten Berges des Westharzes und damit Niedersachsens. Das Gestein ist sehr hart, so daß es der Verwitterung äußersten Widerstand entgegensetzt.

15 Ohne Ahnenpaß im Oberharz:

Die Urfichten am Oderteich

Der von Wald und Felsen umkränzte Oderteich zwischen Clausthal und Braunlage ist jährlich das Ziel von vielen tausend Harzbesuchern. Die meisten kommen, um sich an seinem klaren Wasser zu erfreuen. Eine an der Südwestecke des Ufers an einem Baum angebrachte Hinweistafel verrät ihnen, daß der Oderteich die älteste Talsperre Europas ist. Sein Staudamm wurde in den Jahren von 1714 bis 1721 von Bergleuten aus St. Andreasberg errichtet. Zugleich war der Oderteich mit seinem Fassungsvermögen von 1,75 Millionen Kubikmeter Wasser bis Anfang des 20. Jahrhunderts die größte Talsperre Europas. Wer aber weiß, daß die Fichten an der Ostseite des Teiches eine botanische Kostbarkeit ersten Ranges darstellen? Es sind die ältesten und wertvollsten, die es in Niedersachsen gibt.

Eigentlich wären sie schon hiebreif gewesen, als die Andreasberger Knappen vor über zweieinhalb Jahrhunderten Stein um Stein heranschleppten und die 22 Meter hohe, im Innern mit gestampftem Granitsand gefüllte Staumauer in der Oder erbauten. Obgleich viele dieser Fichten heute schon an die 400 Jahre alt sind, stehen sie noch immer in voller Kraft. Es nennt sie auch niemand „Fichtengreise". Vielmehr sprechen von ihnen die Forstleute respektvoll als den „Urfichten des Oberharzes".

Aber nicht allein das außergewöhnliche Alter ist das Besondere an ihnen. Fichten stehen sonst nur bis zu 150 Jahren, und gefällt werden sie zumeist schon mit 100. Das Erstaunlichste an den Urfichten ist ihre Fähigkeit, auch den rauhesten Witterungsbedingungen zu trotzen. Während andere Fichtenrassen im Oberharz jährlich in großer Zahl unter der Last von Schnee und Eis wie Streichhölzer knicken, beugen diese höchstens ein wenig die Wipfel, um sich dann im Frühling wieder so zu strecken, als ob es keinen Winter gegeben hätte. Das machen sie selbst schon in jungen Jahren so, wenn sie von ihrem Erscheinungsbild her noch schwächlich wirken. Aber auch sonst bleiben sie kerngesund; sie bekommen weder die weitverbreitete Rotfäule noch andere wertmindernde Baumkrankheiten.

Woher diese Prachtfichten stammen, ist unbekannt. Ihre Ahnen sind wohl irgendwann einmal in grauer Vorzeit als Samen angeflogen. Im Verlaufe der Jahrtausende hat sich dann durch ständige natürliche Auslese das bruchsichere Geschlecht mit seinen auffallend spitzen Kronen herausgebildet, das heute dieses 750 Meter hoch liegende Gebiet des Oberharzes beherrscht.

Die Urfichten stehen unter wissenschaftlicher Überwachung durch die Niedersächsische Forstliche Versuchsanstalt in Göttingen und die Forstliche Fakultät der Universität Göttingen. Ihr Holzzuwachs, der jeweils im Abstand von vier Jahren gemessen wird, ist so groß, wie ihn keine andere Fichtenrasse unter diesen oft unwirtlichen Lebensbedingungen erbringt. Sie erreichen stattliche Höhen um die 50 Meter. Die Fichte – wegen der rötlichen Färbung ihrer geschuppten Rinde mitunter auch „Rottanne" genannt – ist ja überhaupt einer der größten einheimischen Bäume Europas. Sie kann bis zu 60 Meter hoch werden. Ihren Namen leitet sie von „feucht" her. Sie soll ihn wegen ihres reichen Harzgehaltes bekommen haben.

Diese wirtschaftlich vor allem als Bauholz genutzte Baumart ist in Europa weit verbreitet. In der Bundesrepublik bedeckt sie ein Drittel der Waldfläche. Auch in Niedersachsen ist sie sehr häufig anzutreffen; sie nimmt hier unter den Nadelhölzern nach der Kiefer die zweite Stelle ein. Außer im Oberharz kommt in Niedersachsen die Fichte noch an einem anderen Standort als Besonderheit vor. Es ist das kleine, isolierte autochthone Vorkommen bei Westerhof im Harzvorland zwischen Bad Gandersheim und Osterode. „Autochthon" bedeutet hier in den tieferen Lagen ebenso wie bei den Urfichten im Oberharz, daß diese Bäume urwüchsig, ureingesessen, also gewissermaßen an Ort und Stelle entwickelt worden sind.

Ob sich das wirklich so verhält, weiß man natürlich nicht mit letzter Gewißheit. Man erklärt es sich so: Als die letzte Eiszeit vor etwa 15 000 Jahren zu Ende ging, waren auch im mitteleuropäischen Raum von den Eismassen viele Baumarten, insbesondere Nadelhölzer, verdrängt oder völlig ausgerottet worden. Die Fichten konnten in einige Refugien ausweichen und haben von da aus, als sich das Klima wieder erwärmte, in drei Rückwanderungszügen frühere Standorte zurücker-

Ein Teil des Urfichtenbestandes des Oderholzes wurde im Europäischen Naturschutzjahr 1970 von der Niedersächsischen Landesforstverwaltung als Naturwaldreservat ausgewiesen. Seitdem können sich hier die Tiere und die Pflanzenwelt vom Menschen völlig unbeeinflußt entwickeln.

obert. Möglicherweise waren der Oberharz und das Westerhofer Gebiet solche Refugien während der Vergletscherung.

Damit die wertvollen Eigenschaften dieser Urfichten nicht verlorengehen, werden diese Bäume in Niedersachsen über Pfropfreiser und auch Stecklinge in besonderen Plantagen vermehrt. Auch die Forstpflanzenzüchter Schwedens, dessen Wälder „neues Blut" brauchen, griffen schon mehrfach auf diese kraftstrotzenden Elitebäume als Samenspender zurück. Besonders erfreulich für die Forstleute wie auch für die vielen Harzbesucher ist, daß es die Eigenschaften der wetterharten Urfichten erlauben, in den Hochlagen des Harzes einen naturnahen Waldbau betreiben zu können, der keine häßlichen Kahlschläge kennt. Über die Sämlings- und Stecklingsvermehrung dieser Bäume können auch anderswo Waldbilder von Dauer geschaffen werden, die dem Urwald des Oderholzes ähneln. Sein interessantester Teil ist über einen Pfad zu erreichen, der etwa 200 Meter südöstlich des Oderteichdammes links von der Harzhochstraße abführt.

Auch im niedersächsischen Heidegebiet – vor allem im mächtigen Urstromtal der Aller – finden sich heute noch Fichten, von denen angenommen wird, daß sie ebenfalls autochthon sind. So wurde der Mittelstreifen der Autobahn Hannover-Hamburg nördlich der Raststätte Allertal eigens breit angelegt und zu einer langgestreckten Vegetationsinsel ausgeweitet, damit die hier stehenden Fichten nicht Opfer des Autobahnbaues werden mußten. Ob sie tatsächlich autochthon sind, kann niemand mit völliger Sicherheit sagen. Leider können Bäume nur sehr wenig über ihre Herkunft verraten, sonst wüßte man heute sicherlich noch mehr über die Geschehnisse, die sich in der Natur vor Jahrtausenden und Jahrmillionen zugetragen haben.

Die Urfichten des Oderholzes findet man in der Nähe des Oderteiches, der ältesten Talsperre Europas.

Durch seine Kammlage einzigartig:

16

Das Bruchbergmoor

Im Westharz lassen sich 14 geologische Großeinheiten unterscheiden wie die Clausthaler Kulmfaltenzone, das Harzburger Gabbromassiv, der Oberharzer Devonsattel oder das von der innerdeutschen Grenze geteilte Granitmassiv des Brockens. Eine der Großeinheiten bildet auch der aus Quarzit bestehende Acker-Bruchberg-Höhenzug. Er erstreckt sich von Lonau bis Torfhaus als schmaler Streifen schräg durch den Westharz und reicht auf dem Bruchberg bis in eine Höhe von 928 Meter. Damit ist dieser Berg, an dessen Hängen die Harzflüsse Oker, Oder, Sieber und Söse entspringen, nach dem 971 Meter hohen Wurmberg die zweithöchste Erhebung Niedersachsens.

Der Bruchberg birgt eine landschaftliche Kostbarkeit, die heute weithin als einmalig gilt: das Moor auf seinem Kamm. In ganz Mitteleuropa gibt es sonst nirgends mehr lebendige Gipfelmoore, auch nicht mehr im Harz selbst, nachdem die auf dem Acker, auf der Schalke, auf dem Kleinen Sonnenberg und auf dem Rehberg durch Torfabbau oder Trockenlegung zerstört worden sind. Zudem ist das Moor auf dem Bruchbergkamm das älteste im Harz. Während alle anderen in diesem höchsten Gebirge Norddeutschlands noch erhaltenen Moore „nur" etwa 3 500 Jahre alt sind, hat das Bruchbergmoor – wie Pollenanalysen ergeben haben – schon vor rund 10 000 Jahren zu wachsen begonnen.

Das ausgedehnte Hochmoor auf dem Bruchberg, dem es den Namen gab, bedeckt 210 Hektar. Davon sind 60 Hektar offene Flächen, der übrige Teil ist mit Fichten bewaldet. Seine Mächtigkeit beträgt bis zu 2,80 Meter. Es säumt den alten Fastweg, der über den Kamm des Bruchberges verläuft, und ist durch eine Halbinsel aus Mineralboden, auf der das den Harzwanderern wohlbekannte Skikreuz steht, nahezu zweigeteilt. Die größten Torfmächtigkeiten finden sich aber nicht in diesem alten Moor auf dem Kamm des Bruchberges, sondern in den jüngeren an seinen Hanglagen. So wurde die Torftiefe in unmittelbarer Nähe der Sieberquelle mit 3,90 Meter ermittelt, und ein Moorkörper im Einzugsbereich der Großen Oker mißt sogar bis zu 4,40 Meter.

Wie in fast allen Hochmooren kann man auch auf dem Bruchberg beobachten, daß an manchen Stellen fließendes Wasser einfach verschwindet und an anderen Stellen wieder ebenso unvermittelt zutage tritt. Dies beweist, daß ein Moor nicht nur ein oberirdisches Abflußsystem besitzt, sondern auch über ein Netz von Wasseradern unter der Mooroberfläche verfügt. Solch unterirdische Abflüsse erweitern mit der Zeit ihren Durchfluß zu beachtlichen Röhren, die einen Durchmesser von einem Meter und mehr erreichen können. Wenn die über einer derartigen Abflußröhre lagernde Moorschicht dem Druck des eigenen Gewichtes nicht mehr standzuhalten vermag und einbricht, entstehen an der Bodenoberfläche trichterförmige Löcher. Solche Trichter – der größte mit einem Durchmesser von 5 Meter – finden sich vor allem im Südosten des Bruchbergmoores. Bei manchem von ihnen zeigt sich auf dem Grund das fließende Wasser, andere wiederum sind ganz mit Wasser gefüllt oder auch mit Torfschlamm.

Wer durch das Moor des Bruchberges (Bild unten) wandert, hat das Gefühl, der Natur noch ein wenig näher zu sein als an anderen Stellen der Harzlandschaft. Das Moor säumt den alten Fastweg, der über den Kamm des Bruchberges, der zweithöchsten Erhebung im Westharz, verläuft. An diesem Weg liegt auch die Wolfswarte (rechts), von der aus man den Harz weit überblicken kann.
In der Abgeschiedenheit des Bruchberges fühlt sich auch das Wild sehr wohl. Hier gibt es sogar noch Wildkatzen, die sonst überall in Niedersachsen ausgestorben sind. Die echte Wildkatze (rechts unten außen) ist stärker als eine Hauskatze und hat eine gleichmäßig dicke, buschige Rute mit schwarzem Ende und einigen geschlossenen Ringen. Auch das Auerwild, das in Niedersachsen bereits völlig ausgestorben war, hat neuerdings auf dem Bruchberg wieder eine Heimat. Unser Bild (rechts unten innen) zeigt einen balzenden Auerhahn.

Wie kommt überhaupt das Moor auf den Bruchberg und seine Oberharzer Nachbarn? Das hängt in erster Linie mit den hier reichlich fallenden Niederschlägen zusammen. Der Bruchberg ragt mit seiner Gipfelfläche am Skikreuz noch um rund 300 Meter über die Oberharzer Hochfläche hinaus – eine Höhenlage, in der es im Sommer viel regnet und im Winter viel schneit. Das Niederschlagswasser durchfeuchtet das Gestein dieser Berge. Handelt es sich dabei um Granit wie auf dem Wurmberg, der Achtermannshöhe oder dem Brocken, löst das in das Gestein eingedrungene Wasser den Feldspat mit der Folge, daß es schon in der Oberschicht zu Verdichtungen kommt, die dem Wasser ein weiteres Eindringen verwehren. Es staut sich im Boden, so daß er versauert und damit der Vermoorung die Voraussetzung schafft. Handelt es sich um Quarzit wie auf dem Bruchberg, der härter als Granit ist, dann sorgt dessen tonig-sandiges Verwitterungsmaterial für eine in gleicher Weise wirksame Abdichtung des Untergrundes.

Neben einem ausreichenden Wasserangebot und dem Verbleiben von Verwitterungsmaterial an Ort und Stelle sind als dritte Voraussetzung für die Moorbildung Pflanzen nötig, die auf Grund besonderer Struktureigenschaften Wasser zu speichern vermögen. Das kann vor allem das Torfmoos, das deshalb auch der Baumeister des Hochmoores genannt wird. Es ist auf dem Bruchberg und den anderen Oberharzer Bergen die beherrschende Moorpflanze. In seiner Gesellschaft befinden sich Wollgräser, Igelsimsen, Sonnentau und Rosmarinheide. Besonders eindrucksvoll ist der Anblick dieser Moore, wenn im Frühsommer das Wollgras fruchtet.

Von den hier heimischen Tieren muß an erster Stelle das Rotwild genannt werden, das in dieser Abgeschiedenheit ideale Lebensbedingungen vorfindet. Ein sicheres Zuhause haben auch noch die Wildkatzen – die letzten in Niedersachsen. Ihr Bestand wird auf etwa 100 geschätzt. Neuerdings erhielten in diesem Gebiet auch die Auerhühner wieder eine Heimat, nachdem der 1975 in einer Voliere im Mariental bei Lonau aufgenommene Versuch zur Aufzucht dieser großen, scheuen Waldhühner erfolgreich verlaufen ist und auch die Freisetzung in die Wildbahn, mit der 1978 begonnen wurde, geglückt zu sein scheint. Die Auerhühner fühlen sich in ihrer neuen Oberharzer Heimat, die zugleich für sie eine alte ist, offenbar sehr wohl.

Moore sind Orte, die dem Menschen ein ganz besonderes Naturerlebnis vermitteln. Ob sie im Sonnenglanz liegen oder von Nebeln bedeckt sind – immer haben sie etwas Unheimliches und Anheimelndes zugleich an sich. Das Seltsamste an ihnen ist aber, daß sich die Moorpflanzen ihren Nährboden durch die eigene Vertorfung selber schaffen und damit auf ihren Friedhöfen leben und daß sie auf diesem nährstoffarmen Gebilde überhaupt vegetieren können. Der Sonnentau ist sogar auf tierische Nahrung ausgewichen, weil er sonst verhungern würde.

Auf dem Bruchberg stellt sich die Natur dem erholungsuchenden Menschen noch in urwüchsiger, kaum berührter Ausprägung dar. Er ist bis jetzt von technischen Anlagen wie Seilbahnen, Skiliften, Restaurants und dergleichen mehr verschont. Wahrscheinlich wird dies auch so bleiben, weil der Wald und das Moor der Landesforstverwaltung gehören und diese hier nicht bereit ist, für Einrichtungen des Massentourismus den erforderlichen Grund und Boden zur Verfügung zu stellen. Der Bruchberg, der seit 1954 unter Naturschutz steht und zum 7 053 Hektar umfassenden Naturschutzgebiet Oberharz gehört, soll all den Menschen vorbehalten bleiben, die im Harz unberührte Natur suchen.

Wer den Bruchberg ohne größere Mühe erwandern will, fährt von Altenau zur Steilen Wand, einer bis 800 Meter über den Meeresspiegel aufragenden Klippe, und geht von hier aus den Weg zur Wolfswarte. Diese Klippe, die bereits 919 Meter hoch ist, bietet eine herrliche Aussicht über das Gebirge. Wer dann von hier aus dem nach Süden führenden Fastweg durch das Moor folgen will, benötigt dazu Gummistiefel.

Klassische Quadratmeile der Geologie:

17

Das Okertal

Die Oker ist der längste aller Harzflüsse. Bevor sie bei Müden im Kreis Gifhorn in die Aller mündet, bringt sie eine Strecke von 125 Kilometer hinter sich und überwindet dabei ein Gefälle von fast 800 Meter. Sie entspringt in 840 Meter Höhe am Nordhang des Bruchberges und fließt auf einer Höhe von nur noch 46 Meter in die aus dem Drömling kommende Aller. Ihren Lauf beginnt die Oker in ihrem Quellgebiet, das oberhalb von Altenau liegt, auf etwas kuriose Weise. Denn morphologisch, das heißt von der Gestaltung der Erdoberfläche her gesehen, müßte die Rotenbeck ihr Quellbach sein. Sie fließt in der gleichen Süd-Nord-Richtung wie der weitere Gewässerverlauf, was nichts anderes bedeutet, als daß sie ihn beginnt. Da aber ein von Osten her in die Rotenbeck einmündender Quellbach in die Vereinigung viel mehr Wasser einbringt, wurde er zum Oberlauf der Oker erkoren. Dieser Quellbach verdankt seinen größeren Wasserreichtum der Speicherkraft des Bruchbergmoores, des letzten intakten Gipfelmoores Mitteleuropas.

Wenn hier die Oker als einziger der vielen Harzflüsse als Besonderheit herausgestellt wird, geschieht dies jedoch nicht wegen ihrer Länge oder ihres anzweifelbaren Namens, sondern aus weitaus gewichtigeren Gründen. In diesem Teil des Harzes hat die Natur nicht nur alle Trümpfe ausgespielt, um Meisterliches hervorzubringen, sondern läßt sich dazu auch noch in die Karten gucken. Mit anderen Worten: Das Okertal ist eines der schönsten Harztäler und liegt zudem in einem Gebiet, das einen tiefen Einblick in das erdgeschichtliche Werden ermöglicht. Es ist die berühmte „klassische Quadratmeile der Geologie", die jeder Geologe auf der ganzen Welt nicht nur kennt, sondern – wenn er auf seinen Ruf etwas hält – auch selbst einmal gesehen haben muß. In diesem Gebiet am nördlichen Harzrand, etwa zwischen Goslar und Bad Harzburg, treten auf engstem Raum fast sämtliche Formationen von der ältesten bis zur jüngsten geologischen Vergangenheit zutage.

Während sich hier dem Kundigen der Aufbau der Erdkruste gewissermaßen auf einen einzigen Blick offenbart, bietet sich dem Laien zunächst nur ein aus einer Fülle verschiedener Gesteine zusammengesetztes, verwirrendes Bild. Um die äußerlichen Eindrücke zu ordnen, gilt es den inneren Zusammenhängen nachzuspüren. Man muß sich fragen: Was hat sich zugetragen, wie haben die Schöpfungskräfte gewirkt, daß hier ein Naturphänomen von Weltrang entstehen konnte? Dazu muß man den Faden der Harzentwicklung aufnehmen, und zwar am besten in der Zeit vor 120 Millionen Jahren, als die Jura- in die Kreidezeit überging.

Damals hob die Saxonische Gebirgsfaltung den vordem überfluteten Harz aus dem Zechsteinmeer heraus, und das Meer selbst wich wieder nach Norden zurück, woher es gekommen war. Aber schon in der Zeit der Unterkreide stieß das Meerwasser erneut nach Süden auf den Harz vor, und in

Die Oker (links) zeigt sich von ihrer lieblichsten Seite, wenn sie an sonnigen Tagen friedlich in ihrem tief eingeschnittenen Bett dahinplätschert. Doch um dieses Bett einzuschneiden, mußte sie sich als reißender Fluß gebärden.

Als das Okertal von der Erosionskraft des Wassers geschaffen und alles ausgeräumt wurde, was transportabel war, blieben nur die Härtlinge stehen. Zu ihnen gehören die Adlerklippen (rechts).

der folgenden Oberkreidezeit kam es zu weiteren Hebungsrucken. Während durch diese „subhercynisch" genannte Faltung das nördliche Harzvorland zu einer Mulde absank, wurden die am Nordrand des Harzes vorhandenen Gesteinsschichten vom Buntsandstein über Muschelkalk, Keuper, Lias, Dogger und andere bis zur Oberkreide steil aufgerichtet. Auf diese steilgestellten Schichten legten sich dann – auf dem Sudmerberg bei Oker gut zu erkennen – die Küstenablagerungen des hier anbrandenden Oberkreidemeeres. Durch einen weiteren kräftigen Hebungsruck wurde der Harzblock schließlich gar noch auf sein nördliches Vorland geschoben. Dabei stellten sich die zuletzt abgelagerten Oberkreideschichten ebenfalls senkrecht, und die vorher steilstehenden Schichten des Weißen Jura kippten über. Damit war vollendet, was nach mühsamer Erforschung heute das Staunen der Fachwelt hervorruft: daß nicht nur geologische Schichten nebeneinander stehen, sondern auch Schichten des Erdaltertums die des Erdmittelalters überlagern.

Ein prächtiges Beispiel zur Veranschaulichung dieser tektonischen Geschehnisse bietet der zwischen Oker und Schlewecke liegende Langenberg. Dieser langgestreckte Berg, der vom Westen her für industrielle Zwecke abgebaut wird, ist angeschnitten wie ein Marmorkuchen. Eine Schicht steht neben der anderen – die breite Palette der erdmittelalterlichen Kalke in Weiß, Gelb, Braun, Grau und selbst auch Bläulich. Einen guten Einblick in das Wesen der geologischen Quadratmeile gewährt auch ein Schaukasten in der Vorhalle des Harzburger Thermalbades, in dem Gesteine aus allen hier lagernden Erdschichten gezeigt werden, die bei der Erbohrung der Thermalquelle zutage gefördert worden sind. Wer sämtliche Gesteine des Harzes sehen will, kann sich diesen Wunsch auf dem Geologischen Wanderpfad erfüllen, der am Nordwesthang des Rammelsberges in der Nähe der Goslarer Jugendherberge angelegt worden ist.

Als sich die Gesteine des Harzes bildeten, gab es die Oker noch nicht. Die Harztäler formten sich erst in der vor etwa 60 Millionen Jahren beginnenden Tertiärzeit, in der das Gebiet des Harzes durch erneute tektonische Bewegungen gehoben wurde. Zugleich wurde dadurch seine Abtragung begünstigt. Was an der Erdkruste weich war, wurde aufgelöst oder zertrümmert und wegbefördert. Das meiste davon findet sich im nördlichen Harzvorland in Form von Schuttkegeln und Geröllfeldern wieder. Das Gebiet bei Vienenburg, wo seit langem im Okerbett Kies gewonnen wird, heißt nicht umsonst das „Steinfeld". Nur was am Harz hart war, und auch das nicht ganz, vermochte sich den Zerstörungskräften zu widersetzen. Sie machten sich während der Eiszeiten, die dem Harz Vergletscherungen brachten, besonders stark bemerkbar. Zu Wind und Wasser kam noch der Frost mit seiner gesteinssprengenden Kraft hinzu. Was der Harzbesucher heute vorfindet, ist eine

Der zwischen Oker und Schlewecke liegende Langenberg zeigt in seinem Abbaubereich eindrucksvoll, wie am Nordrand des Harzes die Gesteinsschichten des Erdmittelalters durch tektonische Bewegungen steil aufgerichtet wurden. Eine Schicht steht neben der anderen, sie sind auch deutlich an den verschiedenen Farben zu erkennen.

bis auf die Härtlinge ausgeräumte Landschaft, die aber auch schon vom Zahn der Zeit angenagt sind. Die Erosion geht noch ständig weiter.

Das Okertal ist an Abtragungsresten besonders reich. Es sind Klippen in zumeist abenteuerlichen Formen wie die Adlerklippen am Westufer des Flusses, die den von Norden kommenden Harzbesucher als erste begrüßen, oder die an und auf den Höhen, die das östliche Ufer säumen, so der Treppenstein, die Kästeklippe, die Hexenküche, die Mausefalle, die Feigenbaumsklippe und andere mehr. An diesen Klippen, die hier alle aus Granit bestehen, kann man die „Wollsackverwitterung" dieses Tiefengesteins gut erkennen – besonders deutlich am etwa 12 Meter hohen Granitturm der Hexenküche auf dem Hutberg. Diese Klippen sind aber auch Zeugen dafür, wie schwer es die Oker hatte, sich ihr Flußbett in das Gestein einzuschneiden. Für ihren Oberlauf war es leichter, einen Abflußweg zu bahnen, weil hier das Gestein weicher und das Gelände – die Einmuldung zwischen Bruchberg und Schalke – weiter ist. Aber gegen den nördlichen Harzrand zu mußte sie ihre ganze Kraft aufwenden und sich förmlich in das Gestein hineinsägen. Das Ergebnis dieser Anstrengung ist das romantische Okertal zwischen Romkerhalle und Oker, das zu den meistbesuchten Naturschönheiten des Harzes zählt.

Durch den Bau einer Talsperre, die 1954 fertiggestellt wurde und mit ihrem Speichervermögen von 47 Millionen Kubikmeter Wasser die größte im Harz ist, hat die Oker sicherlich an Wildheit eingebüßt. Sie plätschert heute mitunter dahin, als ob sie die Felsbrocken in ihrem Bett statt zu zerstören nur zu liebkosen trachte. Doch wer miterlebt, wenn von der dem Hochwasserschutz dienenden Talsperre vormittags an die an ihr liegenden Industriewerke Wasser abgegeben wird, kann ermessen, was für ein Wildwasser sie einstmals war.

Ein Wasserfall aus Korallenkalk: **18**

Die Iberger Tropfsteinhöhle

Im Südwesten des Harzes erhebt sich bei Bad Grund der Iberg, der einst ein Eibenberg war und es auch wieder werden soll. Von dieser Absicht zeugen Anpflanzungen, die die niedersächsische Landesforstverwaltung seit einigen Jahren vornimmt, um den Fortbestand dieser in ganz Europa selten gewordenen Nadelbaumart sichern zu helfen. Die neuen Eibenkulturen bedecken bereits eine Fläche von mehreren 100 Hektar. Aber auch ohne Eibenbestockung hebt sich der 563 Meter hohe Iberg als etwas Besonderes aus seiner Umgebung heraus. Denn im Gegensatz zu den kulmischen Grauwacken und Tonschiefern, die sich in seiner Nachbarschaft abgelagert haben, besteht er aus Kalk. Dieses weiße Gestein wurde hauptsächlich von Korallen und Algen gebildet, dazu auch von Schnecken, Muscheln und anderen Wesen, für die die Umgangssprache keine Bezeichnungen kennt. Sie lebten vor mehr als 300 Millionen Jahren in der Zeit des Oberdevon in einem tropisch warmen Meer und schufen auf dessen Flachstellen Riffe. Eines davon ist der rund 1 500 Meter lange und 1 000 Meter breite Kalkstock des Iberges.

In diesem heute vorwiegend mit Buchen bestandenen Berg gibt es zahlreiche Höhlen, von denen die Iberger Tropfsteinhöhle die bekannteste ist. Diese Höhle, die jährlich über eine Viertelmillion Besucher anlockt, ist wie die anderen durch die Einwirkung von Wasser entstanden. Aber wie und wann dies geschah – darüber sind sich die Fachleute noch nicht einig. Manche nehmen an, daß der Bach, der heute das Teufelstal unterhalb des Südosthanges des Iberges durchfließt, einst die Höhle ausspülte, als er noch in höherer Lage verlief. Andere führen die Aushöhlung auf Grundwasser zurück, dessen Spiegel vor Jahrmillionen viel höher reichte als heute. Schließlich gibt es noch eine dritte Ansicht, die die Ursache der Höhlenbildung dem Sickerwasser zuschreibt, das von den vielen Niederschlägen ständig in den Berg eindringt.

Ungeteilte Meinung besteht nur darüber, daß Geschehnisse der Erdentwicklung vorausgegangen sein müssen, die dem Wasser – in welcher Art auch immer – im Berg überhaupt erst Zugriffsmöglichkeiten geschaffen haben. Es sind die tektonischen Bewegungen, die den Harz in den vergangenen 300 Millionen Jahren als mächtige Scholle aus der Erdkruste heraushoben, glutflüssige Tiefengesteine aus dem Erdinnern aufsteigen und von ihnen die Harzoberfläche zu gewaltigen Bergmassiven ausbeulen ließen und dann noch den Nordrand des Harzes hochkant stellten. Nie ging es ohne Druck auf den Iberg ab, so daß sich in ihm mit jeder Umgestaltung der Erdkruste im Harzbereich Spalten und Klüfte bildeten. Erst durch deren Vorhandensein konnte das Wasser aushöhlend wirksam werden.

Im Laufe der Harzentwicklung waren in die Spalten und Klüfte des Iberges auch heiße mineralische Lösungen eingedrungen, die sich nach ihrer Erkaltung als Erze – vorwiegend als Eisenerze –

niederschlugen. Sie waren und sind durch die Einwirkung des Wassers ebenso der Verwitterung ausgesetzt wie der Kalk. In den mitunter großen, langgestreckten Höhlen, die durch die Auslaugung des Kalkes entstanden, wurde zugleich auch Tropfstein ausgeschieden, der sich entweder an den Höhlenwänden als Sinter niederschlug oder Stalaktiten und Stalagmiten bildete. Stalaktiten sind die Tropfsteinzapfen an den Höhlendecken und Stalagmiten die Tropfsteinstöcke auf den Höhlenböden. Sie gibt es in mehreren Höhlen des Iberges, am ausgeprägtesten jedoch in derjenigen, die als „die" Iberger Tropfsteinhöhle bezeichnet wird.

Wann diese rund 60 Millionen Jahre alte Höhle entdeckt wurde, ist nicht bekannt. Die erste Beschreibung von ihr stammt aus dem Jahre 1737. Sie wurde von dem Braunschweiger Arzt und Mineralogen Franz Ernst Brückmann in lateinischer Sprache verfaßt und schildert ausführlich, was es zu jener Zeit in der Höhle an Tropfsteinen, Quellen und Getier wie Fledermäusen und Salamandern im Schein von Grubenlichtern zu sehen gab. Erst 1874 wurde die Höhle durch Anlage von Treppen und Einbau von Beleuchtungskörpern für die Öffentlichkeit zugänglich. Ihre bisher letzte Umgestaltung erfuhr sie 1954, als ihr ursprünglicher Einstieg zum Ausstieg gemacht wurde. Seitdem betreten die Besucher die Höhle durch das Mundloch des Hauptmann-Spatzier-Stollens, der bereits 1911 aus Sicherheitsgründen angelegt worden war. Berghauptmann Robert Spatzier war Bürgermeister in Grund und Wildemann und 1886 Mitbegründer des Harzklubs. Zwischen Ein- und Ausstieg der Höhle liegt ein Höhenunterschied von 26 Meter.

Wer sich einer Höhlenführung anschließt, bekommt auf einer durch Gänge, Kammern und Grotten verlaufenden 300 Meter langen, allerdings mehrfach gewinkelten Strecke zu sehen, was die Natur in dieser Höhle an Eigentümlichem und Merkwürdigem geschaffen hat. Die größte Aufmerksamkeit der Höhlenbesucher finden die Tropfsteingebilde, die in ihrer Form menschlichen Wesen oder Tieren oder irgendwelchen Gegenständen ähneln. So gibt es Adam und Eva, den Zwergenkönig Hübich und eine Madonna. Es lassen sich eine Schlange und eine Schildkröte entdecken. Für manche Gebilde sind die Namen aus der Welt der Zwerge entlehnt, so für die Zwergenorgel und den Backofen der Zwerge. In der Höhle gibt es auch eine Zwergenschlucht, in die in niederschlagsreichen Jahreszeiten Wassertropfen fallen, so daß es klingt, als ob in der Tiefe die Zwerge am Werken sind. In der Geisterschlucht wiederum verursachen die fallenden Wassertropfen Töne wie von einer tiefen Glocke. Die prächtigste Tropfsteinbildung ist der 5 Meter hohe versteinerte Wasserfall, der in der Tat anmutet, als ob Wasser über Stufen in die Tiefe stürzt und dabei plötzlich erstarrte. Sein Alter wird auf 200 000–250 000 Jahre geschätzt.

Wie schon erwähnt, ist nicht bekannt, wann zum ersten Mal eines Menschen Fuß in diese Höhle drang. Man weiß deshalb auch nicht, welche Bedeutung sie für Menschen der Frühzeit hatte. Denn anders als zum Beispiel in der Einhornhöhle bei Scharzfeld wurden hier keinerlei menschliche Gebeine aufgefunden. Um so rätselvoller erscheint es, daß auf dem vor der Höhle gelegenen Hang ein Beil aus der jüngeren Steinzeit gefunden wurde. Es ist aus einem grünlichgrau schimmernden Gestein gefertigt, das wahrscheinlich Grauwacke ist, und weist kein Loch für das Anbringen eines Stieles auf. Es mit der Höhle in Verbindung zu bringen, ist vermutlich die unwahrscheinlichste der Möglichkeiten. Viel wirklichkeitsnäher dürfte es sein, daß Steinzeitmenschen an der sonnigen Pfannenbergklippe, unterhalb der heute der Eingang in die Höhle führt, gerastet und dabei das Beil verloren haben.

Der versteinerte Wasserfall ist das prächtigste Gebilde in der Iberger Tropfsteinhöhle. Wer diese Höhle besichtigen will, kann sie in wenigen Minuten von dem Parkplatz aus erreichen, der bei Bad Grund an der nach Clausthal-Zellerfeld führenden Bundesstraße 242 angelegt ist.

19 Doppelfelsen mit Berggeist:

Der Hübichenstein

Im Südwesten des Harzes befindet sich in unmittelbarer Nähe des Iberges der Hübichenstein. Er steht ebenfalls auf der Flachstelle des vor mehr als 300 Millionen Jahren bestehenden Oberdevonmeeres, die sich als Schwelle durch den ganzen Westharz zieht und noch im Okertal zu erkennen ist. Der Hübichenstein besteht wie der Iberg aus Korallenkalk, das heißt aus einer Unzahl versteinerter Seetierchen. Doch er hat ein viel geringeres Volumen als der Kalkklotz des Iberges und unterscheidet sich zudem von ihm in der Form. Der Hübichenstein ist ein 40 Meter hoher, bis in insgesamt 449 Meter Höhe über Normal-Null emporragender schlanker Doppelfelsen, der die Spitze des Violenberges bildet.

Am Hübichenstein fällt auch sogleich die tiefe Grube an seiner Ostseite längs der Bundesstraße 242 auf. Hier wurde in früherer Zeit Bergbau betrieben. Es soll ein hervorragendes Eisenerz gewesen sein, das hier gewonnen wurde. Jedenfalls hat es so der in Hannover wirkende Universalgelehrte, Philosoph und Staatsmann Gottfried Wilhelm Leibniz berichtet – allerdings nur in einem Nebensatz. Denn sein Hauptanliegen war bei der Erkundung des Hübichensteins, Beweismaterial für seine Theorie zu finden, daß die Erde nicht auf einmal geschaffen worden sein könne, sondern sich nach und nach entwickelt habe. Der Hübichenstein bestärkte ihn in der Überzeugung, daß dort, wo sich heute Gebirge erheben, früher auf der Urerde Wasser gewesen sein müsse. Diese zu seinen Lebzeiten (1646 – 1716) noch unglaubwürdige Ansicht hielt er in seinem Werk „Protogaea" fest, das erst nach seinem Tode veröffentlicht wurde. Protogaea bedeutet Urerde.

Auch ein anderer prominenter Harzbesucher – Johann Wolfgang von Goethe – hat am Hübichenstein Studien betrieben und ebenfalls nach Beweismaterial für naturwissenschaftliche Theorien gesucht. Goethe, der den Hübichenstein und den Iberg 1784 gemeinsam mit seinem naturbegeisterten Weimarer Landesherrn Herzog Karl August besuchte, neigte im damaligen Meinungsstreit, ob das Wasser oder das Feuer den größeren Einfluß auf die Entwicklung und Gestaltung der Erdoberfläche ausgeübt habe, der Wasserseite zu. Er sah in der beständigen, langwährenden Einwirkung des Wassers auf die Erdkruste die entscheidende Gestaltungskraft und weniger im schnellwirkenden Vulkanismus.

Der Hübichenstein ragt neben dem Kalkmassiv des Iberges wie die Spitze einer Riesennadel empor. Diese Form hat von jeher die Phantasie der Menschen zu Sage und Dichtung angeregt. Doch seltsamerweise machte sich dabei niemand Gedanken darüber, wie dieser merkwürdige Doppelfelsen wohl entstanden sein könnte.

Noch heute führt zu ihm die Lauenberger Trift empor, über die früher das Vieh in den Wald getrieben wurde. In der Tierernährung ist auch der Grund zu suchen, warum diese Eichen so weiträumig standen. Ihre Kronen mußten frei im Licht sein, damit sie sich breit ausladend entwickeln und möglichst viele Eicheln hervorbringen konnten. Eicheln – die Forstleute nennen sie einfach „Mast" – bildeten hier wie anderswo in früheren Jahrhunderten die Grundlage der Schweinemast, bis sie von den sich nach und nach ausbreitenden Kartoffeln abgelöst wurden. Und für die Wiederkäuer Ziege und Rind wuchs zwischen den weit auseinander stehenden Eichen genügend Gras. Ziegen und Rinder mußten alljährlich bis zum Michaelistag, dem 29. September, die Waldweide verlassen haben. Denn dann fielen die Eicheln, und es begann der große Festschmaus der Schweine.

Heute sind die bizarren Baumgebilde von Lauenberg, die wegen ihrer Knorrigkeit und Kurzschäftigkeit weder jemals vom Schreiner noch vom Böttcher oder vom Faßbinder begehrt worden sind, von Birken, jüngeren Eichen und allerlei Strauchwerk umstanden. Wer sich die Lauenberger Trift hinaufbemüht und das in das Naturschutzgebiet führende Gattertor durchschritten hat, kann jedoch unschwer im Bestand der jungen Eichen die alten, dicken erkennen. Solche Bäume gaben sicher auch einstmals die rechte Kulisse für das räuberische Dasein des Raugrafen von Dassel ab, der als letzter die Lauenburg – das bedeutet „Löwenburg" – bewohnt hat und der Sage nach der List seines wackeren Koches namens Holzlöhner das sonst verwirkte Leben verdankte. Er wäre von einer Schar von ihm beraubter Nachbarn, die die Burg belagerten, umgebracht worden, hätte ihn der kräftige Koch nicht in einer Kiepe bei freiem Geleit bis Seelzerthurm getragen. Die Burg jedoch wurde von den Belagerern niedergebrannt.

Die alten Bäume von Lauenberg sind Traubeneichen, die im Gegensatz zu den im niedersächsischen Flachland vorherrschenden Stieleichen keine so hohen Ansprüche an die Bodengüte stellen. Zudem ist die Traubeneiche nicht so wärmebedürftig wie die Stieleiche. Der äußerlich sichtbare Unterschied zwischen den beiden in Niedersachsen heimischen Haupteichenarten besteht darin, daß die Stieleiche langgestielte Eicheln besitzt, die Traubeneiche dagegen kurzgestielte, die zu mehreren in Trauben zusammensitzen. Eine dritte Art, die in Niedersachsen immer häufiger angepflanzt wird, ist die an ihren großen, spitz gezackten Blättern zu erkennende Roteiche. Sie ist vornehmlich in Parkanlagen, Gärten und auch als Alleebaum anzutreffen und wegen der prächtig roten Herbstfärbung ihres Laubes besonders beliebt.

Die Lauenberger Huteeichen gewähren vielen Waldbewohnern Schutz und Unterkunft. Mancher dieser Bäume ist gleich in drei Etagen bewohnt: Die hohen Stammfüße bieten Fuchs und Iltis Unterschlupf, in den mittleren Stammteilen hat sich der Baummarder angesiedelt, und in Astlöchern hausen Eulen und andere Vogelarten. Sicherlich hat sich in diesem oder jenem hohlen Stamm auch der Waschbär, der in der deutschen Wildbahn als unerwünschter Fremdling gilt, eine Bleibe gesucht, in die er sich tagsüber verkriecht.

Der unter dem Decknamen Novalis bekanntgewordene deutsche Dichter Friedrich Leopold Freiherr von Hardenberg beschrieb in seinem 1802 erschienenen Roman „Heinrich von Ofterdingen" die Blaue Blume, die zum Inbegriff der Romantik wurde. Wer sie findet und sich ansteckt, dem weist sie den Eingang zu einem verborgenen Schatz. Wenn diese zauberkräftige Blume, die Symbol der Annäherung zwischen Wirklichkeit und Übersinnlichem ist, je irgendwo geblüht haben sollte, dann gewiß auch im alten Hutewald von Lauenberg.

Einer der Lauenberger Eichengreise, die die letzte Phase ihres mehrere hundert Jahre währenden Lebens erreicht haben. Wie viele Wild- und Haustiere mag er in dieser langen Zeit wohl mit seinen Früchten genährt haben?

21 Sattelbruch über der Leine:

Die Selterklippen

Die Bahnstrecke, die durch das Leinetal führt, gehört zu den vier am meisten befahrenen im ganzen Bundesgebiet. Um den Zugverkehr besser bewältigen zu können, muß sogar ein zweites Schienenpaar verlegt werden. Doch kaum einem der vielen Reisenden, die durch die schöne, reichgegliederte Landschaft südlich von Alfeld fahren, dürfte jemals bewußt geworden sein, welch eindrucksvolles Naturgebilde sich am linken Leineufer bei Erzhausen über das sich hier verengende Flußtal erhebt. Es sind die Selterklippen, die trotz ihrer Höhe bis zu 393 Meter vom Tal aus nicht ausgemacht werden können, weil sie von einem dichten Buchenschirm verdeckt sind. Nur wer sich auf den Kamm des Selters bemüht, kann sich an dieser Schöpfung der Natur erfreuen.

Der Höhenzug des Selters, der sich von Erzhausen in nordwestlicher Richtung bis Delligsen erstreckt, verdankt sein Entstehen den gewaltigen Erderschütterungen in der Tertiärzeit. Damals, vor 35 bis 40 Millionen Jahren, legte die Erde ihre Kruste erneut in Falten, so daß sich zu den schon vorhandenen weitere Berge und Täler bildeten. Bei dieser sattelförmigen Auffaltung von vorher waagerecht gelegenen Gesteinsschichten kam es auch zu deren Auseinanderbrechen. Solch ein Bruch vollzog sich auf dem Sattelscheitel des Selters auf seiner ganzen Länge von rund 9 Kilometer. Aus dem Riß formte sich dann im Laufe vieler Jahrtausende der Graben des mittleren Leinetales, während der zerklüftete Bruchrand in der Gestalt schroffer Klippen bestehen blieb.

Übrigens soll die Leine südlich des Selterkammes, wo sich bei Greene ihr Tal zu einem Becken weitet, ihren Namen erhalten haben. Die Wurzeln werden in der indogermanischen Ursprache gesucht, die die Kelten in vorchristlicher Zeit hierher gebracht haben sollen, als sie sich aus ihrem Siedlungsraum zwischen Rhein, Main und Donau zunächst nach Nordwesten verbreiteten. Das Wort Leine, das einstmals „lagina" und „laginaha" hieß, enthält die indogermanischen Urbegriffe „lak" für See und „aha" für fließendes Wasser, wie sie im englischen „lake", im italienischen „lago", im irischen „loch", im deutschen „Lache" beziehungsweise im lateinischen „aqua", im spanischen „agua", im französischen „eau" und im deutschen „Aue" erhalten geblieben sind. Somit bedeutet Leine „Seefluß" – eine Bezeichnung, der eine bestimmte Naturbeobachtung zugrunde liegt: Wenn hier im Frühjahr die Leine über die Ufer tritt, gleicht das Tal einem See, dessen Wasser sich nach Norden bewegt.

Von den schroffen Klippen des Selterkammes ist die Kammerkeule das eindrucksvollste Felsgebilde. Sie zu fotografieren ist jedoch nicht ganz einfach, weil sie an einem Steilhang steht. Man muß sich unter ihr erst einen erhöhten Standplatz schaffen, um sie einigermaßen mit der Kamera einfangen zu können.

Auch der Name der uralten Siedlung Greene soll keltischen Ursprungs sein und ein sandiges, kiesiges Gebiet bezeichnet haben. Im Irischen bedeutet heute noch „grian" grober Sand, und im Bretonischen heißen die Sandkörner „grenn". Wo heute eine 366 Meter lange Straßenbrücke die Leine samt ihrer überflutungsgefährdeten Aue überspannt, befand sich einst eine Furt, die schon vor vielen hundert Jahren Bestandteil einer vom Rhein zur Elbe führenden Handelsstraße war. Von Germanen wurde das Leinetal etwa zu Beginn der Eisenzeit um 800 vor Christus besiedelt. Sie verdrängten die Kelten aus dem gesamten Gebiet zwischen Elbe und Rhein in das nordöstliche Gallien, wo sie sich unter dem Namen Belgae niederließen, zogen später aber nach Britannien.

Die Felsen auf dem Selterkamm stehen vereinzelt oder in Gruppen. Ihr Formenreichtum hat seit eh und je die Phantasie der Talbewohner angeregt. Wer von dem kleinen Ort Bruchhof aus aufsteigt, kann auf schattigen Waldwegen die mehr als 3 Kilometer lange Front dieser bizarren Naturgebilde abschreiten.

Die erste mächtige Felsengruppe, auf die er trifft, ist das verwunschen anmutende „Dornröschenschloß". Von ihm wird erzählt, daß in ihm eine Prinzessin schlummert, die auf Erlösung wartet. Eindrucksvoll ist auch der „Kammerstein", der einen engen, niedrigen Höhleneingang hat, der der Sage nach zu sieben Kammern führt. In der letzten und zugleich größten soll an einem steinernen Tisch ein Mann sitzen und schreiben. Er sei wegen seines schlechten Lebenswandels in diese Kammer verbannt und müsse so lange in ihr sitzen, bis es einem Menschen gelingt, den schwarzen Hund zu töten, der ihn bewacht.

Neben dem „Kammerstein" steht die „Kammerkeule" – ein 10 Meter hoher Felsen von besonderer Ausdruckskraft, wenn man ihn von Norden her betrachtet. Man kann dann meinen, auf einem Stiel ruhe ein riesiger Fäustel. Andere Steingebilde heißen „Marienfels", „Dreitannenstein", „Habichtstein", „Wolfstein" und – sprachlich nicht ganz korrekt – „Siebenjähriger Kriegerstein". Unter dem überragenden Steindach dieses letztgenannten Felsens soll im Siebenjährigen Krieg eine Kompanie Soldaten Unterschlupf gefunden haben.

Mancher der Felsen existiert nicht mehr, so der „Lindenstein" und der „Husarenstein". Sie wurden bis in die dreißiger Jahre dieses Jahrhunderts als Steinbrüche genutzt und abgetragen. Aus dem Korallenoolith des Selters, einem harten Kalkstein, wurden z. B. das Finanzgebäude in Braunschweig, das Bismarckdenkmal in Hildesheim und der Bahnviadukt in Greene erbaut. Das letzte Gebäude, das daraus errichtet wurde, war 1935 die Kirche in Kreiensen. 1937 wurden die Selterklippen zum Naturdenkmal erklärt.

Allerdings mußte ihnen später noch eine andere Wunde geschlagen werden, und zwar von den Ingenieuren und Arbeitern, die das Pumpspeicherwerk Erzhausen schufen. Dieses in Niedersachsen einmalige Werk, das zur Deckung des Spitzenbedarfes an elektrischer Energie in Hannover, Braunschweig, Salzgitter und anderen Verbrauchszentren des norddeutschen Raumes dient, erzeugt nicht nur Strom, sondern kann auch die Kraft speichern, mit der hier Strom erzeugt wird, nämlich Wasser.

Das Werk verfügt über zwei Becken, von denen jedes 1,7 Millionen Kubikmeter Wasser faßt – das eine im Leinetal, das andere auf dem Selter. Sie sind durch eine 1,5 Kilometer lange Doppelrohrleitung, die im Bereich der Selterklippen unterirdisch verlegt wurde, miteinander verbunden. Die beiden Rohre, von denen jedes einen Durchmesser von 3,40 Meter hat, führen auf einer Länge von 150 Meter durch Stollen, die durch den Felskamm getrieben worden sind. Durch sie fällt das Wasser des Oberbeckens zu den Turbinen im Tal, wenn Strom benötigt wird. In den verbrauchsärmeren Nachtstunden wird es jeweils vom Unter- in das Oberbecken zurückgepumpt. Diese in die Selterlandschaft harmonisch eingepaßte Anlage kann ebenfalls als sehenswert bezeichnet werden.

Schulbeispiel einer Reliefumkehr:

22

Die Hilsmulde

Käme jemand auf den Gedanken, die Kartenblätter mit den ausdrucks- und damit eindrucksvollsten Landschaftswiedergaben prämiieren zu wollen, müßte er dem Blatt, das das Bergland bei Alfeld westlich der Leine zeigt, einen der ersten Preise zuerkennen. Wie der Topographische Atlas von Niedersachsen in seiner 1965 erschienenen 3. erweiterten Auflage treffend bemerkte, „gibt es kaum ein Kartenblatt in der geographischen und geologischen Literatur, das in so packender und modellartiger Weise Aufbau, Form und Rhythmus einer Schichtrippenlandschaft darstellt wie der Kartenausschnitt des Ith-Hils-Gebietes". Was darauf zu sehen ist, mutet von der Form her wie ein mit dem Zeichenstift hingeworfenes Ohr an – langgestreckt und spitz wie das des Mephisto.

Der Vergleich mit einem menschlichen oder teuflischen Ohr ist bei Beschreibungen der Ith-Hils-Landschaft schon häufig angestellt worden. Es gibt auch keinen besseren, wenn man dieses Gebiet anschaulich charakterisieren will. Das Ohr ist im Westen vom Ith mit seinem spitzen Knick im Norden bei Coppenbrügge und im Osten vom Thüster Berg, Duinger Berg, Reuberg und Steinberg wallartig umrandet. Im Süden schließt sich als Gehörgang die Hilsmulde an, die von den Kammhöhen des Hils ovalförmig umgeben und im Osten bei Delligsen zum Leinetal hin geöffnet ist. Dieses markante Landschaftsbild ist in die Lehrbücher der Geologie eingegangen, aber nicht wegen seiner Ausdruckskraft auf der Landkarte, sondern als ein Schulbeispiel der Reliefumkehr.

Reliefumkehr heißt, daß im Laufe der Erdentwicklung aus Bergen Täler und aus Tälern Berge geworden sind. Die Ursachen können verschiedener Art sein wie Abtragung, Ausräumung und auch Einsenkung, wenn unterirdische Hohlräume zusammenbrechen. Sie können einzeln oder gemeinsam wirken. Zumeist beruht die Reliefumkehr auf der Tatsache, daß die Gesteine dem Angriff der Verwitterung in sehr unterschiedlichem Maße ausgesetzt sind. Die einen sind leichter löslich als die anderen oder verwittern sehr viel schneller, weil ihr Gefüge weniger dicht ist. So kommt es, daß leicht zerstörbare Gesteine rascher abgetragen und fortgeräumt werden als wetterbeständigere, und daß diese härteren dann allmählich ihre Umgebung mehr und mehr überragen. Alle diese Vorgänge haben dazu beigetragen, daß aus einer einstigen Erhebung die Ith-Hils-Einsenkung insgesamt und die Hilsmulde als ein besonderer Teil davon entstanden.

Wer sich heute von Delligsen aus dem Tal nähert, in dessen Mitte Grünenplan liegt, sieht es ringsum von bewaldeten, unterschiedlich hohen Bergen umgeben. Eine großartige Überschau über den Talkessel bietet sich auch vom Wilhelm-Raabe-Turm aus, der auf dem 472 Meter hohen Großen Sohl steht. Der ovale 15 Kilometer lange Bergzug, der nach außen steil und nach innen flach abfällt, besteht aus Hilssandstein – einem gelblich-weißen Gestein der Unteren Kreide, das sich durch besondere Härte auszeichnet. Er wurde aus der Erdoberfläche herausgehoben, als infolge von Brüchen tief in der Erde das heutige Muldeninnere absank. So kam es, daß jetzt in der Hilsmulde die Gesteinsschichten des Erdmittelalters vom Buntsandstein über den Muschelkalk, Keuper und Jura bis zur Oberen Kreide wie ein Satz Schüsseln über- bzw. ineinander liegen. In der Mulde haben sich jedoch im Hohen Heimberg, Idtberg und Fahrenberg drei Erhebungen erhalten, die noch die einstige Lage der Schichten bezeugen. Die Fachleute nennen sie daher Zeugenberge.

In seiner abgedachten Form ist das Muldeninnere auch verstärkt der Erosion preisgegeben. Sie greift besonders an den Bächen zerstörend zu, die in der Hilsmulde sehr zahlreich sind. Das hat einen besonderen Grund. Unter dem Hilssandstein, der wasserdurchlässig ist, befindet sich eine wasserstauende Schicht, so daß die Quellen im Bereich des Hilssandsteines austreten müssen. Die Bäche zertalen die Mulde immer stärker. Sie fließen radial zur Wispe, die bei Delligsen den Muldenrand durchbrochen hat. Die Wispe hat auch die aus Weißjurakalk bestehende Schichtstufe Steinberg/Selter durchstoßen und mündet bei Wispenstein in die Leine.

Die Hilsmulde lockte wegen ihrer Sandvorkommen und ihres Holzreichtums im ausgehenden Mittelalter viele Glasmacher an. Die ersten Glashütten entstanden hier in der zweiten Hälfte des 16. Jahrhunderts, nachdem es sie in anderen Teilen des südlichen Niedersachsens – vor allem im Solling und im Vogler – schon lange vorher gab. Es waren Wanderglashütten, die man auch „fliegende" Glashütten nannte. Sie verbrauchten Unmengen an Buchenholz zur Feuerung wie auch zur Gewinnung der für die Glasherstellung benötigten Pottasche. Da die Glasmacher das Holz wahllos einschlugen, trat bald eine regelrechte Waldverwüstung ein. So war die Bloße Zelle – mit 480 Meter die höchste Erhebung des Hilskammes – mehrere Jahrhunderte nicht mit Wald bestanden, sondern zeigte sich als riesige Heidefläche. Auch andere Kammgebiete verheideten immer mehr. Der Hils wäre als Waldgebiet wohl völlig zerstört worden, hätte es nicht Johann Georg v. Langen gegeben, der in Herzoglich-Braunschweigischen Diensten Oberjägermeister war. Mehr Forstmann als Jäger, erkannte er die große Produktionsreserve, die im Hils bei sachgerechter Entwicklung steckte. So entwarf er 1746 die erste Forstplanung für dieses Gebiet und ließ auch sogleich umfangreiche Nadelholzkulturen anlegen.

Johann Georg v. Langen, der auch der Initiator der Porzellanmanufaktur Fürstenberg sowie von Montanbetrieben im Harz war und zum bedeutendsten Merkantilisten auf deutschem Boden wurde, verfolgte im Hils das Ziel, die hier geschaffenen neuen Industrien nachhaltig mit Holz beliefern zu können. Herzog Carl I. von Braunschweig hatte 1744 die Fürstliche Spiegelglashütte „Zum grünen Plan" errichten lassen, die ständig viel Holz zur Herstellung von Pottasche und zur Energieerzeugung benötigte. Und auch die bereits 1735 in Delligsen gegründete Eisenhütte, in der Eisenerze aus dem Hils aufbereitet wurden, brauchte viel Brennholz. Diese Werke bestehen heute noch. Besonders die Glaswerke haben eine Schlüsselstellung erlangt, sei es in der Herstellung von Autorückspiegeln oder in der von Spezialgläsern für die verschiedenen Zweige der optischen Industrie. Die Bedeutung läßt sich ohne viele Worte dadurch kennzeichnen, daß die amerikanische Raumkapsel Apollo, die die ersten Menschen auf den Mond brachte, mit Spezialgläsern aus Grünenplan ausgestattet war.

Der Name Johann Georg v. Langens lebt heute unter anderem in einem landeskulturellen Lehrpfad fort, den das Forstamt Grünenplan 1976 am Hilshang angelegt hat. An diesem Lehrpfad, der im Halbrund um Grünenplan führt, stehen 14 Schautafeln, auf denen die Geologie der Hilsmulde, der Bergbau im Hils, die Glashüttengeschichte, der Forstschutz, der Vogelschutz und andere Themen mehr dargestellt sind. Die Tafeln werden jedes Jahr im Mai unter eigens dafür errichteten Schutzdächern aufgestellt und im Oktober abgebaut. Auch die Überreste einer Wanderglashütte sind in den Lehrpfad einbezogen.

Die Hilsmulde, in deren Mitte Grünenplan liegt, gleicht einer riesigen ovalen Schüssel. Als sie durch Brüche tief im Erdinnern einsank, wurde zugleich ihr Rand aus der Erdoberfläche herausgehoben. Unser Bild, das vom Drachenhohl am nordöstlichen Hilsrand aufgenommen ist und nur einen Teil der Mulde erfaßt, läßt im Hintergrund die Bloße Zelle, die höchste Erhebung des Hilskammes, erkennen.

23 Steilwand aus Muschelkalk:

Die Steinmühle

Die Weser kann man als den „niedersächsischsten" der deutschen Ströme bezeichnen. Zwar durchfließt sie auch hessisches, westfälisches und bremisches Gebiet, doch ihre größten Strecken führen durch Niedersachsen. Hier befinden sich auch Anfang und Ende des Flusses. Die Weser entsteht in Hann. Münden durch die Vereinigung von Werra und Fulda und endet nach 432 Flußkilometern vor der niedersächsischen Küste in der Nordsee. Ihren Namen verdankt sie der einstigen Unschlüssigkeit, sie Werra oder Fulda zu nennen. Um beiden Quellflüssen gleichermaßen gerecht zu werden, entzog man sich der Entscheidung nach der einen oder anderen Seite und sagte einfach die „Wässer". Daraus wurde „Weser".

Dieser Fluß hatte es von den Gewässern Niedersachsens am schwersten, sich seinen Weg zum Meer zu bahnen. Das beweisen an seinem Oberlauf die großen, unregelmäßigen Mäanderschleifen zwischen Heinsen und Hehlen im Landkreis Holzminden. Obgleich diese Orte in Luftlinie nur 13,5 Kilometer voneinander entfernt sind, muß die Weser – um vom einen zum anderen zu gelangen – 32,7 Kilometer zurücklegen. Sie windet sich hier – wie die Topographen sagen – durch ein unruhiges Relief aus Muschelkalk. Dessen Brüche und Verwerfungen zwingen den nach Norden drängenden Weserstrom, bald nach Westen, bald nach Osten und sogar auch in südöstliche Richtung zu fließen. Die Muschelkalkklippen bei Heinsen und die große Muschelkalkplatte der Ottensteiner Hochfläche erwiesen sich als unüberwindbare Hindernisse.

Allerdings hat die Weser vor diesen Sperriegeln nicht nur klein beigegeben, sondern sie auch heftig attackiert. Wo sich ihr nur Ansatzpunkte boten, entfaltete sie ihre volle Erosionskraft. So unterspülte sie Berghänge, bis Teile von ihnen abbrachen und in das Flußbett rutschten. Die klippenartigen Felswände, die dadurch entstanden, sind seitdem die großartigsten Naturgebilde des Wesertales. Besonders eindrucksvoll ist dabei der Steilabsturz der Ottensteiner Hochfläche bei Dölme, den man die Steinmühle oder auch die Teufelsmühle nennt.

Als Johannes Meyer, Lehrer in Osnabrück, 1888 seine „Geschichts-, Kultur- und Landschaftsbilder der Provinz Hannover" herausbrachte, fand sich darin folgende recht anschauliche Schilderung: „Am rechten Ufer ist dunkler Hochwald vorübergezogen; dann erscheinen die Glanzpunkte des ganzen Wesertales, die Klippen der Steinmühle oder Teufelsmühle. In weitgezogenem Halbkreise umstarren sie drohend den Strom, regelrecht in der Gesamtanschauung, unendlich verschieden in der Einzelheit. Die Kette der Felsengipfel ist wundersam gezackt und zeigt in der Dämmerstunde die seltsamsten Gebilde. Aus den Klüften brechen klare Quellen und schäumende Gießbäche hervor: Hier hängt die klappernde Steinmühle, ein keck an die Wand geworfenes Schwalbennest." Soweit kann diese Beschreibung auch heute – fast 100 Jahre später – noch gelten,

Die Klippen der Steinmühle an der Weser verraten dem Sachkundigen auf den ersten Blick, daß hier der Fluß das Gestein unterspülte und zum Einsturz brachte. Heute ist der Steilhang durch ein Bauwerk, über das die Bundesstraße 83 führt, von der zerstörenden Kraft des fließenden Wassers nicht mehr gefährdet. Der herrliche Anblick, wie ihn unser Bild zeigt, wird sich den Besuchern des Wesertales noch lange bieten.

sofern man der Mühle nachsieht, daß sie seit 1960 nicht mehr klappert, weil im Zuge der damaligen Mühlen-Stillegungsaktion ihre 700jährige rastlose Tätigkeit beendet wurde. Einer unbedingten Korrektur bedarf erst der nächste Satz in Meyers umfangreichem Werk: „Das Steingerölle hat den Strom fast in die winzige Breite eines Flüßchens eingezwängt, zornig peitscht die schäumende Flut das harte Gestein und beruhigt sich erst an den riesigen Klippenmauern des Breitensteins". Seit die Weser voll schiffbar gemacht wurde, engt auch hier keinerlei Geröll mehr den Strom ein.

Der Muschelkalk, aus dem die 30 bis 40 Meter hohe Felswand der Steinmühle besteht, wurde vor rund 190 Millionen Jahren von einem Binnenmeer abgelagert, das auf die festländische Buntsandsteinzeit folgte. Es ist Unterer Muschelkalk mit einer Mächtigkeit von rund 100 Meter. Als charakteristisch für diese Stufe gelten graue, dünnplattige Mergelkalke mit welligen bis runzligen Schichtflächen, wie sie auch für geologische Laien im unteren Teil der Gesteinswand zu erkennen sind. Fachleute erinnert das Gestein mit seinen zahlreichen Wurm- und anderen Kriechspuren an wattenmeerähnliche Bildungen. In 13 Meter Höhe ist die Wand von einem gelben Band durchzogen, das die Oolithzone kennzeichnet. Der Muschelkalk wird seinem Namen sehr gerecht: Er enthält viele Muscheln, Schnecken sowie Arm- und Kopffüßer.

Doch die Felswand der Steinmühle, die bereits seit 1937 unter Naturschutz steht, ist nicht nur geologisch und morphologisch von besonderem Interesse, sondern auch botanisch. Denn auf ihr befindet sich ein Blaugrasrasen, der zu den wenigen größeren Vorkommen dieser Grasart am Nordrand ihrer Verbreitung zählt. Blaugras heißt deshalb so, weil seine Blätter einen leicht bläulichen Schimmer haben und zudem seine Ähren violett bis stahlblau sind. Etwa 30 Zentimeter hoch, bevorzugt es als Standort warme Kalkböden. Deshalb findet es sich fast ausschließlich an sonnenbeschienenen, nach Süden gerichteten Felshängen aus Kalkgestein – eine Voraussetzung, die die Steinmühle vollkommen erfüllt. Das Blaugras verträgt eine viel stärkere Sonneneinstrahlung als andere Pflanzen, weil es fähig ist, bei Hitze und Trockenheit seine Blätter zusammenzufalten, damit die Verdunstung geringer wird.

Warum die Felswand bei Dölme „Steinmühle" heißt, hat einen leicht erkennbaren Grund. An diese Wand wurde 1266 eine Mühle gebaut, weil hier aus dem Felsen zwei kräftige Spaltenquellen heraustreten, die sich für den Antrieb eines Mühlrades hervorragend eigneten. Die Mühle bekam von der Felswand den Namen und gab ihn an die Wand zurück. Ihre Bezeichnung „Teufelsmühle" hingegen erklärt sich nur aus einer Sage, die sich um das Entstehen dieser Mühle gesponnen hat. In dieser Gegend lebten einst ein Müller und ein Bäcker. Die beiden – der Sage nach waren es Hünen – kamen überein, sich gegenseitig zu helfen. Der Müller verpflichtete sich, für den Bäcker das Korn zu mahlen, und der Bäcker buk dafür dem Müller das Brot. Das ging lange gut, bis eines Tages der Bäcker den Müller aufsitzen ließ. Daraufhin kündigte dieser den Vertrag und baute sich selber einen Backofen. Der Bäcker hätte sich nun auch gern eine eigene Mühle errichtet, doch war deren Bau ungleich schwieriger. Zudem mußte fließendes Wasser vorhanden sein. In seiner Not bat der Bäcker den Teufel, ihm zu helfen. Der war sofort dazu bereit, wenn er ihm seine Seele verschreibe. In sieben Jahren wollte er sie holen. Der Bäcker – er hieß Otto vom Stein – willigte ein. Schon nach der nächsten Nacht war die Mühle fertig, und Wasser war auch da. Der Teufel hatte ganz einfach den Felsen mit einer langen Lanze angestochen.

Das stattliche Mühlrad steht seit zwei Jahrzehnten still und ist schon ganz bemoost. Doch die Quellen sprudeln noch immer. Der größte Teil ihres Wassers wird heute von einer Forellenaufzuchtanlage genutzt, die neben dem leerstehenden Mühlengebäude eingerichtet wurde. Der Vollständigkeit halber sei noch erwähnt, daß der Begründer der Mühle eine List ersann, um sein dem Teufel gegebenes Versprechen nicht einlösen zu müssen.

Am Rande der Rühler Schweiz: **24**

Der Breitenstein

Kaum daß die Weser vom Steilhang der Steinmühle nach Südosten abgedrängt ist, prallt sie bereits wieder gegen eine schroff aufsteigende Uferwand, den Breitenstein. Diese langgezogene, mit Buchen, Eichen und in Niedersachsen seltenen Elsbeeren bewaldete Felswand aus Muschelkalk, die Pegestorf gegenüber liegt, ist das Gegenstück zur Steinmühle. Zwischen beiden Prallhängen hat sich die Weser unermüdlich hindurchgefressen und nach mehrmaliger Verlagerung ihres Laufes das heutige Flußbett geschaffen. Dabei wurde die Ottensteiner Hochfläche von den Golmbacher Bergen, deren Nordbegrenzung der sich fast 60 Meter über die Weser erhebende Breitenstein ist, getrennt.

Die Golmbacher Berge, die hier rechts der Weser das Landschaftsbild prägen, stellen das Bindeglied zwischen der kaum bewegten, gipfellosen Hochfläche des Sollings und dem durch seine tiefeingeschnittenen Täler geradezu zerhackt anmutenden Vogler dar. Doch während der Solling und der Vogler aus Buntsandstein aufgebaut sind, bestehen die Golmbacher Berge aus Muschelkalk. Sie kennzeichnen ein großes Bruchfeld mit einem vielfältigen Nebeneinander von Höhe und Tiefe, Enge und Weite, Wald und Feld. Dies alles fügt sich zu einem wohlgefälligen Bild zusammen, das ganz besonders an der Rückseite des Breitensteins das Auge erfreut. Hier befindet sich die Rühler Schweiz, die zu den landschaftlich schönsten Gebieten Niedersachsens zählt.

Wenn auch die Schöpfungskräfte der Natur die Hauptarbeit zur Modellierung dieser lieblichen Hügellandschaft geleistet haben, trugen zu ihrer Verschönerung doch auch menschliche Zutaten bei wie heckengesäumte Hohlwege, die von den Rädern langer Jahrhunderte ausgefurcht worden sind, Laubwälder, die den Herbst vergolden, und Alleen aus Kirschbäumen, die im Frühling die sich über die Höhen mühsam windenden Straßen mit ihrer weißen Blütenpracht festlich schmükken. Ist dieses zum 528 Quadratkilometer großen Naturpark Solling-Vogler gehörende Gebiet das ganze Jahr hindurch von vielen Ausflüglern besucht, so übt es zur Zeit der Kirschblüte eine ganz besondere Anziehungskraft aus.

Aber die Rühler Schweiz hat dem Naturfreund noch viel mehr zu bieten als nur blühende Kirschbäume: Sie ist eines der Orchideenparadiese Niedersachsens. Auf dem kalkigen Boden wachsen die Bienenragwurz, der Frauenschuh und mehrere Knabenkrautarten. Zum Beispiel kann man das Purpur-Knabenkraut Ende Mai in zahlreichen Exemplaren auf den als Viehweiden genutzten hängigen Wiesen finden. Eine besondere botanische Kostbarkeit ist das Spatelblättrige Greiskraut, das in Niedersachsen seinen einzigen Wuchsort auf dem Breitenstein hat. Diese Pflanze, die im süddeutschen Raum auf nährstoffarmen Moorwiesen vorkommt, hat sich hier einen kalkreichen Standort gesucht. Sie wird bis 70 Zentimeter hoch, bringt goldgelbe Scheindolden hervor und hat – wie ihr Name besagt – spatelförmige Blätter. Sie können auch eiförmig sein, eine Blattform also, die nicht spitz ist. Bemerkenswert sind auch die auf dem Breitenstein stehenden Eiben, die wie alle hier erwähnten Pflanzen naturgeschützt sind.

Stellt der Breitenstein für die Botaniker eine Art Schatztruhe dar, so ist er für die Ornithologen fast ein Heiligtum. An seiner nach Norden gerichteten Felswand haben die letzten Wanderfalken Niedersachsens gebrütet. Sie wurden ausgerottet, als im Jahre 1968 ein Handelsvertreter aus Hannover den Horst ausplünderte. Er konnte als Horsträuber überführt werden und wurde vom Amtsgericht Holzminden zu acht Monaten Gefängnis auf Bewährung und zu einer Geldbuße von 2 000 DM, die er an den Bund für Naturschutz und Landschaftspflege in Niedersachsen zu entrichten hatte, verurteilt. Seinen Versuch, beim Landgericht Hildesheim einen Berufungsprozeß anzustrengen, vermochte er nervlich nicht durchzuhalten – so wurde ihm aus der Bevölkerung zugesetzt.

Der Breitenstein ist inzwischen erneut zur Heimat von Wanderfalken und auch von Uhus geworden. Es sind Tiere, die in einer Voliere in Stadtoldendorf erbrütet und nach Umstellung auf Lebendnahrung in die Freiheit entlassen wurden. Wenngleich es auch im Bemühen, Greifvögel wieder anzusiedeln und in ihrer Zahl zu vermehren, häufig Rückschläge gibt, so besteht doch unvermindert die Hoffnung auf Erfolg. Das Tal der Oberweser bot den Greifvögeln jahrtausendelang Lebensraum und wird dies auch künftig können, wenn die menschlichen Eingriffe in die Natur noch tier- und sachgerechter vorgenommen werden.

Im Muschelkalk des Breitensteins sind Gipslinsen eingeschlossen, deren wirtschaftliche Ausbeute in den ersten Jahren nach dem Zweiten Weltkrieg versucht wurde. Zu diesem Zweck wurde ein Stollen in den Berg getrieben. Doch als im Herbst 1948 mit der Gesteinsgewinnung begonnen wurde, kam man sehr rasch zur Erkenntnis, daß das geförderte Material den Erwartungen auf die Dauer nicht zu entsprechen vermochte. Der Betrieb wurde wieder eingestellt, der Stollen an der Weser verschlossen. Leider – und das ist etwas verwunderlich – steht der Breitenstein als Lebensraum seltener Pflanzen und Tiere wie auch überhaupt als markantes Naturgebilde noch nicht unter Naturschutz.

Die Rühler Schweiz lockt besonders zur Zeit der Kirschblüte viele Besucher an, wenn weite Teile von ihr in weißem Blütenrausch erstrahlen. Auf unserem Bild allerdings ist kaum etwas davon zu erkennen. Es zeigt den Eingang in die Rühler Schweiz an der Rückseite des Breitensteins.

Am Breitenstein (rechts) brüteten die letzten Wanderfalken Niedersachsens, bis ein Horsträuber nach ihnen griff. Heute bemüht man sich, an der Steilwand diese selten gewordenen Greifvögel (Bild ganz unten) wieder heimisch zu machen. Zudem werden Versuche zur Wiedereinbürgerung von Uhus (Bild unten) unternommen, die aber zu den Wanderfalken feindlich sind.

25 Über steckengebliebenem Vulkan:

Die Pyrmonter Dunsthöhle

Pyrmont, das niedersächsische Staatsbad mit Weltruhm, ist naturkundlich eine Fundgrube ersten Ranges. Allein schon seine Lage in einem Talkessel des Weserberglandes fesselt das Interesse. Diese auffällige Landschaftsform ist durch die Ausräumung des weichen Rötmergels entstanden, den ein Vorläufer der heute das Tal durchfließenden Emmer weggeschwemmt hat. Übrig blieben steile, bis 370 Meter hohe Kalkberge, die das Heilbad halbkreisförmig umranden, es vor Nordwinden schützen und so sein Klima mildern. Der Kreis war einstmals geschlossen, doch sein westlicher Teil sank ab, als hier die vom Zechsteinmeer in rund 800 Meter Tiefe abgelagerten Salze ausgelaugt waren und die entstandenen Höhlen einbrachen. Große, tiefe Erdfälle im Nordwesten Pyrmonts, die sich erst in den letzten Jahrhunderten gebildet haben, sind sichtbare Zeugen dieses unterirdischen Geschehens.

Faszinierend sind auch die Mineralquellen, die in dem Talkessel unablässig aus dem Boden sprudeln. Wie Quell-Opfergaben beweisen, waren sie bereits in vorgeschichtlicher Zeit bekannt. Als 1863/64 der berühmte Hyllige Born und der Brodelbrunnen neu gefaßt wurden, fand man germanische Fibeln und Schnallen sowie römische Münzen und eine Schöpfkelle aus Bronze. Zudem spürte man eine zugeschüttete Quelle auf: vermutlich das heidnische Heiligtum, das Karl der Große, der 784 hier weilte, zerstören ließ. Als sich die Kunde vom Pyrmonter „Wundergeläuf" nach Beginn der Neuzeit in immer weiterem Umkreis verbreitete, wurde auch die Zahl der Besucher immer größer und ihre Herkunft immer nobler. Im sogenannten Fürstensommer 1681 stellten sich hier 40 europäische Herrscher ein, an ihrer Spitze Friedrich Wilhelm von Brandenburg, der Große Kurfürst, der allein 600 Pferde für sich und seinen Hofstaat mitbrachte. Wer von der erlauchten Gesellschaft etwas auf seine Gesundheit und seinen Ruf hielt, mußte in Pyrmont gewesen sein.

Doch so berühmt die Quellen auch wurden und bis heute geblieben sind, hebt sich Pyrmont von anderen Orten, in denen auch Säuerlinge fließen, durch ein weiteres Naturphänomen in ganz besonderer Weise ab. Es ist die Dunsthöhle, die im Norden der Stadt auf dem zum Bomberg ansteigenden Gelände an der Westseite des Helvetiushügels liegt. Eine derartige Sehenswürdigkeit gibt es in Europa ein zweites Mal nur in der schon im Altertum bekannten Hundsgrotte bei Neapel. In Pyrmont wurde die seltsame Erscheinung im 17. Jahrhundert entdeckt, als sich hier am Fuße des Bomberges ein Steinbruch befand, in dem Buntsandstein gewonnen wurde. Den Steinbrechern fiel auf, daß in einigen Bodenvertiefungen Vögel, Mäuse und andere kleine Tiere verendeten. Die Arbeiter mieden fortan diese Stellen. Doch das Ganze war so merkwürdig, daß sich 1712 der Pyrmonter Brunnenarzt Johann Philipp Seip entschloß, das Geschehen zu ergründen.

So sieht heute der Betrachter die mehrmals umgebaute Dunsthöhle von Bad Pyrmont. Hinter der Gittertür befinden sich die Felsspalten, aus denen Kohlendioxyd an die Erdoberfläche tritt. Das Betreten dieser Anlage ist wegen der Lebensgefahr nur unter sachkundiger Führung gestattet.

Seip wurde gewahr, daß dem klüftigen Sandstein ein Dunst entwich, der seiner Meinung nach schwefeliger Herkunft war. Er konnte zu seiner Zeit noch nicht wissen, daß es sich um Kohlendioxyd handelte, weil man dieses Gas erst 1775 als Verbindung des Kohlenstoffes mit dem kurz zuvor entdeckten Sauerstoff zu identifizieren vermochte. Seip, ein Pastorensohn aus dem nahen Ösdorf, war gerade von Studienaufenthalten in den Niederlanden und England zurückgekehrt und hatte sich als erster Arzt an den Quellen der damals noch namenlosen Siedlung bei dem schon seit 1184 bestehenden Schloß Pyrmont niedergelassen. Er wollte das dem Boden entströmende Gas medizinisch nutzen. Deshalb ließ er 1720 die Stelle des Gasaustrittes mit einer Gewölbekammer überbauen, die er „Schwefelgrube" nannte. Er stattete sie mit Sitznischen aus, in denen er Heilungsuchenden trockene Schwitzbäder verabreichen wollte. Dabei setzte er auf die erwärmende Wirkung des vermeintlichen Schwefeldunstes.

Diese Anlage wurde mehrere Jahrzehnte lang genutzt, obgleich die Gefahr groß war, im Kohlendioxyd zu ersticken. Wie noch heute wechselte auch damals die Höhe der Dunstschicht je nach Wetterlage. Sie ist im Winter bei kalter feuchter Witterung am niedrigsten und im Sommer bei Wärme und Trockenheit am höchsten. Erst im 19. Jahrhundert war man in Pyrmont so weit, daß man freie Kohlensäure in rechter Weise in Heilkraft umzusetzen verstand, allerdings nicht in Seips Schwefelgrube. Denn der gleiche Dunst wie dort bildet sich auch über dem Brodelbrunnen und mehr noch über der Helenenquelle, der stärksten Kohlensäure-Eisenquelle Pyrmonts. Die von der Helenenquelle abgegebene freie Kohlensäure wird unmittelbar über dem Quellspiegel abgefangen und einem eigens erbauten CO_2-Quellgasbad zugeleitet.

Seip hatte an einer Wand seiner Anlage eine Tafel anbringen lassen, auf der er der Nachwelt in lateinischer Sprache mitteilte, daß er die Grotte „der Merkwürdigkeit, vielleicht auch des Nutzens wegen" im Jahre 1720 habe ausbauen und 1737 habe erneuern lassen. Ihre heutige Form erhielt die Dunsthöhle jedoch erst 1963. Sie zeigt sich seitdem den Besuchern als ein offener, etwa halbkreisförmiger Keller von 3,40 Meter Tiefe, der an der Südseite von einer geraden Mauer begrenzt ist. In dieser Mauer ist eine Türöffnung ausgespart, die vergittert ist. Wer durch das Gitter einen Blick in das Innere der Dunsthöhle wirft, erkennt einen schachtartigen Einschnitt in die Steinbruchwand, der von der mit Mauersteinen überwölbten Kammer ausgefüllt ist.

Wenn auf dem Boden eingedrungenes Regenwasser steht, kann man darin Blasen aufsteigen sehen. Das ist die Kohlensäure, die in dem überdachten und daher etwas düsteren Keller, in den sie strömt, mit dem Auge nicht wahrnehmbar ist. Sie läßt sich aber leicht nachweisen, wenn man auf ihr Seifenblasen schweben läßt, die nicht absinken, oder in sie eine brennende Kerze taucht, die sofort erlischt. Seip hatte sich einst das farblose Gas dadurch erkennbar gemacht, daß er nach dem Beispiel der neapolitanischen Hundsgrotte Versuche mit einem Hund anstellte. Das arme Tier erstickte, wie es Menschen auch unweigerlich würden, wenn sie in der Höhle oder auf dem Boden des Kellers zu atmen versuchten. Wegen der absoluten Lebensgefahr ist das Betreten der Dunsthöhle nur mit sachkundiger Führung gestattet.

Um den Ursprung des hier entweichenden Gases wie auch der Pyrmonter Mineralquellen zu erforschen, wurden schon viel Geist und Zeit aufgewendet. Es bildete sich die Auffassung heraus, daß im Untergrund – etwa in 3 000 bis 4 000 Meter Tiefe – ein bei den tektonischen Bewegungen der Tertiärzeit steckengebliebener Vulkan noch immer tätig ist und bei seinem allmählichen Erkalten Kohlensäure abgibt. Diese dringt durch zahlreiche Verwerfungsspalten an die Erdoberfläche und führt dabei Wasser und Mineralien mit. Den heilkräftigen Säuerlingswässern entweicht dann auch wieder Kohlensäure, und zwar für gewöhnlich nach Austritt der Quelle. Im Falle der Dunsthöhle aber entweicht die Kohlensäure bereits unterirdisch und gelangt in trockener Form als Kohlendioxyd ins Freie. Daraus wird geschlossen, daß der Gasdruck in den Gesteinsklüften größer als der Luftdruck an der Erdoberfläche sein muß, weil andernfalls das Kohlendioxyd, das schwerer als Luft ist, nicht austreten würde.

Obgleich man diese Zusammenhänge erkennt, ist es bis jetzt nicht möglich, auch die letzten Geheimnisse des Dunstaustrittes sowie der unablässig sprudelnden Mineralquellen zu entschleiern. So weiß man nicht, wo sich der Tiefenvulkan befindet, der all dieses Geschehen bewirkt, und wie weit die kohlensäurehaltigen Wässer wandern müssen, bevor sie zutage treten. „Der Geburtsort der sämtlichen Mineralquellen in Pyrmont ist unbekannt und wird wohl auch unbekannt bleiben, da es eben nicht rathsam seyn möchte sich genau nach ihnen umzusehen oder darnach zu suchen", schrieb 1798 der wissenschaftlich verdiente Hamelner Apotheker Johann Friedrich Westrumb. Es könnte auch heute geschrieben sein.

Groteske Gebilde aus Dolomit:

26

Die Ithklippen

Der Ith ist das schmale Kammgebirge, das sich von Coppenbrügge 22 Kilometer weit nach Süden bis Eschershausen erstreckt und wie eine Mauer die Ith-Hils-Mulde nach Westen begrenzt. Er verdankt seine Entstehung wie alle Gebirge des Leineberglandes dem Meer, das im Erdmittelalter weite Teile Europas bedeckte. Es war die Zeit vor 190 Millionen Jahren, als sich der Jura zu formen begann. Das Meer lagerte zuerst gewaltige Ton- und Sandmassen ab, und darauf packte es dann Schlamm und den Kalk von Unmengen abgestorbener Meerestiere. Außerdem bildeten sich Riffe aus den Skeletten von Korallen, die später – als das Meer wieder verschwunden war – zu dem festen Baustoff wurden, aus dem die Kämme, Steilkanten und Klippen der meisten Gebirge zwischen Leine und Weser bestehen. Es ist der Korallenoolith – ein dickbankiger, massiger Kalkstein von feinkörniger Struktur. Die ausgeprägt scharfe Grat- und Felsenbildung an der Westseite des Iths ist auf die Dolomitisierung des Gesteins zurückzuführen. Riffkalk wird zu Dolomit, wenn aus ihm Kalzium herausgelöst und dadurch sein Magnesiumgehalt relativ vergrößert wird. Aus dem gleichen Gestein, jedoch unvergleichlich mächtiger, sind die Dolomiten in Südtirol aufgebaut.

Der Ith war einst wie die gesamte Mulde, die er nach Westen begrenzt, von den Schichten der Kreide und des Tertiär überlagert. Doch zumeist aus mürbem Gestein bestehend, wurden sie längst Opfer der Erosion. Die Abtragung und Ausräumung dieser Landschaft ist aber noch nicht beendet. Vielmehr sind die Gebirge des Leineberglandes noch immer der Umformung unterworfen. Sie macht sich besonders auch am Westhang des Iths bemerkbar, in dessen tonigen Schichten auch heute noch Bodenrutschungen zu beobachten sind. Durch heftige Regengüsse verursacht, reißen sie an Steilwänden und Klippen Gesteinstrümmer mit, so daß auch im harten, stark zerklüfteten Dolomit die Abtragung weitergeht. Die Erosion führte zu den oft grotesken Formen der Klippen, die weit über den Hang vorspringen und mit der Rückwand häufig nur noch durch schmale Riegel verbunden sind.

Wie bizarr und wunderlich die Klippen sind, verraten allein schon ihre Namen wie „Kamelskopf", „Krokodil", „Teufelstrichter" oder „Pfaffenstein", um nur einige der 27 Klippen aufzuführen, die auf engem Raum den Gebirgshang nördlich der den Ith auf einer Höhe von 354 Meter überwindenden Straße Eschershausen-Cappellenhagen säumen. Sie sind einzeln numeriert und bilden zusammen ein auch als Kletterschule genutztes Übungsgelände für Alpinisten. Die Klippen setzen sich sowohl nach Norden als auch nach Süden fort, wobei der Volksmund um die auffallendsten von ihnen Sagen gesponnen hat.

Wandert man den Kammweg nach Norden, stößt man nach einigen Stunden oberhalb des Ortes Bessingen in 412 Meter Höhe auf das steil abfallende Felsmassiv des „Mönchsteins", der nach zwölf Mönchen benannt ist, die von ihm aus im Dreißigjährigen Krieg die Niederlage der Kaiserlichen in der 1633 bei Hess.Oldendorf stattgefundenen Schlacht beobachtet haben und dann geflohen sind. Noch ein Stück Weges weiter trifft man auf zwei einsam aufragende Felssäulen, von denen die eine höher und gedrungen, die andere schlank und zierlich ist. Sie heißen „Adam und Eva" und sollen an ein erstes Menschenpaar erinnern, das in den Wassern der Sintflut umgekommen sei. Andere markante Felsgebilde an der Nordspitze des Iths sind der weit vorspringende „Falkenstein", der turmhoch aufragende „Fahnenstein" und der „Wackelstein" – ein länglicher flacher Felsblock, der auf einer schmalen Gesteinsunterlage so labil zu liegen scheint, daß er bei der leisesten Berührung abrutscht. Auch die „Teufelsküche", ein wirres Durcheinander von Felstrümmern, ist hier zu finden. In einem Felsspalt wurden die Spuren einer heidnischen Opferstätte entdeckt.

Die Steilwand des Iths birgt auch mehrere Höhlen, deren größte am Südende in der Nähe des Ortes Holzen liegt. Es ist die „Rotensteinhöhle" – oft auch „Rothesteinhöhle" geschrieben –, die schon vor einigen tausend Jahren von Menschen aufgesucht wurde. Das bezeugen Gefäßscherben und Geräte aus der frühen Bronzezeit um 1800 vor Christus, die bei Grabungen im Jahr 1883 gefunden wurden. Zudem wurde eine Anzahl aufgeschlagener und angeschmauchter Menschenkno-

Der Kamelskopf aus Dolomitgestein (rechts) ist die bizarrste der über zwei Dutzend Klippen am schmalen Kamm des Iths. Er ist rund 20 Meter hoch. Ein solch mächtiges Felsgebilde vermutet man kaum in Niedersachsen.

Die Rotensteinhöhle (links) ist die größte von mehreren Höhlen, die der Ithkamm birgt. Durch diese Felsspalte kann man über 60 Meter weit in den Berg eindringen.

chen entdeckt, die auf einen Ort hindeuten, an dem gelegentlich rituelle Menschenopfer vorgenommen worden sind. Ob die über 60 Meter lange Ganghöhle, deren Decke mit Kalk übersintert ist, auch als Wohnplatz diente, weiß man nicht. Spuren von Bearbeitung zeigt sie nicht.

In diese Höhle führt die Erzählung „Das Odfeld" von Wilhelm Raabe, in der der aus Eschershausen stammende berühmte niedersächsische Heimatdichter in seiner ausdrucksreichen Sprache die Flucht von fünf recht unterschiedlichen Menschen aus der Schule des Klosters Amelungsborn vor den Gefahren des Siebenjährigen Krieges schilderte. In der „vorsündfluthlich-cheruskisch-kattischen Felsenhöhle" – wie Raabe sie nannte – „im tiefsten Busch und unter einer nicht allzu hohen Felswand im Dolomitgeklipp des Iths" verbrachten die fünf viele entbehrungsreiche Tage, um nach ihrer Rückkehr an das Sonnenlicht dann doch noch in die Hände feindlicher Soldaten zu fallen. Die Höhle ist heute nicht mehr von „tiefstem Busch" verdeckt wie vor 100 Jahren zu Lebzeiten Raabes und ermöglicht ein nicht sonderlich mühsames Eindringen. Der Aufstieg zu ihrem Eingang – nach Raabes Worten „eine unansehnliche enge Spalte im Gestein" – ist ausgeschildert und am besten von Holzen aus zu finden.

Von der nahezu schnurgerade verlaufenden Schichtrippe des Iths, die nur an zwei Stellen von Straßen überquert wird, ging von jeher eine grenzbildende Kraft aus. Sie trennte schon in fränkischer Zeit den Gudin- vom Tilithigau, dann die Diözesen Hildesheim und Paderborn sowie später auch das Königreich Hannover und das Herzogtum Braunschweig. Heute verläuft auf dem Ithkamm die Grenze zwischen den Landkreisen Hameln-Pyrmont und Holzminden. Zudem bildet der schmale, zackige Kamm eine Wasserscheide: Alle Wässer, die über den flach abgedachten Osthang abfließen, werden von der Saale aufgenommen und der Leine zugeführt. Dagegen fließt das aus dem steilen Westhang austretende Wasser über die Remte und Hamel oder über die Lenne der Weser zu. Das Wasser ist dem Gestein entsprechend sehr kalkhaltig. Wenn ihm an der freien Luft Kohlensäure entzogen wird, scheidet es Kalk aus, der sich als Tuff absetzt. Solche Tuffbildungen sind besonders bei Lauenstein, Eggersen und Ockensen sehr häufig.

Südwestlich von Ockensen hat der Kalktuff sogar eine vielbestaunte Kuriosität mitgeschaffen. Hier gab es früher eine Mühle, deren Gebäude noch steht. Oberhalb der Mühle sind am Ithhang zwei Quellteiche angestaut, mit deren Wasser einst das Mühlrad betrieben wurde. Um nicht jeden Tag zu den Teichen hochsteigen und nachsehen zu müssen, ob sie genügend Wasser für den Antrieb der Mühle enthielten, ersann der Müller eine bequemere Prüfmethode. Er höhlte einen etwa 5 Meter langen Baumstamm aus, stellte ihn unterhalb der Teiche so auf, daß er ihn von seinem Fenster aus gut erkennen konnte, und verband ihn mit den Teichen durch ein Rohr. Quoll oben aus dem Stamm Wasser heraus, wußte er, daß die Teiche ausreichend gefüllt waren und es zu mahlen lohnte. Diese sinnreiche Vorrichtung erhielt den Namen „Wasserbaum". Er ist inzwischen rundum mit einer dicken, bemoosten Kalkschicht bedeckt. In seiner unmittelbaren Nähe befindet sich ein Quellkalksumpf mit einer orchideenreichen, vom Aussterben bedrohten Pflanzengesellschaft. Er ist vom Landkreis Hameln-Pyrmont angepachtet und wird als Naturdenkmal unter Schutz gestellt.

Wer den Ith in seiner vollen Ausdruckskraft erleben will, muß ihn sich im Vorfrühling erwandern, wenn das Laub der Buchenwälder noch nicht den Blick vom Grat aus in die Täler versperrt und vom Tal aus die mächtige Felsmauer voll zu erkennen ist. Aber auch der Osthang zeigt dann sein schönstes Aussehen. Er ist in den ersten Frühlingswochen vom Blütenteppich der Kalkflora bedeckt, zu der Aronstab, Märzenbecher, Lerchensporn, Goldnessel, Anemone und viele andere Blumenarten gehören. Besonders prächtig ist der Blütenzauber jeweils auf den Ithwiesen, die im Süden den Ith vom Hils trennen. Sie werden im Sommer als Segelfluggelände genutzt.

Im düsteren Glenepaß versteckt: **27**

Die Lippoldshöhle

Bei Alfeld, etwa einen Kilometer südwestlich von Brunkensen, trennt der enge Glenepaß den Duinger Berg vom Reuberg. Gerade finden das hurtig der Leine zustrebende Flüßchen Glene und eine Landstraße Platz genug, sich zwischen den Bergfüßen hindurchzuwinden. Fremde, die zumeist nur der Zufall in diesen Teil des Leineberglandes führt, empfinden die düstere Schönheit des von Laubkronen überdachten Passes wohl nur als überraschend. Für Kenner hingegen ist er schlichtweg die malerischste Stelle des langen Bergzuges, der, mit dem Selter beginnend, die Leine an ihrem Westufer nach Norden begleitet.

Diesem wildromantischen Fleckchen Erde dichtete man sogar schon an, daß hier Siegfried, der Nibelungenheld, von Hagen getötet worden sei. Doch Wahres scheint daran nichts zu sein. Zumindest besitzen andere Orte, die diesem Meuchelmord als Kulisse gedient haben wollen, bessere Argumente. Noch wahrscheinlicher ist aber, daß es diese Bluttat überhaupt nicht wirklich, sondern nur in der Phantasie des namentlich nicht bekannten Schöpfers des Nibelungenliedes gab. Dennoch soll der Glenepaß zum Schauplatz scheußlichster Grausamkeiten geworden sein, und zwar durch den Räuber Lippold, der hier einstmals hauste.

Sein Unterschlupf war eine Höhle in der damals wie heute hinter hohen Buchen verborgenen Felswand aus Dolomitgestein, die den Reuberg zur Glene hin schroff abschließt. Er hatte die Spalten, Gänge und Kammern der einst durch Auswaschung entstandenen Höhle so erweitert und miteinander verbunden, daß eine Felsenburg mit mehreren Gemächern, einer Küche mit Schornstein und einem Pferdestall das Ergebnis war. Durch das Glenetal hatte der Räuber Schnüre gezogen, die zu einem Glöckchen in der Höhle führten. Sowie es ertönte, pirschte er an die ahnungslosen Passanten heran, tötete sie und nahm ihr Hab und Gut in Besitz. Mit Vorliebe stellte er den Warenzügen der Kaufleute nach. Aber auch Pilger sollen vor ihm nicht sicher gewesen sein. Jede Verfolgung des Räubers verlief ergebnislos. Man erzählt sich, daß es deshalb vergebliche Mühe gewesen sei, den Spuren seines Pferdes zu folgen, weil er die Hufeisen verkehrt aufgeschlagen hatte.

Die wohl schlimmste Greueltat dieses Unholds, von der die Sage zu berichten weiß, ist der Raub der Tochter des damaligen Alfelder Bürgermeisters. Sie war gerade getraut und hatte sich mit ihrem Bräutigam bei einem Spaziergang von der Hochzeitsgesellschaft zu weit entfernt. Da kam plötzlich Lippold auf seinem Pferd herangeprescht, streckte den Bräutigam nieder und nahm die Braut in seine Höhle mit. Dort mußte sie ihm fortan „wie die niedrigste Magd dienen", wie es in der Sage heißt.

Untat folgte auf Untat. Wenn er ausritt, band er die Gefangene in der Höhle fest. Gebar sie ihm Kinder, tötete er sie. Lippold soll nur eines gefürchtet haben: den eigenen Tod. Als er eines Tages erkrankte, war seine Angst bestimmend, die Frau nach einem Heilmittel in die Apotheke von Al-

Der Glenepaß, in dem sich die Lippoldshöhle befindet, macht stets einen düsteren Eindruck. Hohe Baumkronen wölben sich darüber, und nur am späten Nachmittag wird er von den Sonnenstrahlen kurz erreicht. Das Wasser der Glene sieht milchig aus, weil es Kalk mit sich führt.

Eine der Höhlen in der Dolomitwand des Reuberges nutzte der Räuber Lippold als Pferdestall. Der Eingang dieser Höhle ist etwa 2,50 Meter hoch.

feld zu schicken. Sie mußte ihm allerdings vorher schwören, daß sie sich niemand zu erkennen gibt und zu keinem Menschen etwas von ihm sagt. Als sie in Alfeld nach all den Jahren von niemand erkannt wurde, überkam sie die Verzweiflung so sehr, daß sie sich an der Rathaustreppe niederließ und weinte.

Unter den vielen, die sich mitleidsvoll um sie bemühten, befand sich auch ihr Vater. Da sie keine Frage beantwortete, kam dem klugen Mann der Gedanke, daß sie vielleicht durch ein Gelübde zum Schweigen gezwungen sei. Wenn sie nicht zu Menschen reden dürfe, riet er deshalb, dann solle sie doch einem Stein ihre Not klagen. So wurden das schändliche Treiben des Räubers Lippold und sein Schlupfwinkel bekannt. Schon am nächsten Tag schlug seine letzte Stunde.

Inwieweit sich diese Sage mit tatsächlichen Geschehnissen deckt, ist nicht bekannt. Tatsache ist, daß die Lippoldshöhle, zu der heute eine Metalltreppe emporführt, einstmals wirklich eine Felsenburg war, wie Spuren von Balkenlagern, Türangeln und Fenstern bezeugen. Auch ein Gebäude muß einst vor dem Höhleneingang gestanden und ihn verdeckt haben. Aber davon waren nach urkundlicher Überlieferung schon im Jahre 1654 nur noch Reste vorhanden.

Die Lippoldssage wird häufig mit Lippold von Rössing in Verbindung gebracht, der um 1290 die herrenlos gewordene Burg Hohenbüchen auf dem Reuberg erworben hatte. Dieser Zusammenhang wurde auch in der ersten Auflage dieses Buches hergestellt. Doch urkundlich belegte Hinweise auf geschichtliche Fakten seitens der heute lebenden Nachfahren des damaligen Herrn von Hohenbüchen machen eine Trennung der historischen Figur dieses Edelmannes von der Sagengestalt des grausamen Räubers notwendig.

Lippold von Rössing – so ergaben die Forschungen seiner Nachfahren – wurde in 62 Urkunden erwähnt, davon zehnmal anläßlich von Schenkungen an Kirchen und Klöster. Durch die größeren

Dynasten der Umgebung wurde er 1310 in einer Fehde, die durch die Besoldung des Mitstreiters Wulbrand von Reden durch Herzog Otto zu Braunschweig und Lüneburg urkundlich belegt ist, in seiner Burg Hohenbüchen besiegt. Wäre er der Raubritter der Sage gewesen, wäre er hingerichtet worden. Lippold von Rössing hingegen erhielt mit seinen Söhnen und anderen Verwandten von Herzog Otto zu Braunschweig und Lüneburg den Pfandbesitz der Burg Calenberg, als deren Pfandherr er 1316 urkundlich erwähnt ist. Er nannte sich weiter „de Rotthinge et de Honboken". 1319 ist er gestorben. Seine jüngeren Söhne erbten die Rechte an Hohenbüchen und traten sie erst 1355 an Siegfried von Homburg ab. Der älteste Sohn, der ebenfalls Lippold hieß, erbte die Besitzungen um Rössing und nahm nach dem Tode des Vaters wieder das Rosenwappen an. Er wurde später Stadthauptmann von Hildesheim.

Der Name Lippold war in früheren Jahrhunderten in Niedersachsen so häufig, wie es seine oberdeutsche Form Leopold noch heute in Bayern und Österreich ist. Viele Lippolde der Familie Rössing wurden in Urkunden und Grabschriften ebenfalls Leopold genannt. Seit Lippold von Rössing als dem Herrn von Hohenbüchen, der selbst schon der zweite Lippold dieser Familie war, gab es 17 weitere, davon allein zwei in der heutigen Generation. Von den vielen Lippolden, die es in früheren Jahrhunderten auch in der Gegend von Alfeld gab, konnte jeder das Urbild des Räubers der Sage gewesen sein. Die Nacherzählung der Räubergeschichte wurde aber viel interessanter, als ihr kurzerhand der Adelsname „von Rössing" eingefügt wurde.

28 Aus Bergen wurden Täler:

Der Sackwald

Die Leine wird bei Alfeld an ihrem Ostufer von den steil aufragenden Sieben Bergen gesäumt, deren Name dazu verleitet, sich hinter ihnen die Welt von Schneewittchen und den sieben Zwergen vorzustellen. Doch wer dieses Märchenland hier suchen wollte, würde wohl gleich in doppelter Hinsicht enttäuscht. Denn einmal hat dieses Grimmsche Märchen – so deutsch es auch klingen mag – seine Heimat und damit seinen Landschaftsvorwurf in Italien, und zum anderen sind die Sieben Berge eigentlich keine Berge. Vielmehr sind sie nur der schroff abstürzende, von mehreren Bächen zerkerbte Rand eines Muldenbodens, der sich heute als Hochfläche zeigt. Ebenso wie westlich der Leine das Ith-Hils-Bergland sind auch die Berge östlich des Flusses dadurch entstanden, daß die Erosionskräfte der Natur die weniger widerstandsfähigen Gesteinsschichten zerstört und abgetragen haben und nur die härteren stehen ließen. So wurde aus dem einstigen Leinesattel das heutige Leinetal.

Der Leinesattel war vor etwa 100 Millionen Jahren noch ein von Buntsandstein und Muschelkalk überlagerter horstartiger Aufbruch von Salzen der Zechsteinzeit und daher viel höher als heute. Möglicherweise überragte er die Hochfläche der Sieben Berge um 100 oder noch mehr Meter. Aber bei seiner Aufwölbung entstanden durch starke Spannungen an der Oberfläche Risse, an denen sogleich die Erosionskräfte – vor allem das Wasser – genügend Ansatzpunkte für ihr jahrmillionenlanges zerstörendes Werk fanden. Sie laugten die im Sattel aufgestiegenen Salzmassen aus, und dieses begünstigte noch den Abtragungsvorgang der darübergelegenen Gesteinsschichten. Das Salz wurde samt den Gesteinstrümmern weggeschwemmt. Geblieben sind nur die Härtlinge zu beiden Seiten der Leine. Sie erscheinen im heutigen Landschaftsbild als Berge, während sie vor Beginn dieser Reliefumkehr den Talboden darstellten.

Eine auf ähnliche Weise entstandene Einmuldung ist auch der Talkessel, in den man nordöstlich von Alfeld durch die von der Warne ausgespülte Pforte gelangt. Man nennt ihn wegen seiner Form den Sack, eine Bezeichnung, die er an das in ihm liegende Dorf wie auch an die ihn umgebenden Berge weitergab. Auf den meisten Landkarten wird allerdings nur der sich nach Süden erstrekkende Gebirgsteil als Sackwald bezeichnet, während der Teil nördlich der Sackmulde als Sieben Berge und Vorberge ausgewiesen ist. Ungeachtet dessen bilden sie als die Sackberge eine landschaftliche Einheit, die auch als solche unter Landschaftsschutz steht.

Die heute von hohen Buchen domartig bewaldeten Sackberge zogen schon sehr früh Menschen an. Das beweisen Schlangenfibeln, Armreifen, ein Flintbeil und ein nackengebogener Kulthammer, die als Opfergaben in den beiden Apenteichquellen bei Winzenburg gefunden worden sind. Das Quellwasser kommt leicht angewärmt aus der Erde, so daß die Apenteiche, die es speist, niemals zufrieren. Ihr Name bedeutet ja auch „Offenteiche". An diesen Quellen könnte sich eine frühe Kultstätte befunden haben. In ihrer Umgebung finden sich auch Spuren von frühgeschichtlichen und mittelalterlichen Burganlagen, deren älteste auf der 326 Meter aufragenden Hohen Schanze am Südostende des Sackwaldes noch gut auszumachen ist.

Hier, wo schon in der Steinzeit Menschen Schutz gesucht haben, findet heute der Natur- und Heimatfreund etwas Einmaliges in Niedersachsen: einen historischen Lehrpfad. Er wurde 1968 angelegt und führt durch eine fränkische Befestigung, die um 800 nach Christus in die alten Wälle hineingebaut worden war. Man erkennt noch die Fundamente von Wohn- und Vorratshäusern, der Zisterne und der Missionskirche. Am Tor im Wall, dessen Grundriß an 13 vermodertes Holz enthaltenden Pfostenlöchern ablesbar ist, wurde der Wachtturm wiedererstellt, wie er wohl einstmals ausgesehen haben könnte. Es war ein Zangentor, das sich nach hinten auf die Spurweite von zweirädrigen Karren verengte.

Diese fränkische Anlage war eine Zwingburg, von der aus die hier vorbeiführende alte Rhein-Weser-Elbe-Straße, die bei Freden die Leine überquerte, und ein Nord-Süd-Weg, der diese Straße im Tal bei Lamspringe kreuzte, beherrscht wurden. Es wird vermutet, daß in dieser Burg um die Mitte des 9. Jahrhunderts Graf Ricdag, der Stifter des Klosters Lamspringe, Befehlshaber war. Er verlegte die karolingische Missionskirche, die als Blockhausbau mit Schilf- oder Schindeldach nur ein Behelf war, um 860 an den sagenumwobenen Spring der Lamme. Sie hat sich im Laufe der Jahrhunderte zu einer dreischiffigen Hallenkirche entwickelt, die zu den größten Leistungen des Barocks in Niedersachsen zählt.

Die erwähnte mittelalterliche Befestigungsanlage im Sackwald, deren Ruinenreste noch zu sehen sind, ist die von Graf Hermann I. auf einem Bergkegel oberhalb der Apenteichquellen als Dynastensitz erbaute Winzenburg. Doch aus der Dynastie ist nichts geworden. Der unstete Graf war ständig im Gefolge der Kaiser seiner Zeit – erst Heinrich IV. und dann Heinrich V. – zu finden und trug so zwar den Namen seines 1109 erstmals urkundlich erwähnten Stammsitzes durch das halbe Abendland, nahm aber ein recht unverhofftes Ende. Er ertrank 1122 in der Leine. Sein Sohn, Graf Hermann II., wurde 1152 samt seiner Gemahlin Luitgardis von einem Burgritter ermordet. Damit erlosch das Geschlecht der Winzenburger, ohne daß es jemals zur Bildung einer Grafschaft als Herrschaftsgebiet gekommen wäre.

Die Winzenburg, auf der der Sage nach der unsichtbare, nur an seinem kleinen weißen Filzhut erkennbare Hausgeist Hödeken beide Todesfälle durch Lärmen und Heulen angekündigt haben soll, wurde anschließend zur Residenz der Amtleute des Bischofs von Hildesheim. Wie es heißt, soll es ebenfalls Hödeken gewesen sein, der nach dem gewaltsamen Tod des letzten Winzenburgers auf kürzestem Weg nach Hildesheim eilte, den schlafenden Bischof Bernhard weckte und ihm die Nachricht von der verwaisten Winzenburg überbrachte. Der Bischof rief sofort sein Kriegsvolk zusammen, besetzte die Winzenburg und verleibte sie mit Einwilligung des Kaisers Friedrich Barbarossa dem Stift Hildesheim ein. Sie war das festeste Schloß des Fürstbistums, wurde aber 1522 in der Hildesheimer Stiftsfehde zerstört.

Der Sackwald ist reich an merkwürdigen Geschichten und Sagen. Allein über Hödeken wußte sich die Bevölkerung der Sackwalddörfer viel zu erzählen. Dieser Poltergeist soll auch als „Hastjäger" dem Wodan mit dem Wolkenhut gleich zur Zeit der Herbststürme hoch über dem Rennstieg durch die Lüfte brausen. Der Rennstieg ist eine mittelalterliche Heerstraße, die aus Tarnungsgründen vornehmlich durch Waldbestände geführt wurde und den Hildesheimer Bischofssitz mit der Winzenburg verband. Von einer anderen Sage zeugen die Mauerreste der Schulenburger Kapelle nördlich des Ortes Sack, die auch die Hünenkirche heißt, weil sie von zwei Hünen auf einer goldenen Bahre hierher gebracht worden sein soll. Diese Kapelle, die im Jahre 1109 von einem

Mehrere Orchideenarten wachsen auf den Sackbergen, zu denen die Sieben Berge gehören. Zwei davon zeigen die Bilder links: den Frauenschuh als die schönste und größte Orchidee auf deutschem Boden, und die Fliegen-Ragwurz, die am weitesten verbreitet ist.

Dieser Teil des Leinetals nördlich von Alfeld macht die Gewalt der Erosionskräfte der Natur deutlich. Es sind die Sieben Berge, deren Hochfläche einst der Talboden der Alfeld-Gronauer Kreidemulde war. Dagegen war das Gebiet, das heute als Tal erscheint, ein Gebirgssattel. Er überragte die Hochfläche der heutigen Sieben Berge noch um mehr als 100 Meter und wurde im Laufe von Jahrmillionen von Wind und Wasser abgetragen.

Ritter Joachim von Schulenburg reich bedacht worden sein soll, genoß früher wegen eines für wundertätig gehaltenen Marienbildes hohes Ansehen. Sie soll der Sage nach vorher jenseits der Leine im Calenberger Dorf Schulenburg gestanden haben.

Die Sackberge bieten Lebensraum für eine noch reiche Flora. Den Bodenverhältnissen entsprechend sind es kalkholde Arten, darunter Lederblümchen, Seidelbast und der Gefranste Enzian. Auch der Deutsche Enzian, dessen Fortbestand in Niedersachsen sehr bedroht ist, hat hier noch eine Lebensstätte. Vor allem aber sind die Sackberge als Standort von Orchideen bekannt, die hier mit rund einem Dutzend Arten vertreten sind. Dazu gehören das Weiße und das Rote Waldvöglein, die Fliegen-Ragwurz, die Händelwurz und einige Stendelwurzarten. Auch die wegen ihrer farbenprächtigen Blüten besonders schönen Knabenkräuter kommen hier in mehreren Arten vor. Wenngleich auch nicht alle in den Sackbergen noch erhalten gebliebenen seltenen Pflanzenarten unter Naturschutz stehen, sollte man sie dennoch nicht pflücken, sondern sich an ihnen in ihrer natürlichen Umgebung erfreuen.

29 Ein Schauplatz der Hubertuslegende:

Der Hainberg

Die Innerste, die bei Buntenbock im Oberharz entspringt und nordwestlich von Sarstedt in die Leine mündet, hat dem Bergland zwischen Harz und Hildesheim ihren Namen gegeben. Das Zentrum des Innersteberglandes bildet zwischen Bockenem und Sehlde der bis knapp 300 Meter hohe Hainberg, der aus drei von Südsüdost nach Nordnordwest parallel streichenden Schichtkämmen besteht. Den westlichen, heute von der Autobahn Hannover-Kassel durchschnittenen Kamm nennt man die Wohldenbergkette, auf deren Nordende die den Ambergau beherrschende Wohldenburg liegt. In diesem Kamm tritt als unterste der drei von der Erosion herauspräparierten Schichten der Quarzit zu Tage. In der Mitte verläuft die Bodensteiner Kette, die sich an ihrem Südende zu den bizarren Bodensteiner Klippen auftürmt. Sie ist aus Hilssandstein gebildet. Im Osten verläuft der Hauptzug, der sich in eine Reihe steil abfallender Kuppen – hier Köpfe genannt – gliedert. Er besteht aus Kreidekalkstein. Dieses von seinem geologischen Aufbau wie von seiner Oberflächengestalt her vielfältige Bergmassiv hat in dem fruchtbaren und daher uralten Siedlungsgebiet an der Innerste von jeher eine große Anziehungskraft auf die Menschen ausgeübt.

Einer der schroffsten Sandsteinfelsen der Mittelkette, der sich über eine tiefe Schlucht erhebt, erlangte besondere Bedeutung. Ob sie auf tatsächlichen oder nur erdachten Geschehnissen beruht, läßt sich allerdings nicht mehr ergründen. Jedenfalls knüpft sich an diesen rund 30 Meter hohen Felsen, auf dem ein heute in eine Gaststätte umgewandeltes Jagdschlößchen des einstigen Fürsten Münster zu Derneburg steht, die Sage von der Bekehrung des Heiligen Hubertus, der später der Patron der Jäger wurde und im Waidwerk wie auch in der Reiterei noch heute im Jahresablauf eine herausragende Rolle spielt.

Vor langer Zeit – so ist vom Volksmund überliefert – lebte in der Gegend des Hainberges ein reicher Mann, der die Freuden der Jagd über alles liebte. Er, dessen Name nicht mehr bekannt ist, soll der Letzte weit und breit gewesen sein, der noch dem heidnischen Glauben anhing, während alle anderen bereits Christen geworden waren. Gerade an den Sonn- und Feiertagen, wenn seine Nachbarn die Arbeit ruhen ließen und zum Gottesdienst gingen, soll er das Waidwerk mit wahrer Wut betrieben haben. Dann preschte er hoch zu Roß mit seinen Dienern und Hunden durch die Scharen der Kirchgänger und verhöhnte sie wegen ihres Glaubens. Kein Bitten und Flehen konnte ihn bewegen, von seinem rohen Treiben abzulassen.

Auch wenn ihm der Gekreuzigte selbst erschiene, würde er das Jagen nicht einstellen, soll er an einem Karfreitag kundgetan haben und sei dann mit einem Diener davongeritten. Mitten in der Wildnis des Hainberges sei ihm unvermittelt ein stattlicher Hirsch entgegengekommen, der vor ihm nicht die geringste Scheu zeigte. Der Jäger schleuderte sofort seinen Wurfspieß und traf den Hirsch in die Mitte des Kopfes. Doch der Hirsch brach nicht zusammen, sondern blieb hoch aufgerichtet stehen, und der Speer zwischen dem Geweih verwandelte sich in ein hell leuchtendes Kruzifix. Der von jähem Schrecken befallene Jäger kniete nieder und gelobte, der Jagd für immer zu entsagen. Nach Hause zurückgekehrt, ließ er sich taufen, erhielt den Namen Hubertus und führte fortan ein christliches Leben.

Im Gegensatz zu dieser alten Volkssage haben die Legendenschreiber die Bekehrung des Hubertus verbrämter dargestellt. Sie verlegten das Geschehen an einen anderen Ort und schmückten es auch stärker im christlichen Sinne aus. Nach ihrer Überlieferung war Hubertus zur Zeit der sich in Europa ausbreitenden Frankenherrschaft Herzog von Aquitanien, dem südwestlichen Gallien. Zwar war er ebenfalls ein großer Jäger, aber statt wild und jagdbesessen mit edleren Eigenschaften ausgestattet. Er war mild, demütig und barmherzig – nur eben im Herzen noch Heide. So habe Gott

Ein schroffer Sandsteinfelsen, der sich im Hainberg des Innersteberglandes über eine tiefe Schlucht erhebt, birgt eine Naturhöhle, die zu einer Kapelle ausgehauen wurde (rechts). Sie wurde dem Heiligen Hubertus geweiht, dem in dieser Schlucht der Hirsch mit dem Strahlenkreuz erschienen sein soll. Diese legendäre Begebenheit ist als Reliefbild in die Felswand gemeißelt (oben).

Nachdem dieses Bildnis – wie es auch unser Foto noch deutlich zu erkennen gibt – von Niederschlagswässern stark in Mitleidenschaft gezogen war, ließ es die Niedersächsische Landesforstverwaltung im Sommer 1980 von einer Bamberger Spezialwerkstätte restaurieren und vor dem weiteren Zugriff des am Felsen herabfließenden Regenwassers schützen.

weil sich Tilly vor der Schlacht bei Lutter am Barenberge, in der er 1626 das Heer des Dänenkönigs Christian IV. vernichtend schlug, längere Zeit in Bockenem, dem Zentralort des Ambergaues, aufgehalten haben soll. Möglicherweise hat sich die Bezeichnung Tilly-Linde aus Tie-Linde entwikkelt, wie dieser Baum auch genannt wird. Das bedeutet Gerichtslinde.

Der Name des Dorfes Upstedt, das eines der ältesten Niedersachsens ist, weist darauf hin, daß sich hier schon sehr früh ein Tie, ein Versammlungsplatz, befunden haben muß, auf dem beraten und auch Recht gesprochen wurde. Das Wort Upstedt kann von seinem Ursprung her sowohl auf die erhöhte Lage des Ortes am Südhang des Reesberges hinweisen als auch „auf der Stätte" bedeuten, nämlich auf der Gerichtsstätte. Von hier aus hat man einen weiten Blick über einen großen Teil des Ambergaues, der seinen Namen als einstiger karolingischer Verwaltungsbezirk über mehr als ein Jahrtausend bis auf den heutigen Tag lebendig erhalten hat. Selbst auf neuesten Landkarten ist er noch erwähnt. Der Ambergau, eine fruchtbare Keupermulde in Dreiecksform, war schon von Cheruskern besiedelt, den ersten Germanen in diesem Teil Niedersachsens. Zum letzten Mal versammelten sich die Upstedter unter ihrer Linde, als ihnen 1866 mitgeteilt wurde, daß Hannover als Königreich zu bestehen aufgehört habe und eine Provinz Preußens geworden sei.

Die Upstedter Linde war einstmals viel größer als heute. Nach alten Bildern zu urteilen, dürfte sie über 30 Meter hoch und weithin sichtbar gewesen sein. Aber sie hat in ihrem vielhundertjährigen Leben nicht nur viel Schicksalhaftes beschirmt, sondern auch selber manchen Schicksalsschlag hinnehmen müssen. So war ihr Dasein einmal sehr bedroht, als Upstedt in der von 1519 bis 1523 währenden Hildesheimer Stiftsfehde in Flammen aufging. Ende des vergangenen Jahrhunderts kappte ein Blitz ihren stärksten Ast. 1932 legten Kinder in ihrem hohlen Stamm ein Feuer an, das aber von der Feuerwehr gerade noch gelöscht werden konnte, bevor es gefährliche Ausmaße annahm. Hinzu kam der natürliche Alterungsprozeß mit seinen zerstörenden Wirkungen. 1959 war es schließlich so weit, daß der greise Baum einer gründlichen Restaurierung unterzogen werden mußte. Die Behandlung wurde einem Baumchirurgen aus Nürnberg übertragen, der den Hauptstamm um fast 6 Meter kürzte, einen Teil der Äste absägte und verfaultes Holz sowie vorspringende Knubben und Warzen entfernte. Die Operation gelang, die Linde lebte weiter. Wer sie im Frühjahr grünen sieht, wird in der Hoffnung bestärkt, daß sie den höchstmöglichen Lebensrekord eines Lindenbaumes noch längst nicht erreicht hat.

Die Upstedter Linde, die früher viel größer war als heute, ist eine der ältesten Linden der Welt. Man sollte es nicht für möglich halten, daß diese fast völlig ausgehöhlte Greisin noch jedes Jahr im Mai ein Blätterkleid aus frischestem Grün anlegt, wie unser linkes Bild es zeigt.

31 Von bizarren Felsen gesäumt:

Der Kanstein

„Es kocht der Berg in Mittagsglut. Meine Hände sind dornzerkratzt, nesselverbrand, sonnengebräunt, Stirn, Brust und Nacken glühen." So hielt Herman Löns die Mühen des Aufstiegs auf den Kanstein bei Salzhemmendorf im Kreis Hameln-Pyrmont fest. Er pries aber auch die dabei empfundenen Freuden: „Und hier die braunen Tollkirschenblüten, die blaue Märchenblume der Akelei, die Blätter glitzernd im Sonnenbrand, der bunte Specht, der goldgelbe Pirol – das Herz lacht mir im Leibe." Hermann Löns verfaßte um die Jahrhundertwende im Schulhaus des im Saaletal liegenden Dorfes Ahrenfeld „Mein grünes Buch", in dem er in der Erzählung „Ein Pürschtag am Kahnstein" seine Erlebnisse an und auf diesem von bizarren Felsengebilden gesäumten Berg schilderte. Jeder kann diese Eindrücke nachempfinden, der dem Heidedichter gleich den Berg an einem heißen Junitag von Nordosten her erklimmt.

An dieser Seite wirkt der Kanstein wie ein von Riesenhand errichteter Wall, der steil in eine Höhe bis zu 441 Meter aufsteigt. Er ist der nördlichste Vorsprung des Thüster Berges und damit zugleich das Nordende des langen Schichtkammes, der sich vom Selter zum Duinger und zum Thüster Berg erstreckt. Dieser von Südosten nach Nordwesten streichende Bergzug, der seine Entstehung wie der ihm gegenüberliegende Ith der sogenannten Saxonischen Faltung verdankt, begrenzt die große, muldenartige Einwölbung des Ith-Hils-Gebietes nach Nordosten. Wegen seiner landschaftlichen Schönheit wurde der Kanstein in den 1975 ausgewiesenen Naturpark „Weserbergland Schaumburg-Hameln" einbezogen.

Viele seiner Dolomitfelsen, die jäh zum Saaletal hinabstürzen, sind heute noch fast unberührte Natur. Das harte, stets etwas feuchte Kalkgestein dieser aus der Zeit des Weißen Jura stammenden Schichtlagerung hat Formen herausgebildet, in denen man mit einiger Phantasie auch zu Stein gewordene tierische und menschliche Wesen erkennen kann. Eine besonders ausdrucksvolle Felsengruppe läßt unwillkürlich an den Märchenprinzen denken, der endlich sein geliebtes Aschenbrödel wiedergefunden hat, es in die Arme schließt und ihm etwas Zärtliches ins Ohr flüstert. Die Kletterer jedoch, die es hier in großer Zahl gibt, sehen dieses Naturgebilde nüchterner. Für sie ist es einfach der „Mittagfelsen", weil man ihn, wenn man morgens losgeht, bis zum Mittag bezwungen haben kann.

Leider sind diese Felsen hinter einer Wand von hohen Buchen, in den Klüften und Schluchten auch von wildwachsenden Ahornen und Eschen so verborgen, daß sie von der im Saaletal verlau-

Mit einiger Phantasie läßt sich in diesem Felsgebilde am Steilabfall des Kansteins ein Märchenprinz erkennen, der seine Prinzessin liebevoll an sich drückt. Unten im Saaletal ist der Ort Hemmendorf zu sehen.

fenden Bundesstraße 1 mit bloßem Auge kaum auszumachen sind. Daran mag es wohl mit liegen, daß diese romantische Felsenlandschaft nur relativ wenige Wanderer sieht, obwohl der von Salzhemmendorf nach Marienhagen führende Kammweg zum Wandern geradezu einlädt. Von ihm aus kann man auch gut verstehen, wie in der Erzählung von Hermann Löns der Satz entstand: „Der Wind, der über den Berg pfeift, lehrt die stolzen Buchen Höflichkeit". Sie neigen artig ihre Wipfel. Nur da, wo am Fuße des Berges die Sektion Hannover des Deutschen Alpenvereins eine Hütte unterhält, herrscht an den Wochenenden Leben.

Hermann Löns schrieb den Kanstein noch mit einem „h", wie es um 1880 üblich geworden war. Doch diese Schreibweise gilt als falsch. Denn Sprachforscher haben nachgewiesen, daß die Bezeichnung Kanstein nichts – was seine Form vermuten lassen könnte – mit einem umgekippten Kahn zu tun hat, sondern „hoher" oder „erhabener" Stein bedeutet. Darin kommt möglicherweise die Tatsache zum Ausdruck, daß dieser Berg für diejenigen, die einst von der Norddeutschen Tiefebene aus am Steinhuder Meer vorbei nach Süden zogen, den markanten Kanstein als die erste höhere Erhebung auf ihrem Weg empfanden . Aber auch wer vom Leinetal her kam, mußte den gleichen Eindruck haben. Wer heute von der Bundesstraße 3 aus zwischen Elze und Banteln nach Westen blickt, erkennt im Kanstein die beherrschende Erhebung in dieser Berglandschaft.

Die Pforte, die zwischen dem Kanstein und der hakenförmig umgebogenen Spitze des Ith liegt, hat schon sehr früh Menschen angelockt. Obgleich der hier liegende Ort Salzhemmendorf urkundlich erst 1022 erwähnt ist, reichen seine Besiedelungsanfänge in frühe Jahrtausende zurück. Seine Salzquellen, die heute noch sprudeln und für Heilzwecke genutzt werden, haben schon in der Jungsteinzeit vor mindestens 3 800 Jahren das Interesse von Handelsleuten geweckt. Sie brachten – wie Funde beweisen – Steinwerkzeuge, Bernsteinschmuck und andere Handelswaren mit und tauschten sie gegen Salz. Der Salzbergbau, der hier einmal in hoher Blüte stand, wurde jedoch um 1800 von der Saline Lüneburg überflügelt und 1872 eingestellt. Verblieben ist nur das Solbad.

Auf dem höchsten Punkt des Kansteins steht seit 1928 ein nach Hermann Löns benannter Aussichtsturm, von dem aus man weit in die Ferne führende Ausblicke hat. Wenn die Witterungsverhältnisse günstig sind, kann man von hier aus den Brocken im Harz, das Hermannsdenkmal im Teutoburger Wald und die Kuppel des hannoverschen Rathauses sehen.

Nicht nur am Steilhang, sondern auch auf dem Kanstein gibt es viele Dolomitfelsen von zumeist grotesker Gestalt. Sie sind im Sommer so dicht eingegrünt, daß sie von den Wanderwegen aus kaum zu sehen sind.

32

Der Schweineberg

Die Bezeichnung „Schweineberg" findet sich auf der Landkarte Niedersachsens recht häufig. Denn überall im Lande wurden in früheren Jahrhunderten im Herbst die Schweine zur Mast in die Eichen- und Buchenwälder getrieben. Und lagen die Hutewälder auf Hügeln oder Bergen, lag zugleich zu deren Bezeichnung der Rückgriff auf das Borstenvieh sehr nahe. Unter den Schweinebergen Niedersachsens gibt es aber nur einen, der sich im Vorfrühling in ein Blütenmeer aus Schneeglöckchen zu verwandeln vermag. Das ist der 278 Meter hohe Schweineberg nordöstlich von Hameln. Dieser Höhenrücken, der durch den Paß von Unsen vom Süntel getrennt ist, wird jedes Frühjahr zum Ziel vieler Naturfreunde aus nah und fern, von denen die meisten Jahr für Jahr wiederkehren, um sich an diesem Blütenzauber immer wieder aufs neue zu erfreuen. So ist vom Hannoverschen Wander- und Gebirgsverein bekannt, daß die „Märzenbecher-Wanderung" zum Schweineberg bei Hameln in seinem jährlichen Wanderprogramm bereits seit 1909 einen der Höhepunkte bildet.

Bei den Frühlingsboten auf dem Schweineberg handelt es sich um das Große Schneeglöckchen, das wegen seiner im März beginnenden Blütezeit auch Märzenbecher genannt wird. Die Fachleute jedoch gaben ihm wegen der verdickten Spitzen seiner weißen Blütenblätter den Namen Frühlingsknotenblume oder bezeichnen es wissenschaftlich als Leucoium vernum, was soviel wie „weißes Frühlingsveilchen" bedeutet. Diese liebliche Waldblume kann auf zwei recht unterschiedlichen Standorten gedeihen: einmal in feuchten Auewäldern, die es in Niedersachsen aber kaum mehr gibt, zum anderen in Buchenwäldern auf Hochlagen. Die Buche ist ja an sich dafür bekannt, daß sie in ihren Beständen keine Strauch- und Krautflora aufkommen läßt. Das gilt aber nicht für Pflanzen, die bereits blühen und aussamen, noch ehe die Buche ihr lichtabschirmendes Laubdach entfaltet. Zu diesen Pflanzen gehört auch der Lerchensporn, der auf dem Schweineberg im April die Schneeglöckchen ablöst, so daß sich innerhalb weniger Tage der weiße Blütenteppich in einen lilaroten verwandelt.

Wenngleich auch der Hamelner Schweineberg der Standort vieler tausend Märzenbecher ist, wachsen sie auf ihm dennoch nicht überall. So fehlen sie auf den trockenen Südhängen gänzlich. Man findet sie nur oben auf dem Kamm und an den Nordwesthängen. Das hat sowohl einen geologischen als auch einen klimatologischen Grund. Auf dem Kamm des Schweineberges steht Muschelkalk an und zwar in Form der festen Bänke des Trochitenkalkes, der sehr nährstoffreich ist. Zudem ist es hier an der Wetterseite feucht. Das Zusammentreffen von Nährstoffreichtum und viel Bodenfeuchtigkeit schaffte die idealen Voraussetzungen, daß die Schneeglöckchen ein immer dichteres, umfangreicheres Vorkommen ausbilden konnten.

Auf dem Schweineberg bei Hameln entfalten in jedem Frühjahr viele tausend Schneeglöckchen ihre Blütenpracht. Es sind die Großen Schneeglöckchen, die man auch Märzenbecher nennt.

So großartig, wie sich die Blütenpracht heute zeigt, war sie nicht immer. Naturfreunde, die den Schweineberg schon vor 50 und mehr Jahren besucht haben, erinnern sich, daß es damals noch nicht halb so viele Märzenbecher gab. Auffallend ist auch, daß sich in Überlieferungen aus älterer Zeit keinerlei Hinweise auf diese Frühlingsblumen auf dem Schweineberg finden. Der Grund dazu liegt wahrscheinlich in der Altersstruktur der Buchenbestände. Es ist bekannt, daß die Stadt Hameln als Eigentümerin des Waldes die Aufsicht über den Forstort Schweineberg bereits seit der Mitte des 15. Jahrhunderts der Familie von Reden auf Hastenbeck als Lehen übertragen hatte. An der Weide- und der Brennholznutzung waren aber auch fünf der umliegenden Dörfer beteiligt. Doch niemand hielt sich an die Verträge, so daß der Schweineberg durch übertriebene Viehweide und rücksichtslosen Holzeinschlag verwüstet wurde. Erst als im 18. Jahrhundert die Landesherrschaft eingriff und sogenannte Zuschläge – das sind unbedingt zu schonende Waldflächen – einrichtete, begann sich der Baumbestand des Schweineberges wieder zu erholen.

Diese forstliche Aufwärtsentwicklung machte sich auch auf dem Kamm bemerkbar, wo der Wald sicherlich ebenfalls verhauen war. Hier wuchsen wieder Buchen zu stattlichen Bäumen heran, die dann im Alter von 140 bis 160 Jahren eingeschlagen wurden. Erst seit der Zeit, als diese Bäume ein geschlossenes Laubdach bildeten und so die Gräser hinausgedunkelt wurden, konnten die Schneeglöckchen hier Fuß fassen. Dies kann um die Mitte des vorigen Jahrhunderts gewesen sein. Bis zu Beginn dieses Jahrhunderts hatten sie sich dann schon so vermehrt, daß ihr Vorkommen als Besonderheit ins Auge fiel. Sie breiteten sich im Laufe der Jahrzehnte vom Kamm immer weiter an der Nordwestseite des Schweineberges den Hang hinunter aus. Inzwischen bedecken sie eine Fläche von nahezu 20 Hektar. Der Buchenwald wurde nach und nach erneuert.

Als nach dem letzten Krieg die Märzenbecher nicht mehr nur Wanderer und Spaziergänger anlockten, sondern auch Marktfrauen, die die Blumen abrupften und kiepenweise zum Verhökern nach Hannover schleppten, wurde 1947 das Vorkommen auf dem Schweineberg unter Naturschutz gestellt. Seitdem ist es streng verboten, hier Schneeglöckchen zu pflücken. Damit ihr Schutz auch wirklich gewährleistet ist, werden sie während der Blütezeit ständig von Mitarbeitern des Stadtforstamtes Hameln bewacht.

Das zweite große Naturschauspiel auf dem Schweineberg – die Umwandlung des weißen Blütenteppiches in einen rötlichvioletten – geht erst seit etwa 1970 über diese Bühne unter freiem Himmel. Bis dahin war auf dem Schweineberg kein Lerchensporn zu sehen. Diese Pflanze, die in Niedersachsen noch relativ häufig anzutreffen ist, war plötzlich da und hat sich seitdem kräftig vermehrt. Sie ist auf dem Schweineberg auch mit ihrer weißen Variante vertreten, von der man früher fälschlich annahm, daß so nur die weiblichen Pflanzen aussähen, während die männlichen Lerchensporne die roten seien. Ob sich die Märzenbecher und die Lerchensporne in diesen dichten Beständen auf die Dauer vertragen werden, muß sich noch herausstellen.

Noch sind die Bäume kahl auf dem Schweineberg, aber Frühlingsboten, die Märzenbecher, breiten einen weißen Teppich aus. Später wird dieser Teppich rötlichviolett leuchten, wenn Tausende von Lerchenspornblüten das Bild beherrschen.

33 Refugium nacheiszeitlicher Pflanzen:

Der Hohenstein

Zwischen Bad Münder und Hessisch Oldendorf erstreckt sich parallel zur Weser in Südost-Nordwest-Richtung der Süntel. Er ist 12 Kilometer lang, steigt vom Wesertal in mehreren Stufen nach Norden an und hat in der Hohen Egge mit 440 Meter seine höchste Erhebung. Doch obgleich dieser mit dem Sünteltum bestückte Berg als Blickfang sein Umland beherrscht, findet eine andere, fast 100 Meter niedrigere Erhebung in dieser Gebirgslandschaft seit eh und je das größere Interesse: der Hohenstein. Dieses Hochplateau mit seiner Felsbastion ist naturkundlich von solcher Bedeutung, daß es bereits 1930 – noch ehe das Reichsnaturschutzgesetz geboren war – unter Schutz gestellt wurde. Inzwischen ist das Naturschutzgebiet Hohenstein, das den Kern des Naturparkes Weserbergland darstellt, auf eine Fläche von 875 Hektar ausgeweitet worden. Dabei wurde insbesondere der dem Hohenstein benachbarte Amelungsberg mit einbezogen, der ebenfalls naturkundlich bedeutsam ist.

Der Hohenstein zeigt sich dem Besucher als eine 40 Meter hoch aufragende Kalksteinwand, die aus Korallenoolith des Weißen Jura, auch Malm genannt, gebildet ist. Der Name dieses harten, gegen Verwitterung sehr widerstandsfähigen Gesteins setzt sich aus den griechischen Wörtern für Ei und Stein – „oon" und „lithos" – zusammen. Der Korallenoolith ist in der Tat von einer Unmenge winziger Kalkeierchen, den Ooiden, aufgebaut, deren Durchmesser oft nur den Bruchteil eines Millimeters beträgt. Obzwar die Ooide mit Eiern nichts zu tun haben, sehen sie manchmal dennoch wie Fischrogen aus. Die einzelnen Kügelchen sind dadurch entstanden, daß sich um einen Fremdkörper – ein Sandkorn oder ein Stückchen Schale – konzentrisch Kalk abgeschieden hat. Das geschah nahe der Küste in jenem warmen Flachmeer, das vor über 135 Millionen Jahren das Niedersächsische Becken überflutet hatte.

Die Steilwand des Hohensteins ist durch Bergstürze und Rutschungen entstanden. Unter dem harten Korallenoolith lagern weiche Tone, die Wasser aufsaugen, dadurch wie ein Schwamm aufquellen und dann unter der Last des Deckgesteins wieder ausgepreßt werden. Die Folge ist, daß sich das Plateau des Hohensteins ständig hebt und senkt. Dabei erweitern sich die im Kalkstein vorgegebenen Klüfte, so daß sich immer wieder Teile aus dem Gesteinsverband lösen und abstürzen. Von diesen Vorgängen zeugen die von einigen Eiben bewachsenen Felstürme vor der Steilwand sowie die Gesteinshalde an deren Fuß. Aber nicht genug der Zerstörung. An der Wand des

Der Hohenstein ist eine der bekanntesten Naturschöpfungen Niedersachsens, weil er zugleich eine Zufluchtstätte für Reliktpflanzen aus der Nacheiszeit darstellt. Im Hintergrund ist die Hohe Egge, der höchste Berg des Süntels, zu erkennen.

34 Dem Aussterben nahe:

Die Süntelbuchen

In den Wäldern Niedersachsens stehen schätzungsweise 30 Millionen Buchen – fast ein Fünftel aller Waldbäume des Landes. Buchenwälder gibt es in solcher Häufigkeit, daß sie kaum jemand sonderlich beachtet. Dennoch bieten auch sie Überraschungen. Bemerkenswert ist es allein schon, daß diese Baumart mit dem glatten silbergrauen Stamm und dem kräftig grünen Blätterkleid dreißigmal weniger Arten hervorgebracht hat als ihre Schwester Eiche, die ebenfalls zur Familie der Buchengewächse gehört. Während die Eiche rund um den Erdball in etwa 300 Arten verbreitet ist, begnügt sich die Buche mit zehn, und von diesen wenigen sehen sich einige noch zum Verwechseln ähnlich. Die Ursache dieser Artenarmut wird darin vermutet, daß die Buche das Ende ihres Entwicklungsweges ereicht hat. Sie hat die Arten ausgebildet, mit denen sie – einer Königin gleich – die Wälder unangefochten zu beherrschen vermag.

Diese Vermutung bestätigt sich auch in Niedersachsen, wo sie in Form der Rotbuche vor allem in den südlichen Landesteilen zu Hause ist. Die Buchenwälder sind überwiegend Reinbestände, weil im Schatten ihres dichten, kaum einen Sonnenstrahl hindurchlassenden Laubdaches kein anderer Baum, aber auch kein Strauch und kein Kraut gedeihen können. Sie werden „hinausgedunkelt" – ein Schicksal, das insbesondere auch der Eiche beschieden ist. Daß die Buchenwälder im Gegensatz zu anderen Laubwäldern so schattig sind, hat einen besonderen Grund: Die Rotbuche vermag ihre Blätter so einzustellen, daß sie sich gegenseitig nicht verdecken. Das entstehende Blattmosaik ermöglicht es dann, daß die Buchen selber das Licht so wirkungsvoll wie möglich einfangen und ausnutzen, verhindert aber, daß für andere Pflanzen ein Sonnenstrahl übrig bleibt.

In Anbetracht der wenigen Buchenarten, die es gibt, ist es erstaunlich, daß die Rotbuche durch Erbsprung mehrere Abarten hervorgebracht hat wie die Blutbuche, die Trauerbuche, die Pyramidenbuche und sogar eine eichenblättrige. Eine Varietät verdient dabei besondere Aufmerksamkeit, weil sie fast ausgerottet ist. Es ist die Süntelbuche, die ihre Heimat im Süntel, im Herzen des Weserberglandes hat. Im Gegensatz zur normalen Rotbuche, die in geschlossenen Beständen hohe, schlanke, gerade Stämme ausbildet, hat diese Mutationsform einen kurzen, dicken Stamm mit leichtem Drehwuchs, der sich bis in die Zweige fortsetzt. Ihre Krone ist breit ausladend und zerzaust. Doch ihr markantestes Merkmal sind die knickförmig hin- und hergebogenen Äste, die sich sogar zu Schlingen formen können. Äste, die sich dicht am Erdboden entlangwinden, können in einiger Entfernung vom Stamm Wurzeln schlagen.

Leider gibt es die Süntelbuchen heute nur noch in Einzelexemplaren und nicht mehr in geschlossenen Beständen. Der letzte aus diesen seltsamen Buchen bestehende Wald befand sich bis zur Mitte des vorigen Jahrhunderts auf dem Hülseder Berg, einem sich nach Norden erstrekkenden Ausläufer des Süntels. Er soll ein undurchdringliches Dickicht gewesen sein. Doch als die-

Leider gibt es nur noch wenige Exemplare der Süntelbuche. Im Wuchs unterscheidet sie sich wesentlich von dem der normalen Rotbuchen mit ihren geraden hohen Stämmen. Die Äste der Süntelbuche sind knickförmig hin- und hergebogen, und je älter die Bäume werden, desto mehr lassen sie die Äste hängen. Die hier abgebildete Süntelbuche, die am Nordwestrand des Süntels in freier Feldmark steht, dürfte erst rund 120 Jahre alt sein.

Die Riesenberghöhle im Süntel, die erst vor wenigen Jahren entdeckt wurde, birgt herrliche Tropfsteingebilde. Doch diese unterirdische Wunderwelt ist so schwer zugänglich, daß sie nicht zu einem Schauobjekt werden kann. „König Laurins Garten", den unser rechtes Bild zeigt, ist nur über einen niedrigen Felsgang zu erreichen, in dem man 150 Meter auf allen vieren kriechen muß. Das linke Bild gewährt einen Blick in die Torgrotte, in der sich hinter Tropfsteingardinen die „Gralsburg" erhebt.

zu einer weiteren Höhle erkennbar wurde. Untersuchungen, die sofort von zwei Mitgliedern der Höhlengruppe Nord vorgenommen wurden, führten zur Entdeckung einer herrlichen Tropfsteinhöhle von zunächst 141 Meter Länge, bis zu 14 Meter Breite und 5 Meter Höhe. Bei einer zweiten Erkundung gelang es bereits, 308 Meter weit vorzudringen. Als am 15. November 1969 ein 12 Meter langer Engpaß durch Ausräumen von Geröll passierbar gemacht werden konnte, wurde auch noch der Vorstoß in einen Seitenarm von mehr als 300 Meter Länge, 13 Meter Breite und 5 Meter Höhe möglich. Die Leitung des Steinbruchbetriebes, der die Erschließung dieser Höhle zu verdanken ist, hat nach deren Entdeckung unverzüglich die Abbaurichtung geändert, um das Meisterwerk der Natur nicht zu gefährden. Vom Land Niedersachsen wurde die Höhle, von der inzwischen noch weitere Teile erschlossen werden konnten, sogleich unter Naturschutz gestellt.

Die Riesenberghöhle ist ungemein reich an Tropfsteingebilden. Sie sind zudem in sämtlichen Kalksinterformen enthalten, die bisher auf dem ganzen Erdball bekanntgeworden sind. Die Höhlendecke ist von ungezählten kleinen und großen Zapfen – den Stalaktiten – behangen, und auf dem lehmigen Boden haben sich in beträchtlicher Zahl Säulen – die Stalagmiten – mit unterschiedlichen Höhen und Durchmessern aufgetürmt. Namen von Höhlenteilen wie „Gralsburg", „Haifischrachen", „Berggeisthalle" oder „König Laurins Garten" lassen die Pracht und Vielfalt dieser Gebilde erahnen. Die Wände sind an vielen Stellen von Kalzittapeten überzogen, und von den Decken hängen Gardinen aus dem gleichen mineralischen Stoff in kunstvollem Faltenwurf herab.

Manche der Gardinen sind so dünn, daß – wenn man sie mit dem Fingerknöchel anschlägt – ein heller Ton durch die Höhle klingt. Zu all dieser Pracht weist die Riesenberghöhle auch noch eine Besonderheit auf, wie man sie aus anderen Tropfsteinhöhlen bisher nicht kennt, nämlich korallenförmige Kalzitkristalle in Sinterbecken.

Die Entdeckung der Riesenberghöhle erregte nach dem Bekanntwerden in der Fachwelt viel Aufsehen. Sie wurde bereits von einer Reihe namhafter Wissenschaftler nicht nur aus Europa, sondern auch aus den USA, Kanada, Mexiko und Argentinien besucht. Auf alle machte die Versinterung der Höhle in ihrer Reichhaltigkeit, Schönheit und ihrem guten Erhaltungszustand großen Eindruck. Leider müssen alle diese Kostbarkeiten der Öffentlichkeit verschlossen bleiben, so schmerzlich dies für viele Naturfreunde auch ist. Der Grund dazu besteht nicht einfach darin, daß die Höhle als Naturdenkmal in ihrem ursprünglichen Zustand unversehrt erhalten bleiben soll. Vielmehr sind dafür auch Sicherheitsgründe ausschlaggebend. Wollte man dieses Naturgebilde zu einer sicher begehbaren Schauhöhle ausbauen, müßte man zur Anlage der Wege und zur Beseitigung von Einsturzgefahrenstellen über die Hälfte des Tropfsteinbestandes vernichten. Dabei gingen auch drei der eindrucksvollsten Gebilde – die Torgrotte, die Gralsburg und der Haifischrachen – vollständig verloren. Außerdem würden durch den Ausbau der Gänge und die Anlage eines Ausstieges die Bewetterung und damit das Klima der Höhle radikal verändert. Und dies wiederum würde zu einem Verfall der Versinterung führen.

36 Sandstein aus feinstem Quarz:

Die Bückeberge

Von Bückeburg aus zieht sich in nordöstliche Richtung bis in die Nähe Bad Nenndorfs ein herrlich bewaldeter, leicht S-förmig geschwungener Höhenzug von etwa 20 Kilometer Länge, den man die Bückeberge nennt. Er darf nicht mit dem Bückeberg verwechselt werden, einer Muschelkalkhöhe, die sich südlich von Hameln am rechten Weserufer erhebt. Die Bückeberge, für das Auge kaum voneinander abgesetzt, liegen mitten im Schaumburger Land und damit in jenem Teil Niedersachsens, der einst von den Cheruskern besiedelt war. Die Angehörigen dieser germanischen Völkerschaft, deren Name von Caesar als „Cherusei" überliefert wurde, sind in die deutsche Geschichte als die Helden eingegangen, die unter Führung von Armin dem Drang der Römer nach Norden ein Ende bereiteten. Im Jahre 9 nach Christi Geburt vernichteten sie im Teutoburger Wald die Legionen des Varus, und sieben Jahre später widersetzten sie sich in der Nähe des Steinhuder Meeres erfolgreich dem Heer des nach Rache dürstenden Germanicus.

Woher die Cherusker gekommen waren, weiß man nicht. Und in Dunkel gehüllt ist auch ihr weiteres Dasein nach dem kurzen Aufleuchten ihrer Existenz zu Beginn des ersten nachchristlichen Jahrhunderts. Nach dem Tode Armins, der im Jahre 21 von seinen eigenen Verwandten umgebracht wurde, verloren sie bereits wieder ihre politische Machtstellung infolge innerer Zwistigkeiten. Zwar verblieben sie in ihrem Siedlungsgebiet beiderseits der Weser, doch offenbar nur noch als Namenlose unter der Herrschaft anderer Völker. Welche es waren, weiß man ebenfalls nicht genau, weil keinerlei Überlieferung in Schrift oder Stein darüber Auskunft gibt. Es können die Thüringer gewesen sein, die das Cheruskerland in Besitz nahmen, oder auch die Chatten, die Vorfahren der Hessen. Sicher ist nur, daß im 6. Jahrhundert alle, die hier ansässig waren, im großen Stammesverband der Sachsen aufgingen.

Die Bückeberge wurden aber nicht durch die vielen kriegerischen Ereignisse in ihrer Umgebung bekannt, zu denen der Legende nach im Jahre 936 sogar ein Ansturm der Ungarn auf das Kloster St. Marien in Obernkirchen gezählt haben soll. Vielmehr wurden sie wegen des Sandsteins weithin berühmt, der auf ihrem bis zu 367 Meter hohen Kamm lagert. Seine Besonderheit beruht darin, daß er fast ausschließlich aus feinen Quarzkörnern besteht und deshalb Supereigenschaften besitzt. Vor allem ist er gegen alle Einflüsse äußerst widerstandsfähig, er verwittert kaum. Zudem ist er so druck- und abriebfest, daß er nicht nur in Form von Bausteinen, sondern auch von Pflastersteinen genutzt werden kann. Selbst unter Wasser, bei ständiger Durchfeuchtung, erweist er sich als beständig, was viele Brückenpfeiler bezeugen. Hinzu kommt, daß er auch farblich sehr anspricht: Er ist zumeist gelblichweiß und schön gemasert.

Dieser wertvolle Sandstein, dessen Schichten in mächtigen Quadern übereinander lagern, wurde bereits im Mittelalter entdeckt und ausgebeutet. Doch zuerst wurden aus ihm nur Bauwerke

Der Schatz der Bückeberge ist der Sandstein, der hier in der Kreidezeit in einer Mächtigkeit von 6 bis 7 Meter abgelagert wurde. Er besteht aus feinstem Quarz. Unser Bild von einer der Abbruchstellen läßt auch die Gesteinsschichtung gut erkennen.

in der näheren Umgebung der Bückeberge errichtet, darunter um 1200 die Stiftskirche in Obernkirchen und um 1300 die Wasserburg der Münchhausen in Apelern. Anfang des 16. Jahrhunderts wurde begonnen, die Steine auch weiter zu verschicken, wozu man sich als Transportweg der Weser bediente. Diese Ausweitung des Steineversandes wurde zu einer der Grundlagen der Weser-Renaissance, die nach der ottonischen und der salischen Baukunst der dritte und letzte große Beitrag Niedersachsens zur abendländischen Architektur wurde. Die Weser-Renaissance, die weit in den west- und den ostfälischen Raum ausstrahlte, erreichte ihre höchste Blüte in der ab 1588 entstandenen Hämelschenburg.

Der Verschiffungsplatz für den Sandstein von den Bückebergen war Rinteln, doch der Hauptumschlag erfolgte in Bremen. Das erklärt, warum dieser hochwertige Sandstein lange Zeit als „Bremer Stein" gehandelt wurde. Später wurde er aber in „Obernkirchener Sandstein" umbenannt und trägt seitdem den Namen der alten Bergstadt am Nordwesthang der Bückeberge in viele Länder. Wegen seiner Frostsicherheit stand er besonders an der Nord- und Ostseeküste von Rotterdam bis Petersburg in hoher Gunst. Aus ihm wurden Bauwerke errichtet, die Jahrhunderte überdauern sollten, so das alte Rathaus in Bremen, die Michaeliskirche in Hamburg, die Rathaustreppe in Lübeck, die Börse in Königsberg, die Siegessäule in Berlin, die Türme des Kölner Doms, das Münster in Bern, der Friedenspalast im Haag, Schloß Rosenborg in Kopenhagen, die Kathedrale in Baltimore und viele andere Bauten mehr. Daß auch das Stadthagener und das Bückeburger Schloß daraus errichtet wurden, gilt als Selbstverständlichkeit.

Das Bückeburger Schloß ist eines der berühmten Bauwerke aus dem Sandstein der Bückeberge.

Der Schatz auf dem Kamm der Bückeberge hat sich in der Kreidezeit vor etwa 140 Millionen Jahren als 6 bis 7 Meter hohe Schicht abgelagert. Nachdem am Ende der vorausgegangenen Jurazeit das Land aus dem Flachmeer des Malm aufgetaucht war, bildeten sich bei dem damals herrschenden subtropischen Klima Sumpfwälder. Sie wurden von trägen Flüssen durchzogen, die im Laufe von Jahrtausenden so viel Sand heranschwemmten, daß er die Waldsümpfe zudeckte. Das Holz der Bäume verkohlte unter dem Luftabschluß und wurde durch den Belastungsdruck des Sandes zu Steinkohle verdichtet. So entstanden auf den Bückebergen auch Kohleflöze. Doch während der Kohlebergbau, der zu den ältesten in Deutschland gehörte, um die Mitte dieses Jahrhunderts wegen Unrentierlichkeit eingestellt wurde, ist der Sandsteinabbau noch in vollem Gange.

Gegenüber früher hat sich in den Steinbrüchen natürlich viel gewandelt, denn auch hier ist die moderne Technik eingezogen. Statt 140 Steinbrecher wie zu Beginn des 19. Jahrhunderts sind es heute nur noch 40. Doch mit ihren Maschinen vollbringen sie eine bedeutend größere Leistung. Der jährliche Abbau liegt gegenwärtig zwischen 1000 und 1200 Quadratmeter Fläche. Außerdem bieten noch immer mehrere Steinmetze ihr handwerkliches Können auf, wenn es Blöcke kunstvoll zu bearbeiten gilt. Ob Renovierungsarbeiten am Kölner Dom oder am Hamburgr Michel, an Schlössern in Dänemark oder an Kaufmannshäusern in den Niederlanden notwendig sind – immer kommt der Stein aus Obernkirchen. Auch das schönste Haus Hannovers, das Leibnizhaus, das 1652 aus Obernkirchener Sandstein erbaut war, 1943 aber zerstört wurde und jetzt wiederersteht, benötigt die Mithilfe der Steinbrüche auf den Bückebergen.

Niemals Feuer gespien:

37

Der Nenndorfer Krater

Bad Nenndorf im Kreis Schaumburg ist wegen der Heilkraft seiner Schwefelsolequellen weithin bekannt. Viele kennen auch das an seinem südwestlichen Ortsrand liegende Naturgebilde, das man „Krater" nennt. Es ist ein beliebtes Ausflugsziel. Doch nur wenige wissen, was es mit dieser geologischen Sehenswürdigkeit, die 1939 zum Naturdenkmal erklärt wurde, tatsächlich auf sich hat. Um es gleich vorweg zu sagen: Dieser Krater ist gar kein Krater. Er hat niemals Feuer gespien, aus ihm ergoß sich niemals Lava.

Wer von der Bundesstraße 65 aus das durch ein großes Hinweisschild gekennzeichnete „Krater"-Gelände betritt, das die Form eines von Erlen und Birken parkartig bewachsenen Hügels hat, findet rechter Hand einen bis mehr als 5 Meter hohen, aus steilen Felswänden gebildeten Ringwall. Er umschließt eine schlundartige Vertiefung von etwa 20 Meter Durchmesser, in der sich Wasser staut. Dieses rundliche Loch und seine althergebrachte Bezeichnung wecken auch in heutigen Betrachtern noch den Gedanken, daß das Gebilde vulkanischen Ursprungs sei. Doch das ist es nicht. Es handelt sich um abgelagerten Kalktuff, dessen Vorhandensein an dieser Stelle aber nicht weniger bemerkenswert ist, als wenn es tatsächlich ein alter erloschener Krater wäre. Auch in diesem Kalkgebilde äußert sich ein faszinierendes Wirken der Natur.

Bad Nenndorf liegt am Deister, nämlich am Fuße der Bantorfer Höhe, die von der heimischen Bevölkerung auch das „Nordkap der deutschen Mittelgebirge" genannt wird. Diese Bezeichnung ist insofern recht treffend, als die Nordspitze des Deisters in der Tat die nördlichste in die Norddeutsche Tiefebene hineinragende Bergzunge aller deutschen Mittelgebirge ist. Das hier beginnende Flachland reicht – nur von wenigen kleinen, zumeist als Moränen entstandenen Erhebungen unterbrochen – bis nach Norwegen. Erst dort steigen wieder Gebirge auf.

Während der Deister zum größten Teil aus feinkörnigem harten Sandstein besteht, findet sich an einigen Stellen auch Kalkgestein. Dies ist vor allem an seiner Westseite der Fall, die Bad Nenndorf, Lauenau und Bad Münder zugewandt ist. Die Geologen nennen diese Juraformation „Münder Mergel". Wenn es auf der Bantorfer Höhe regnet, beginnt ein schon viele Jahrtausende währender mineralischer Umsetzungsprozeß, der in der Aueniederung bei Bad Nenndorf endet und hier im vermeintlichen Krater seinen am meisten ins Auge fallenden Ausdruck findet.

Dieser Naturprozeß spielt sich so ab: Das Niederschlagswasser auf der Bantorfer Höhe versikkert am Gebirgshang im Boden, belädt sich mit Kohlensäure und fließt auf Gesteinsklüften unter einer wasserundurchlässigen Decke zu Tal. Dabei reichert es sich mit Kalk an, der ein sehr leicht lösliches Mineral ist. Bei Nenndorf wird dann dieser stetige Grundwasserstrom von einer Barriere aus Ton, die im Boden lagert, jäh gestoppt und an die Erdoberfläche gedrückt. Hier nun läßt das Wasser den Kalk fallen, wie es überall, wo es unterirdisch fließt, gelöste Stoffe ausscheidet, sobald es mit Luft in Berührung kommt. Auf diese Weise wurde um die Quelle bei Bad Nenndorf der Kalk Schicht um Schicht abgesetzt und im Laufe der Jahrtausende zu einem Ringwall aufgetürmt.

Aber der Kalktuff – auch Kalksinter genannt – hat nicht nur den Wall gebildet, sondern nach und nach auch den Quellweg verstopft. So gibt es im Krater selbst, der lange Zeit versumpft und von einer Pflanzendecke überzogen war, heute keine Quelle mehr. Da aber das vom Deister herabfließende Wasser weiter an die Erdoberfläche gedrückt wird, mußte es sich einen neuen Austritt suchen. Es entstand die jetzige Quelle, die einige Meter östlich des Kraters liegt. Ihr etwa ein Meter tiefer Quelltopf wurde künstlich erweitert und mit einem Mauerring eingefaßt.

Diese Quelle findet das ganz besondere Interesse vieler Besucher, weil in ihr versenkte Blumen lange ein frisches Aussehen bewahren. So erstaunlich dies erscheinen mag, läßt sich dieses Phänomen ebenfalls leicht erklären. In dem Quellwasser ist kein Luftsauerstoff enthalten, der zu einer

Der Nenndorfer Krater mit einem Durchmesser von etwa 20 Meter ist gar kein Krater.
Er war einst eine mächtige Quelle, die sich selbst verstopfte. Das heute enthaltene Wasser ist gestauter Niederschlag.

schnellen Zersetzung der Blumen erforderlich wäre. Da es auch frei von pflanzenzerstörendem Schwefelwasserstoff ist, dagegen noch reichlich ungelösten Kalk enthält, setzt sich dieser in Form eines puderähnlichen Niederschlages auf den versenkten Blumen ab und konserviert sie.

Der Krater von Bad Nenndorf ist nicht die einzige Ablagerung von Kalk aus der Nordspitze des Deisters, sondern nur die auffälligste. Der Kalk, durch Eisengehalt zumeist braun gefärbt, erstreckt sich in der Aueniederung und im Bücketal noch kilometerweit. Denn in früheren Jahrtausenden gab es hier mehrere Quellen. Sie versiegten aber in der letzten Eiszeit, und die Kalkablagerungen überzogen sich mit einer Lößschicht. Erst als der Boden wieder aufgetaut war, konnte ihm auch wieder Wasser entspringen. So ist anzunehmen, daß sich der Ringwall des Nenndorfer Kraters erst in den letzten ungefähr 10 000 Jahren gebildet hat, während der Kraterhügel selbst schon viel früher entstanden sein dürfte.

Die heutige Kraterquelle mit einem Durchmesser von 3,5 Meter zieht alle Jahre viele Besucher an. Sie werfen Blumen hinein, die wegen der Zusammensetzung des Wassers ungewöhnlich lange ihr frisches Aussehen behalten.

des Meeres das noch lebende Hagenburger Moor mit seinen seltenen Pflanzengesellschaften und am Ostufer der Verlandungsbereich mit seinem breiten Röhrichtgürtel und dem angrenzenden Hochmoor, die Lebensraum vor allem zahlreicher Vogelarten sind. Insgesamt umfaßt der Naturpark Steinhuder Meer rund 310 Quadratkilometer und ist damit zehnmal größer als die Meeresfläche selbst.

Im 200 Hektar großen Naturschutzgebiet Hagenburger Moor, das alle Übergangsformen vom offenen Wasser über Flachmoor zum Hochmoor einschließt, finden sich noch seltene Pflanzengesellschaften wie die Gagelstrauch-, die Schneidenried-, die Uferseggenried- und die Schlankseggenriedgesellschaft. Von den in Niedersachsen gefährdeten Pflanzenarten hat hier die Binsenschneide ihr westlichstes Vorkommen. An dieses Naturschutzgebiet soll sich künftig nach Norden hin ein weiteres anschließen, das sich noch in der Planung befindet: das Naturschutzgebiet Meerbusch. Dieser 230 Hektar große Komplex umfaßt die Streuwiesen auf dem Niedermoor am Westufer des Meeres, die als „Schwimmende Wiesen" weithin bekannt geworden sind, und den Röhrichtgürtel auf der vorgelagerten Verlandungszone. Die Schwimmenden Wiesen stellen eine etwa 20 Zentimeter dicke Rasendecke aus dichtem Wurzelfilz über einer breiigen Mudde dar, die sich mit dem Wasserstand auf und ab bewegt. Der Meerbusch soll als Brutbiotop für selten gewordene Wat- und Wasservögel wie Bekassinen, Uferschnepfen, Tafelenten und andere gesichert werden. Zudem rasten und ernähren sich hier viele Gastvögel, vor allem Graureiher und Löffelenten. In das neue Naturschutzgebiet soll auch die Kräheninsel mit einbezogen werden, die bei tieferem Wasserstand eine Halbinsel, bei höherem jedoch eine Insel ist, und zwar die einzige natürliche im Steinhuder Meer.

Das Naturschutzgebiet am Ostufer ist 280 Hektar groß und dient vor allem dem Vogelschutz. Hier brüten noch selten gewordene Arten wie die Rohrdommel, die Rohrweihe und Sumpfhühner, die alle bestandsbedroht sind. Zudem haben zwei hochgradig bedrohte Vogelarten – das Blaukehlchen und die Schnatterente – hier eine letzte Zufluchtstätte. Zugleich geht es in diesem Naturschutzgebiet um die Erhaltung seltener Teichrosenbestände. Es ist geplant, das Naturschutzgebiet Ostufer zu erweitern, und zwar um den 65 Hektar umfassenden Bereich der Teufelskuhle, des letzten natürlichen Moorsees im Großen Moor. Außerdem befindet sich am Ostufer des Steinhuder Meeres ein neues Naturschutzgebiet in Vorbereitung, das allerdings das Festland nicht berührt. Es sind die dem Seeufer vorgelagerten Wulveskuhlen. In dieser 40 Hektar großen, ornithologisch wertvollen Flachwasserzone mit ihren Röhrichtinseln brüten vor allem noch der ebenfalls bestandsbedrohte Rohrschwirl und die Rohrdommel.

Das Steinhuder Meer und die angrenzenden Feuchtflächen sind als Feuchtgebiet von internationaler Bedeutung ausgewiesen. Tausende von Schwimm- und Tauchenten stellen sich hier im Winterhalbjahr zum oft wochenlangen Verweilen ein. Weiter kommen viele Zwergsäger, Gänsesäger, Kormorane und auch Seetaucher. Selbst Sing- und Zwergschwäne aus dem fernen Sibirien, die an den deutschen Küsten zu überwintern pflegen, fallen in kleineren Trupps ein. Das Vogelleben am und auf dem Steinhuder Meer sollte niemand stören. Deshalb sollten auch die Naturschutzgebiete nicht betreten oder mit Booten befahren werden.

Damit Naturfreunde die Vögel gut beobachten können, wurden eigens Türme errichtet. Einer steht an der Nordwestecke des Naturschutzgebietes Hagenburger Moor, und zwei befinden sich am Naturschutzgebiet Ostufer. Von ihnen aus hat man gute Überblicke und kann entschieden mehr sehen, als wenn man meint, im Schilf herumwaten zu müssen.

Das Naturschutzgebiet am Ostufer des Steinhuder Meeres ist ein Vogelparadies, in dem sich im Winterhalbjahr viele tausend gefiederte Gäste aus den nordischen Ländern einstellen, darunter Gänsesäger (links) und Zwergsäger (unten). Die Singschwäne (ganz unten) reisen sogar aus Sibirien an. Man erkennt sie am langen, steil aufgerichteten Hals und der zitronengelben Schnabelwurzel.

39 Eldorado für Wasser- und Watvögel:

Die Riddagshauser Teiche

Als im 12. Jahrhundert im Sumpfland der Wabeniederung östlich von Braunschweig weißbekuttete Zisterziensermönche durch Baumrodung und Wasserstau auf einer weiten Fläche Fischteiche anlegten, dachten sie wohl nur an die Sicherung der Fastenspeise und ganz gewiß nicht daran, hier die Grundlagen für ein Vogelparadies zu schaffen, das im 20. Jahrhundert europäische Bedeutung erlangen sollte. Doch diesen Mönchen, die aus dem Kloster Amelungsborn bei Stadtoldendorf gekommen waren, um das von Ludolf von Wenden 1145 gestiftete Kloster Riddagshausen mit religiösem und wirtschaftlichem Leben zu erfüllen, ist durch ihre Kulturleistung die naturschützerische Großtat gelungen. Die Riddagshauser Teiche mit ihrem östlichen, flach gewellten Umland bilden seit 1936 ein 475 Hektar großes Naturschutzgebiet, das 1949 noch um ein 176 Hektar großes Landschaftsschutzgebiet erweitert wurde. Die gesamte geschützte Fläche von 651 Hektar wurde 1962 vom Internationalen Rat für Vogelschutz als Europa-Reservat anerkannt.

Diesen hohen Rang im Vogelschutz können nur Gebiete erlangen, die einer beachtlichen Anzahl von Vögeln mindestens eine Zeitlang als Brut-, Nahrungs-, Rast- oder Überwinterungsräume dienen. Als schützenswert werden vor allem Wasser- und Sumpfgebiete sowie Rastplätze von Gänsen und Kranichen erachtet. Die Europa-Reservate müssen daher eine den Lebensansprüchen der betreffenden Arten angemessene Größe und Beschaffenheit haben. Sie sollen eine möglichst lückenlose Kette in der Zone der Zugwege dieser Vögel bilden. Zur Erlangung des Europa-Diploms ist es auch erforderlich, daß wenigstens im größten Teil des Gebietes die Jagd ruht und auch jede sonstige Beunruhigung ausgeschlossen ist. Zumindest das Kerngebiet muß unter Naturschutz stehen oder durch andere geeignete Abmachungen naturgeschützt sein. Gewünscht ist auch, daß die Gebiete bewacht und wissenschaftlich betreut werden. In Niedersachsen gibt es acht Europa-Reservate: außer Riddagshausen das Gebiet des Dümmers, das Elbdeichaußengelände Ostemündung bis Freiburg, die Wattenmeerinseln Memmert und Lütje Hörn, den Jadebusen, die Insel Mellum und den Großen Knechtsand.

Das Europa-Reservat bei Braunschweig, das amtlich „Riddagshausen-Weddeler Teichgebiet" heißt, liegt am Südrand der niedersächsischen Geest. In ihm sind etwa 20 größere und kleinere Teiche erhalten, die mit ihren Röhrichten, Bruchwäldern und den sich anschließenden Feuchtwiesen vor allem den nördlichen Teil des Reservates bilden. Der südliche Teil, der etwas höher liegt, ist von einem ausgedehnten Laubwald – dem Staatsforst Buchhorst – bedeckt. Auch die gut erhaltene Klosteranlage mit ihrer imposanten, in Zisterzienserart ohne Turm erbauten frühgotischen Marienkirche und ihrem alten Baumbestand ist in das Naturschutzgebiet einbegriffen.

Die Teiche liegen in der Wabeniederung sowie im Talzug des Weddeler Grabens. Der größte von ihnen ist der Schapenbruchteich mit einem Ausmaß von etwa 63 Hektar. Er ist sehr flach und

Die Riddagshauser Teiche weisen nicht nur weite offene Wasserflächen auf, sondern auch ausgedehnte Verlandungszonen mit Röhrichten und Bruchwäldern, die für viele Vogelarten sichere Zufluchtszonen bilden. Unser Bild zeigt einen der Bruchwälder, einige Enten sonnen sich ungestört auf erhöhten trockenen Plätzen.

stark verlandet. Doch immerhin ist seine offene Wasserfläche mit 15 Hektar noch so groß wie der ganze Kreuzteich, der unmittelbar an den Ort Riddagshausen – seit 1934 ein Stadtteil von Braunschweig – angrenzt. Zwischen dem Kreuzteich und dem Schapenbruchteich liegt der 10 Hektar große Mittelteich. Zu den größeren Wasserflächen zählt auch noch der Weddeler Teich, während alle anderen kleiner sind und sich um die großen gruppieren. Insgesamt beträgt die Teichfläche 170 Hektar, von denen aber nur noch etwa 120 Hektar offenes Wasser sind. Die Verlandung hat sich seit Aufhebung des Klosters nach Beendigung des Dreißigjährigen Krieges sehr rasch vollzogen. Sie kann nur durch pflegerisches Einwirken des Menschen gehemmt werden.

Die Riddaghauser Teiche, die durch Niederschläge, angestautes Grundwasser sowie durch den Weddeler Bach und Schapener Graben gespeist werden, unterlagen überhaupt einer Eigenentwicklung, die vor allem zahlreichen Pflanzen- und Tierarten das Überleben ermöglichte, während sie anderswo den Umweltveränderungen weichen mußten. Die Artenfülle war im Laufe der Zeit so auffällig geworden, daß sich für sie bereits anfangs des 19. Jahrhunderts Wissenschaftler zu interessieren begannen. Seitdem steht das Gebiet unter ständiger Beobachtung.

Für den Vogelschutz haben die Riddaghauser Teiche deshalb internationale Bedeutung, weil hier die Löffelente noch in größerer Zahl vorkommt. Von dieser Entenart sind gleichzeitig bis zu 360 Exemplare auf den Teichen, während schon 200 genügen würden, damit das Gebiet als international bedeutsam eingestuft werden könnte. Die Löffelente fällt Beobachtern auf den ersten Blick wegen ihres breiten und am Ende noch verbreiterten Schnabels auf, der für das Aufnehmen der Nahrung in den Flachwasserbereichen und für das Durchseien des Planktons ein ausgezeichnetes Werkzeug darstellt. Besonders die Erpel der Löffelente sind mit ihrem schwarzgrünen Kopf, ihrer weißen Brust und der rostroten Unterseite sehr bunt und hübsch anzusehen.

Das Teichgebiet von Riddagshausen-Weddel hat aber auch nationale, regionale und lokale Bedeutung. National für die Graugans, bei der schon 158 Exemplare gezählt wurden, regional für die Krickente mit bis zu 148 Exemplaren und lokal für die Stockente, Tafelente, Reiherente und das Bleßhuhn. Insgesamt wurden hier bereits 220 Vogelarten festgestellt, davon 135 als Brutvögel. Zu den Brutvögeln gehören vor allem die Löffel-, die Tafel- und die Reiherente, die Wasserralle, der Haubentaucher, der Zwergtaucher, die Rohrdommel, die Graugans, die Bekassine, das Bleßhuhn, die Rohrweihe und verschiedene Rohrsängerarten.

Um das Gebiet, das nur 6 Kilometer vom Stadtkern Braunschweigs entfernt und von Siedlungen förmlich umklammert ist, als ein Eldorado für die Vogelwelt zu erhalten, sind gewisse Schutzmaßnahmen unumgänglich. Es ist nicht nur für das Eindämmen der Verbuschung und Verlandung Sorge zu tragen, es muß vor allem der starke Besucherverkehr besser gesteuert werden. Das Riddagshauser Teichgebiet erfreut sich eines derart großen Zustromes von Erholungsuchenden, daß inzwischen die Grenze des in einem Naturreservat Tragbaren erreicht ist. So wird es immer notwendiger, störungsfreie Bereiche auszuweisen und dafür als Gegenleistung für die Besucher Beobachtungstürme aufzustellen. Insbesondere sollten der Schapenbruchteich und das Schapenbruch als die für den Naturschutz wichtigsten Teile des Gebietes von jeglicher Erholungsnutzung ausgeschlossen werden. Wichtig ist auch, daß im Umland des Reservates die Grünländereien von den Landwirten weiterhin nur extensiv genutzt werden, damit die Wasserqualität der Teiche nicht durch Agrarchemikalien beeinträchtigt wird. Daß die Teiche wie einst von den Zisterziensermönchen auch heute noch zur Fischzucht genutzt werden, erweist sich als vorteilhaft, zumal sich der Pächter an die vertraglich geregelten Anweisungen hält, den Schilfgürtel in der vorgeschriebenen Form zu erhalten und fischverzehrende Vögel zu dulden.

Die Löffelente (links) gibt mit ihrem zahlreichen Vorkommen den Ausschlag für die internationale Bedeutung dieses Teichgebietes im Vogelschutz. Auch die anderen hier abgebildeten Wasservogelarten brüten im Teichgebiet von Riddagshausen-Weddel: die Tafelente (unten links), das überall heimische Bleßhuhn (rechts daneben), die Reiherente (ganz unten links) und der Haubentaucher (ganz unten rechts), bei dem Männchen und Weibchen völlig gleich aussehen.

40 Ein Sprung im Elmsattel:

Das Reitlingstal

In Kreuzworträtseln wird häufig nach einem Höhenzug bei Braunschweig mit drei Buchstaben gefragt. Das gesuchte Wort – jeder Rätselfreund weiß es – heißt Elm. Der auf diese Weise weithin bekanntgewordene Bergrücken erhebt sich östlich der alten Herzogstadt an der Oker aus der Harzrandmulde bis in eine Höhe von 322 Meter. Er ist im Erdmittelalter an der Wende der Jura- zur Kreidezeit, die sich vor etwa 135 Millionen Jahren vollzog, durch allmähliche Aufwölbung der Triasschichten Buntsandstein, Muschelkalk und Keuper entstanden. Damals wurde das gesamte Gebiet zwischen den aus härteren Urgesteinen wie Granit, Gneis, Porphyr usw. bestehenden Gebirgen des Harzes und des Flechtinger Höhenzuges von Schubkräften, die vom Südwesten her wirkten, in Falten gelegt. Eine davon ist der Elm. Er wurde zu einer 20 Kilometer langen und bis zu 8 Kilometer breiten Kuppe aufgepreßt. Fachlich nennt man solch ein Landschaftsgebilde einen Breitsattel.

Der Elm war einstmals 150 bis 200 Meter höher als heute. Doch seine oberste Schicht aus der Triaszeit wie auch die Schichten der darauf gefolgten Jura-, Kreide- und Tertiärzeit wurden von Wind und Wasser abgetragen und fortgeführt. Die Schmelzwässer der Eiszeiten waren an dieser Erosion in besonderem Maße beteiligt. Am wenigsten weit kam dabei der Keuper. Er wurde gleich wieder an den Rändern des Elms abgelagert, so daß er seitdem den Bergrücken wie ein Mantel umgibt.

Der heute sichtbare Teil des Elms besteht nur noch aus Muschelkalk, der in den Jahrmillionen vor der Aufwölbung von Meeren hinterlassen wurde, die wiederholt in den mitteleuropäischen Raum eingedrungen waren. Unter dem aus den Resten unzähliger toter Meerestiere gebildeten Muschelkalk liegt Buntsandstein, der in einer Trockenperiode zwischen zwei Meereseinbrüchen als Dünensand angeweht und dann zu einer Gesteinsschicht von 500 bis 600 Meter Mächtigkeit zusammengepreßt wurde. Unter dem Buntsandstein lagern Salze, die bereits vor mehr als 200 Millionen Jahren vom Zechsteinmeer bis zu einer Mächtigkeit von rund 900 Meter angestaut worden waren.

Im Gegensatz zu den meisten anderen Höhengebieten Niedersachsens ist der wie ein Schild in der Landschaft liegende Elm nur wenig gegliedert. Lediglich an seinen Rändern ist er zertalt. Die Ursache dieser Einförmigkeit findet sich im Muschelkalk, der infolge seiner Klüftigkeit so wasserdurchlässig ist, daß die Niederschläge sofort versickern. Auf dem Elm gibt es daher weder Quellen noch Bäche, so daß auch die Kraft fehlte, die Täler einzuschneiden vermag. Eine Ausnahme gibt es aber: das Reitlingstal, das von der Wabe durchflossen wird und deshalb eigentlich Wabetal heißen müßte. Es verdankt seinen Ursprung im wahrsten Sinne des Wortes einem Ursprung, nämlich einem Sprung, der bei der Aufwölbung des Elms in seinen obersten Gesteinsschichten entstand.

Die meisten der vielen Besucher, die jährlich in das Reitlingstal kommen, wollen sich an der Lieblichkeit der Landschaft und den zahlreichen Möglichkeiten zu ausgedehnten Spaziergängen erfreuen. Nur wenige wissen, wie dieser Einschnitt entstand.

Dieses Tal gilt als der schönste Landschaftsteil des überall sehr schönen Elms. Seinen Namen erhielt es von dem Rietgras, von dem es als einstiges Sumpfland bestanden war. Es ist knapp 5 Kilometer lang, bis zu einem Kilometer breit und hat die Form eines Kessels, der von den steil abfallenden Hängen des Bruchberges, Kuxberges und Herzberges umrandet wird. An seinem Ausgang bei Erkerode verengt sich das Tal auf etwa 100 Meter. Sein größter Teil ist heute Wiesen- und Weideland mit zwei künstlich angelegten Teichen. Nur im Quellgebiet der Wabe, das man „Hölle" nennt, und dem von mehreren Erdfällen zerrissenen Gelände der „Teufelsküche" ist es heute noch versumpft. Diese Landschaftsbezeichnungen entstammen der Sagenwelt. Hier, im hintersten Teil des Reitlingstales sollen sich nach altem Volksglauben die Hexen getroffen und allerlei Unfug getrieben haben, bevor sie in der Walpurgisnacht auf ihren Besen zum Blocksberg ritten.

Die Wabe, deren Name „hüpfendes, springendes Wasser" bedeutet, kommt mitten im Westelm aus einer Überfallquelle, wie es sie sonst nur an den Rändern dieses Höhenzuges gibt. Diese Quellen, deren stärkste die Lutterquelle südlich von Königslutter ist, entstehen dadurch, daß sich die leicht im Muschelkalk einsickernden Niederschläge auf dem undurchlässigen Röt – der obersten Schicht des Buntsandsteins – stauen, weil sie der den Elm umgebende Keupermantel nicht an den Tag läßt. Erst wenn der Anstau so hoch ist, daß er in den tiefer gelegenen Tälern die ebenfalls undurchlässigen Mergel des mittleren Muschelkalkes übersteigt, kann das Wasser ausfließen.

Das Reitlingstal ist wahrscheinlich die älteste Siedlungsstätte des Elms. Das wird aus hier gefundenen Feuersteingeräten geschlossen, die in der älteren und mittleren Steinzeit angefertigt worden sind. Sie werden im Landesmuseum in Braunschweig aufbewahrt. Vermutlich hatten schon altsteinzeitliche Jäger im Reitlingstal Lagerplätze. Wie weitere Funde aus der jüngeren Steinzeit sowie aus der Bronze- und der Eisenzeit beweisen, war besonders ein rund 30 Meter über der Talsohle gelegener sonniger Platz am Südhang des Burgberges, den man „Wurtgarten" nennt, als Lagerplatz bevorzugt. Es wird vermutet, daß hier in der Zeit um Christi Geburt eine germanische Siedlung bestanden hat.

Die bedeutendsten frühgeschichtlichen Zeugen menschlichen Daseins im Reitlingstal sind jedoch die Burgen, die auf seinen Randhöhen lagen. Eine von ihnen – die heute noch erkennbare Krimmelburg – erstreckte sich in einer Länge von über 300 Meter und einer Breite von 50 bis 100 Meter auf dem Kamm des Burgberges. Eine zweite, fast doppelt so große Anlage war die Brunkelburg auf dem Kuxberg. Sie bildeten zusammen ein für den gesamten ostfälischen Raum einzigartiges Befestigungssystem, in das sich in Zeiten der Not die Bevölkerung des westlichen Elmvorlandes zurückziehen konnte. Im Schutz der Fluchtburgen bot der Talkessel des Reitlings zudem einen günstigen Platz zur Unterbringung der Viehherden. Welche geschichtliche Rolle diese Wallburgen gespielt haben, ist allerdings unbekannt. Sicher ist nur, daß sie nach der Eroberung des Sachsenlandes durch die Franken ihre Bedeutung verloren haben.

Damit war aber nicht zugleich die Anziehungskraft des Reitlingstales erloschen. 1260 ließ sich hier der Deutschritterorden nieder. Vermutlich sollte die Ordensburg an der Stelle erbaut werden, an der später das noch heute bestehende Vorwerk errichtet wurde. Doch der Orden verlegte nach Erwerb von Grundbesitz im Elmvorland seinen Sitz 1275 nach Lucklum. Hier wurde neben der schon bestehenden Kirche ein Kommendehaus mit Wehr- und Wirtschaftsanlagen erbaut, das den von 1410 an einsetzenden Niedergang des Deutschritterordens und seine Auflösung durch Napoleon im Jahre 1809 bis heute überdauerte. Die Kommende Lucklum befindet sich seit 1811 in Privatbesitz.

Naturkundlich haben der Elm und speziell das Reitlingstal Weltruhm, denn hier befindet sich der größte Seelilienfriedhof der Erde. Die klassische Fundstätte ist dabei Erkerode am Eingang des Reitlingstales. Auf sie hat bereits 1910 Professor Dr. Eberhard Fraas, der als Verfasser des Buches „Der Petrofaktensammler" in Fachkreisen weltweit bekanntgewordene Direktor des Königlichen Naturalienkabinetts in Stuttgart, hingewiesen. Dieses Buch ist so exakt, daß es 1972 ohne Änderungen neu erscheinen konnte.

Bekanntlich sind fast sämtliche Schichten des Muschelkalkes reich an versteinerten vorzeitlichen Lebewesen. So finden sich im unteren Muschelkalk des Elms neben verschiedenen Muschel- und Schneckenarten Zähne und Wirbel vom Nothosaurus, einer etwa einen Meter langen Meeresechse, und Zähne des Placodus, eines etwas größeren schildkrötenähnlichen Meeresdrachens. Die schönsten Versteinerungen enthält jedoch der obere Muschelkalk, der Trochitenkalk, mit seinen herrlichen Seelilien. Diese Meerestiere entstammen einem uralten, schon in der Silurzeit vor über 400 Millionen Jahren bestehendem Geschlecht. Sie waren mit ihren oft mehrere Meter langen Stielen auf dem Meeresgrund festgewachsen und suchten mit ihren beweglichen Fangarmen Nahrung. Die Seelilien von Erkerode haben ein Alter von etwa 200 Millionen Jahren und sind in sechs verschiedenen Formen vertreten. Der Textilkaufmann Otto Klages aus Königslutter, der der bedeutendste Mineralien- und Petrofaktensammler Niedersachsens ist, hat etwa 600 dieser wunderbaren Naturgeschöpfe geborgen und damit jedes größere geologische Museum der ganzen Welt ausgestattet.

Letztes Relikt der Taiga:

41

Der Drömling

Wer früher in Vorsfelde vors Feld ging, befand sich am Rande einer Urlandschaft, deren Betreten alles andere als ratsam war. Hier begann der Drömling, ein in einer Niederung liegender weitläufiger Erlensumpfwald von rund 50 000 Hektar Ausdehnung, in dem es weder Weg noch Steg gab. „Niemand kann in dem Drömling wohnen, teils wegen des Morasts, teils weil keine Passage darin ist, und das Holtz so dicke darin wächst, daß, wenn man nur 10 oder 20 Schritte hineingekommen, man nicht mehr weiß, wo man ist", schrieb 1737 als Augenzeuge der Magdeburger Gymnasialrektor Samuel Walther in seinen „Singularia Magdeburgica oder Merckwürdigkeiten aus der Magdeburger Historie". So wild und urtümlich sieht es heute in diesem Gebiet nordöstlich von Wolfsburg nicht mehr aus, weil in den vergangenen zwei Jahrhunderten große Teile entwässert und urbar gemacht worden sind. Trotzdem findet man auch heute noch Stellen, die an das einstige Aussehen dieser Landschaft erinnern.

Vom Drömling gehört nur der kleinere Teil zu Niedersachsen, der größere befindet sich jenseits des Stacheldrahtes auf dem Gebiet der DDR. Stark vereinfacht ausgedrückt, stellt er den letzten Rest der Taiga auf deutschem Boden dar, auf die heute noch der Name des Naturschutzgebietes „Taiga-Urwald" nordwestlich von Kaiserwinkel hinweist. Auf westlicher Seite gilt er als das größte noch erhaltene Bruchwaldgebiet Niedersachsens, auch wenn es nicht mehr überall intakt ist.

Wie in weiten Teilen Norddeutschlands herrschte in diesem Gebiet in der ausklingenden Eiszeit vor rund 15 000 Jahren ein arktisches, kalttrockenes Klima, in dem keine Bäume gedeihen konnten. Damals gab es in dieser von Ablagerungen der Saale-Eiszeit eingefaßten Niederung nur der Kälte angepaßte Sträucher wie Zwergbirken und Polarweiden, dazu Moose, Flechten und Gräser. Die mittlere Jahrestemperatur lag bei minus 2 Grad, so daß im Unterboden Dauerfrost herrschte und sich die Vegetationszeit in den kühlen Sommern auf vier Monate beschränkte. In dieser Tundrenlandschaft lebten zahlreiche Säugetiere wie Mammut, Ren, Auerochse und Wildpferd.

Die ersten Bäume wanderten in der von etwa 12 000 bis 8 200 vor Christus währenden subarktischen Zeit ein, in der die Temperatur wie auch die Feuchtigkeit allmählich zuzunehmen begannen. Es kam zunächst die wetterharte Birke, der dann die Kiefer und die Weide folgten. Sie waren locker über das Land verteilt und machten es zu einer Baumsteppe. Dann trat erneut ein Kälterückschlag ein, der zwar nur im Harz wieder zu Dauerfrösten führte, jedoch auch im nördlichen Harzvorland die Temperaturen so drückte, daß sich die Landschaft erneut zur Tundra, zur baumlosen Kältesteppe, wandelte.

Eine Klimabesserung, die sich als nachhaltig erwies, trat erst von 8200 an ein. Sie führte zur Bildung von lichten Birkenwäldern mit eingesprengten Kiefern. Zugleich verschwand die arktische Tierwelt. Dafür wanderten Waldtiere wie Auerochse, Elch, Wisent, Reh und Wildschwein ein. In den Mooren fanden die arktischen Pflanzen wie Krähenbeere, Wollgras und Zwergbirke eine Zufluchtstätte und konnten sich zum Teil bis heute erhalten.

Die große Sumpfniederung veränderte ihr Aussehen bis ins 18. nachchristliche Jahrhundert so gut wie nicht mehr. Dann aber entdeckte der Preußenkönig Friedrich der Große, daß er im Drömling ein beträchtliches Stück Neuland erobern konnte, ohne einen einzigen Schuß Pulver zu vergeuden. Er begann von 1770 an die Urbarmachung des riesigen Sumpfgebietes, scheiterte aber zunächst mit seinen großräumig geplanten Maßnahmen daran, daß der Drömling nicht nur zu Preußen, sondern auch zum braunschweigischen und zum hannoverschen Staatsgebiet gehörte. Die Verhandlungen zwischen den drei Regierungen schleppten sich über 14 Jahre hin, bis dann 1785 mit den Entwässerungsarbeiten begonnen werden konnte. Schon drei Jahre später berichtete Peter Wilhelm Behrends, Schulrektor in Oebisfelde, in seiner Beschreibung und Geschichte des Amtsbezirkes Oebisfelde: „Schöne Wiesen und gute Triften gingen allmählich aus dem sonst so trüben Sumpfe hervor. Festen Fußes konnte man nach wenigen Jahren da gehen, wo man vordem zu versinken Gefahr lief. Und Vieh konnte man da weiden, wo höchstens eine Wasserschlange sich sonst nährte."

Die Kultivierung des Drömlings fand mit dem Bau des Mittellandkanals, der das Gebiet durchschneidet, einen gewissen Abschluß. Die vom Rhein bis Berlin führende künstliche Wasserstraße wurde 1938 vollendet. Nach dem zweiten Weltkrieg wurden noch einige Grabenausbauten vorgenommen, die eine weitere Austrocknung bewirkten. Heute muß man schon suchen, wenn man die Reste des einzigen, als natürliche Pflanzengesellschaft geltenden Erlenbruchwaldes finden will. Aber man findet sie, und zwar im Kleinen wie auch im Großen Giebelmoor. Hier wurden 1979 zu den bereits vorhandenen Naturschutzgebieten weitere ansehnliche Flächen unter Schutz gestellt. Zudem wurde ein Teil des Allerauenwaldes nördlich von Danndorf als Naturschutzgebiet ausgewiesen. Insgesamt umfaßt nunmehr die Fläche im westlichen Drömling über 300 Hektar.

Wer diese Gebiete kennenlernen will, kann sie von bequemen Spazierwegen aus sehen. Für die Anfahrt empfiehlt sich die Landesstraße, die von Vorsfelde über Brechtorf und Rühen nach Kaiserwinkel führt. Sie kreuzt östlich des Forsthauses Giebel den Veltheimer Damm, an dem nördlich der Straße links und rechts das Naturschutzgebiet Kleines Giebelmoor liegt. Man erkennt es leicht an den vielen, weithin leuchtenden Birkenstämmen. Es ist das besterhaltene Beispiel eines Birkenbruches, das Niedersachsen bieten kann. Die eingesprengten Kiefern und Fichten haben ebenfalls eine besondere Bedeutung: Sie sind autochthon, d. h. ureingesessen, und gelten als der südwestliche Eckpfeiler der in der mitteleuropäischen Laubwaldregion auslaufenden eurasiatischen Nadelwaldregion. Mit anderen Worten: Sie sind in der Bundesrepublik Deutschland das letzte Überbleibsel der Taiga.

Wer dem Veltheimer Damm nach Süden folgt, stößt auf das Naturschutzgebiet Großes Giebelmoor, das den westlichsten Ausläufer des osteuropäischen Erlenbruchwaldes einbegreift. Es besitzt auch einen Urwaldkern. Im Unterstand der hier vorhandenen Waldgesellschaften gedeiht eine reichentwickelte Strauch- und Krautflora, darunter sechs Arten, deren Fortbestand gefährdet ist. Es sind dies die Sumpfständelwurz, die Glänzende Wiesenraute, die Natternzunge, das Gräben-Veilchen, der Sumpffarn und die Wasserfeder.

Die Bruchwälder des Großen und des Kleinen Giebelmoores wie auch der Allerauenwald sind Brut- und Lebensstätten einer artenreichen Vogelwelt. Hier haben der Rotmilan, der Schwarzmilan, die Rotdrossel, die Waldschnepfe, der Schlagschwirl, der Brachvogel, die Sumpfohreule und viele andere Gefiederte noch eine Heimat. Sogar der Schwarzstorch und der Kranich lassen sich blicken. Zudem gibt es im Drömling zwei Graureiherkolonien mit zusammen etwa 80 Brutpaaren.

Besonders im Frühjahr, wenn Schnee und Eis schmelzen und der Boden unter Wasser steht, glaubt man sich an manchen Stellen im Drömling noch in die Taiga versetzt (unten). Doch in anderen Teilen dieses einstigen Sumpfgebietes haben Kultivierungsmaßnahmen zu einer Austrocknung geführt, deren Folge ein Absetzen des Bodens ist. Ältere Bäume, vor allem Erlen und Eichen, die in diesen Gebieten schon vor der Wasserabsenkung standen, sehen aus, als ob sie Stelzwurzeln hätten (rechts).

42 Von der Axt verschont:

Der Lindenwald von Druffelbeck

Als Siegfried, der Nibelungenheld, im Blute des bezwungenen Drachens badete, um sich unverwundbar zu machen, war es ein Lindenblatt, das ihm auf die Schulter fiel. An dieser Stelle traf ihn später die tötende Lanze Hagens. Nicht nur die Sage, sondern auch die Geschichte weiß zu berichten, daß es in Deutschland einst ausgedehnte Lindenwälder gab. Etwa 900 deutsche Ortsnamen und Flurbezeichnungen erinnern noch heute daran, so in Niedersachsen Linden im Kreis Uelzen, Linden im Kreis Wolfenbüttel, Lindern im Kreis Diepholz, Lindau im Kreis Northeim, Lindhorst im Kreis Schaumburg und in Hannover der große Stadtteil Linden. Die Wälder jedoch, die ihnen den Namen gaben, sind längst verschwunden.

Obwohl es in Niedersachsen noch eine stattliche Anzahl von Linden gibt, hat sich diese Baumart fast nur „am Brunnen vor dem Tore" erhalten, nämlich als Dorflinde oder an Gasthöfen, die ihren Namen tragen, und zudem als Alleebaum. Herrliche Lindenalleen in Niedersachsen sind die Berumer in Hage bei Norden und die Schlaun-Allee, die in Sögel zum Jagdschloß Clemenswerth führt. Weithin berühmt geworden ist die Herrenhäuser Allee von Hannover, die aber – nachdem sie 1805 schon einmal der Abholzung entgangen war – 1974 verjüngt werden mußte. In ganz Niedersachsen findet man heute nur noch einen einzigen Lindenwald: den von Druffelbeck im Kreis Gifhorn.

Das Todesurteil für diesen beliebten deutschen Baum hat die Natur gesprochen, denn im Gegensatz zu anderen Laubbäumen, vor allem zu Eichen und Buchen, bringt die Linde keine Früchte hervor, von denen sich Wild- oder Haustiere ernähren könnten. Nur ihre süß duftenden gelblichgrünen Blüten, aus denen sich ein schweißtreibender Tee gegen fiebrige Erkrankungen und zur Krampflinderung bereiten läßt, hatten einen gewissen wirtschaftlichen Wert für die Imkerei – aber auch nicht so sehr im niedersächsischen Raum. Hier bildete und bildet noch immer die Heide die wichtigste Bienenweide.

Dennoch waren die honigspendenden Lindenblüten einer der Gründe, warum dieser Baum, der wie kein anderer von so vielen Dichtern gepriesen und besungen worden ist, auch in den niedersächsischen Dörfern angepflanzt wurde. Unter besonders alten Linden wurde gespielt, getanzt und geliebt und vielerorts auch zu Gericht gesessen. Die Linde kann ebenso alt werden wie die Eiche, nämlich bis zu 1 000 Jahren und mehr.

Das Alter der Linden von Druffelbeck ist unterschiedlich; die derzeit ältesten sind etwa 160 Jahre alt. Daß sich dieser 35 Hektar große Wald erhalten konnte, ist einem Geschick zu danken, das niemand genau kennt. Vermutlich ist sein Fortbestehen darauf zurückzuführen, daß die einst in seiner Nähe liegenden Dörfer wie Algesbüttel, Warmbüttel und Druffelbeck in der Hildesheimer Stiftsfehde, dem von 1519 bis 1523 ausgetragenen „niedersächsischen Krieg", verwüstet worden sind. Wo keine Häuser mehr waren, gab es auch keine Herdstellen und so wurden wohl die Linden

Der einzige Lindenwald, den es in Niedersachsen noch gibt, der Lindenwald von Druffelbeck, zieht sein buntestes Kleid im Frühjahr an, wenn all die anspruchsvollen Kräuter blühen. Gelbe Schlüsselblumen, lila Lerchensporn, weiße Anemonen und Goldnesseln breiten sich wie ein farbiger Teppich um die dunklen Stämme der Bäume aus.

von Druffelbeck – heute nur noch die Bezeichnung eines Forsthauses – vor dem Verfeuertwerden bewahrt. Wahrscheinlich wurde aus dem gleichen Grund der gute Mergelboden, auf dem sie stehen, sich verjüngen und der sie immer wieder prächtig gedeihen läßt, nicht als Ackerland benötigt.

Der Lindenwald von Druffelbeck bietet den schönsten Anblick jeweils im Frühling, bevor sich die Bäume belauben. Dann stehen alle die anspruchsvollen Kräuter, die seinen Boden dicht bedekken, in voller Blüte: weiße Anemonen, gelbe Schlüsselblumen, lila Lerchensporn, blaue Veilchen, leuchtende Goldnesseln und wie letzter Neuschnee anmutender Bärenlauch. Aber auch im Juni hat der Wald dem Auge etwas zu bieten, wenn die hohen Linden, zwischen denen Buchen, Eichen und Eschen stehen, ein geschlossenes Dach von frischem „linden" Grün bilden. Um diese Zeit beginnt der Wald auch zu blühen und erfüllt die ganze Umgegend mit Honigduft.

Im Frühjahr zeigt sich im Lindenwald auch ein Sonderling der heimischen Pflanzenwelt: die Schuppenwurz. Dieses seltsame Gewächs besitzt anstelle von grünen Blättern nur bleiche Schuppen, so daß es auch nicht assimilieren kann. Demzufolge muß es sich auf Kosten anderer Pflanzen ernähren. Seine Wirtspflanzen sind im Lindenwald von Druffelbeck einige Buchen, in deren Wurzeln diese Schmarotzer die ihren bohren, um für sich Nahrungssaft zu ziehen. Die Schuppenwurz, die mit ihrem fleischigen Stengel nur knappe 20 Zentimeter aus dem Boden herausragt, bringt im Mai rosarote Blüten mit glockenförmigen Kelchen hervor.

Dieser in Niedersachsen einmalige Wald, der heute zum Forstamt Fallersleben gehört, genießt den besonderen Schutz der Landesforstverwaltung; er wurde zu einem der 63 Naturwaldreservate erklärt, die in Niedersachsen anläßlich des Europäischen Naturschutzjahres 1970 ausgewiesen worden sind. Wie in allen „Bannwäldern", die nur noch der Forschung und Lehre dienen, dürfen auch im Lindenwald von Druffelbeck von Menschenhand keine Eingriffe mehr vorgenommen werden. Wie er wächst, so wächst er. Für die Wissenschaftler der verschiedenen Fachrichtungen ist es sehr von Interesse zu verfolgen, wie sich in diesem auch über die niedersächsischen Landesgrenzen hinaus weit und breit letzten Lindenwald das Pflanzen- und Tierleben sowie die Boden-, Wasser- und Luftverhältnisse entwickeln, wenn sie sich selbst überlassen sind.

Wer den Lindenwald aufsuchen will, findet ihn am besten von Rötgesbüttel aus, das südlich von Gifhorn an der Bundesstraße 4 liegt. Hier muß nach Westen in Richtung Rolfsbüttel abgebogen werden. Nach etwa vier Kilometer, vor Erreichen von Warmbüttel, liegt der Lindenwald beiderseits der Straße, allerdings zur Straße hin von Buchen und Eichen verdeckt. So kann es leicht geschehen, daß man „den Wald vor lauter Bäumen nicht sieht". Man muß sich also von der Straße aus auf ausgetretenen Wegen ein paar Schritte in den Wald hineinbemühen.

Viele Besucher des Lindenwaldes sind nur an den Schlüsselblumen interessiert und rupfen sie – was verboten ist – büschelweise ab. Botanisch bedeutend interessanter ist jedoch die Schuppenwurz, die in diesem Wald ebenfalls vorkommt. Sie hat keine grünen Blätter, so daß sie sich von anderen Pflanzen ernähren lassen muß. Diese seltsame Pflanze, die nur knapp 20 Zentimeter aus dem Boden herausragt, bringt im Mai rosarote Blüten mit glockenförmigen Kelchen hervor.

Uhrglasform noch deutlich sichtbar:

43

Das Bissendorfer Moor

Im niedersächsischen Raum gab es einst über 300 000 Hektar Hochmoor. Der größte Teil davon wurde durch Kultivierung in Agrarland umgewandelt oder von der Torfindustrie verwertet. Im naturnahen Zustand verblieben nur etwa 10 Prozent, die nun unbedingt der Nachwelt erhalten werden sollen. Zu diesen Mooren gehört das Bissendorfer, das nördlich von Hannover die sich in Ost-West-Richtung erstreckende Senke zwischen der Hochfläche von Langenhagen und den Mellendorfer Bergen füllt. Es war einstmals rund 1 000 Hektar groß. Doch davon sind 200 Hektar so gründlich kultiviert worden, daß von den ursprünglichen Torfablagerungen nichts mehr zu erkennen ist; fast 700 Hektar sind durch Torfstiche mehr oder weniger zerstört. Lediglich der innere, baumfreie Teil, der „wildes Moor" genannt wird, hat auf einer Fläche von etwa 110 Hektar den Charakter einer nahezu unberührten Moorlandschaft bewahrt. Der verbliebene Rest zählt zu den am besten erhaltenen Mooren im ganzen Land.

Die Entstehung des Bissendorfer Moores begann in der Zeit vor etwa 3 100 Jahren. Es hat sich aus einer Versumpfung heraus entwickelt, die von einem Bruchwald bestanden war. Was von den Erlen, Weiden und Faulbäumen übriggeblieben ist, läßt sich unter dem Torf noch feststellen. Die größte Mächtigkeit des Torfes, die sich im Zentrum der Moorfläche findet, beträgt 7 Meter. Zu den Rändern hin wird das Moor immer flacher, bis es auf die Minimalhöhe von 30 Zentimeter abgesunken ist. Was niedriger ist, gilt nicht mehr als Hochmoor. Das Moor ist in der Mitte deshalb am höchsten, weil es hier, am Ursprung seines Entstehens, schon am längsten wächst. Von da aus hat es sich im Laufe der Jahrzehnte und Jahrhunderte nach allen Seiten ausgebreitet. Als Folge der zeitlichen Abstufung seines Wachstums entstand eine Aufwölbung in Form eines Uhrglases, wie sie für die subantlantischen Hochmoore typisch ist. Sie ist im Bissendorfer Moor deutlich zu erkennen.

Am Rande seiner zentralen Hochfläche ist auch noch ein natürlicher Moorsee erhalten geblieben: der Muswiller See, der im Volksmund auch Muswillensee genannt wird. Von diesem Moorauge geht die Sage, daß es unergründlich tief sei. Hier habe einst ein prächtiges Schloß gestanden, in dem ein reicher, geldgieriger Amtmann gewohnt habe. Das Schloß sei im Boden versunken, als der Amtmann den von einem Bauern am Zahltag entrichteten Zins ein zweites Mal verlangte. Später einmal – so erzählt man sich weiter – sei in den entstandenen See ein Taucher gestiegen, um zu ergründen, ob darin wirklich ein Schloß steht. Als er wieder auftauchte, gab er kund, es tatsächlich gefunden zu haben. Im Schloß befände sich ein Tisch, an dem vier schwarze Männer säßen und Karten spielten. Unter dem Tisch läge ein großer schwarzer Hund an einer goldenen Kette. Der Taucher sei dann noch einmal in die Tiefe hinabgestiegen, um dem Hund die goldene Kette zu rauben. Doch dieses Mal sei er nicht wieder zum Vorschein gekommen. Stattdessen will man gesehen haben, wie Blut aus der Tiefe des Sees an die Oberfläche quoll.

Kraniche, als Brutvögel bei uns längst verschwunden, benutzen das Bissendorfer Moor noch als Trittstein auf ihrem Zug (unten). Jahr für Jahr rasten sie hier zusammen mit anderen Zugvögeln. Das Moor ist zudem eine der letzten Zufluchtsstätten des vom Aussterben bedrohten Birkwildes (rechts).

Diese Sage ist im Gegensatz zu manch anderer ein Produkt der reinen Phantasie. Hier kann nie ein Schloß gestanden haben und auch keines versunken sein. Der Muswiller See ist nicht „unergründlich", sondern nur 3 Meter tief. Er war auch niemals tiefer, denn nach 3 Meter stößt man bereits auf den Bruchwaldtorf, der den Untergrund des gesamten Bissendorfer Moores bildet. Daraus wiederum kann geschlossen werden, daß der See ungefähr genauso alt wie das ihn umgebende Moor ist. In diesem Moorkolk hat sich über dem Bruchwaldtorf eine Mudde abgelagert, die aus unzersetzten Moosblättern und -stengeln sowie aus einer großen Menge von Kleinkrebsresten besteht. Der See verlandet vom Westen her mit einem sogenannten Schwingrasen und hat heute mit 3 000 Quadratmeter Wasserfläche nicht einmal mehr die halbe Größe von einst. Dies läßt sich daraus ersehen, daß der ursprüngliche Uferrand im Gelände noch deutlich als Stufe hervortritt und so verrät, daß die Wasserfläche einmal 7 000 Quadratmeter betragen haben muß.

Der verbliebene Rest des Bissendorfer Moores ist allein schon wegen seiner Pflanzenwelt erhaltenswert. Er konnte erst 1973 unter Naturschutz gestellt werden, nachdem ein Rechtsstreit zwi-

Am Rande des Moorzentrums liegt der sagenumwobene Muswiller See – das Auge des Bissendorfer Moores.
Er ist so alt wie das Moor selbst, nämlich rund 3 100 Jahre.

schen einem Torfwerk und dem Verband Großraum Hannover vom Oberverwaltungsgericht Lüneburg gegen eine weitere Abtorfung entschieden worden war. Ganz allgemein ist für die Zusammensetzung der Pflanzenwelt der Hochmoore charakteristisch, daß die Zahl der Moosarten die der Farne, Schachtelhalme und Blütenpflanzen überwiegt. Im Bissendorfer Moor wurden 1977 bei einer eingehenden Untersuchung 108 verschiedene Laub-, Leber- und Torfmoosarten festgestellt. Die Torfmoose als die Baumeister der Hochmoore sind mit 18 Arten vertreten, darunter eine, die hier für Niedersachsen erstmals nachgewiesen wurde. Die Zahl der hier vorkommenden Torfmoosarten ist im Vergleich zu der vieler anderer Hochmoore ungewöhnlich groß.

Die Torfmoose bezeichnet man deshalb als die Baumeister der Hochmoore, weil sie deren Wachstum ihr Entstehen verdanken. Die Torfmoose haben die Fähigkeit, viel Wasser aufzusaugen und festhalten zu können. Während die Waldmoose höchstens das Dreifache ihrer Trockensubstanz an Wasser zu speichern vermögen, saugt sich das Torfmoos mit der zwanzigfachen Menge voll. Der Torf des Bissendorfer Moores wurde vorwiegend durch die ungenügende Zersetzung solcher Torfmoose gebildet. Zu einer vollständigen Zersetzung konnte es deshalb nicht kommen, weil im Moor zu viel Wasser stand und so der Luft – speziell dem Sauerstoff – der Zutritt verwehrt wurde. Sauerstoff aber ist unbedingt notwendig, wenn sich abgestorbene Pflanzenteile vollkommen zersetzen sollen.

In der Vegetationsdecke des Bissendorfer Moores überwiegen heute die Moose aber nur noch in den verlandenden einstigen Torfstichen. Auf den höher gelegenen Flächen zwischen den Torfstichen sowie auf der nicht zerstochenen hohen Zentralfläche gibt es weitaus mehr Blütenpflanzen. In der Randzone sind es Birken, Kiefern und Pfeifengras, auf den freien Hochflächen Glockenheide, Wollgräser und Besenheide. Im Bissendorfer Moor finden sich auch noch die Rosmarinheide, die Moosbeere, das Weiße Schnabelried und zwei Sonnentauarten. Insgesamt sind die Blütenpflanzen mit 80 verschiedenen Arten vertreten, von denen jedoch die meisten in der Randzone sowie an Wegen und Grabenböschungen stehen, also nicht auf der offenen Hochfläche.

Obgleich die Bedeutung des Bissendorfer Moores mehr auf der floristischen Seite liegt, ist auch seine faunistische beachtenswert. So ist es ein traditioneller Rastplatz für die Kraniche. Sie lassen sich hier fast jedes Jahr im Herbst auf ihrem Zug nach Süden nieder, manchmal über 2 000 gleichzeitig. Diese scheuen Großvögel suchen sich zum Ausruhen weite, offene Flächen, die zudem feucht sind. Nur dann fühlen sie sich vor Raubwild sicher. Im Bissendorfer Moor gibt es auch noch einen Restbestand der in Niedersachsen vom Aussterben bedrohten Birkhühner, deren Hähne Hermann Löns wegen ihrer Kampfesfreudigkeit die „kleinen Ritter der Heide" nannte. In nassen Jahren tritt auch die Sumpfohreule als Brutvogel auf. Zudem brüten in diesem Gebiet die Krickente, das Schwarzkehlchen und der Große Brachvogel, dazu die Bekassine und die Nachtschwalbe. Die Nachtschwalbe wird auch Ziegenmelker genannt, weil sie nach altem Volksglauben nachts auf die Weiden flog und die Ziegen gemolken haben soll.

Das Bissendorfer Moor, in dem auch noch Lurche wie vor allem der Moorfrosch und Reptilien wie die Kreuzotter, die Waldeidechse und im Randbereich die Ringelnatter eine Heimat haben, würde von der Natur selbst zerstört, wenn nicht der Mensch seine schützende Hand darüber hielte. So mußte die Moorfläche schon mehrfach entkusselt werden, was bedeutet, daß die wasserraubenden Birken und Kiefern herausgehauen werden. Außerdem wurden die Gräben wieder verfüllt, die schon angelegt worden waren, als das Bissendorfer Moor für die beabsichtigte Abtorfung trockengelegt werden sollte. Gegenwärtig ist das Moor sich selbst überlassen. Es steht voll Wasser, so daß die schon abgesackt gewesenen Teile wieder langsam aufquellen können. Ziel ist es, wieder ein völlig intaktes Hochmoor zu schaffen.

Größter Findling Norddeutschlands: **44**

Der Giebichenstein

Als die Gletscher der Eiszeiten vor etwa 15 000 Jahren endlich alle geschmolzen waren, hatten sie die von ihnen bedeckte Landschaft völlig verändert. Das mehrere tausend Meter dicke Eis, das vom harten skandinavischen Schild durch Eigendruck abgeflossen und wie Brotteig, der über die Backtrogkante kriecht, über die mitteldeutsche Gebirgsschwelle hinweg bis zum Harz und südlich des Teutoburger Waldes vorgedrungen war, hatte Berge abgehobelt, Verwitterungsschutt vor sich hergeschoben und Erdboden, der von Schmelzwasser aufgeweicht war, wie ein Tuch in Falten gelegt. Auf diese Weise waren Grund-, End- und Stauchmoränen entstanden.

Alle diese Schuttablagerungen der Gletscherströme sind regellos mit Steinen durchspickt, deren große man Findlinge oder erratische Blöcke nennt. „Erratisch" bedeutet umherirrend. Dieses Beiwort erhielten die Gesteinsblöcke deshalb, weil sie vom Eis aus fernen Ländern herangeschoben wurden und dann, als es taute, irgendwo völlig ortsfremd liegen blieben. In Niedersachsen gibt es ungezählte derartige Irrblöcke aus Gneis, Granit und anderem harten Gestein. Sie liegen überall im einstigen Vereisungsgebiet verstreut herum und werden, seit die Menschen während der letzten Eiszeit den norddeutschen Raum als Nomaden zu besiedeln begannen, bis zum heutigen Tag für verschiedenste Zwecke genutzt.

Der größte Findling in Niedersachsen ist der Giebichenstein in der Krähe südwestlich von Stöckse im Kreis Nienburg. Er ist 7,50 Meter lang, 4,50 Meter breit und 2,75 Meter hoch. Mit diesen Ausmaßen könnte der Granitblock ein großes Wohnzimmer füllen. Er krönt eine kleine Anhöhe eines Moränenrückens, der im heutigen Forstgebiet Krähe in ein altes Schmelzwassertal der Eiszeit vorstößt. Früher glaubte man, daß dieser mächtige, seit etwa einer Viertelmillion Jahren hier liegende Steinblock unter der Erdoberfläche noch einmal doppelt so groß sei wie oberhalb, also 5,50 Meter tief im Boden stecke. Doch diese weitverbreitete Ansicht wurde durch Grabungen im Jahre 1967 widerlegt: Die Bodenfläche des Steinriesen wurde an allen Seiten bereits in 95 Zentimeter Tiefe erreicht.

Bei dieser Grabung wurden aber andere aufschlußreiche Entdeckungen gemacht. Es kamen Scherben und Geräte zum Vorschein – insgesamt über 300 Stück –, die darauf hindeuten, daß sich hier der Werkplatz einer späteiszeitlichen Jägerhorde befunden haben muß. Ausgegraben wurden Messer, Schaber, Klingen und ein Kernhobel aus Feuerstein, mit deren Hilfe diese frühen Menschen etwa um 11 000 bis 10 000 vor Christus Waffen herstellten und damit Rentieren, Wildpferden, Moschusochsen, wollhaarigen Nashörnern, Schneehasen und anderen arktischen Tieren, die hier in der damaligen Tundrenlandschaft heimisch waren, auf den Leib rückten.

An der nördlichen Schmalseite des Findlings wurden die Reste einer Behausung entdeckt, die in den Boden eingetieft war. An der Wand des Steinblocks stand ein aus Rollsteinen und Steinplatten errichteter Herd. Seine Steine waren alle sorgfältig in Lehm gebettet. Obgleich sich diese Behausung zeitlich nicht näher bestimmen läßt, zeigt sie doch, daß dieser außergewöhnliche Steinblock immer wieder Menschen in seinen Bann zog. Allerdings – und auch das ergab die Grabung – hat er offenbar zu keiner Zeit Opferzwecken oder anderen Kulthandlungen gedient.

Ein Beweis für die Anziehungskraft, die er seit eh und je auf die Menschen ausübte, ist auch das im Volksmund „Teufelsbett" genannte Großsteingrab aus der jüngeren Steinzeit um 3000 vor Christus, das 35 Meter östlich von ihm liegt. Von ihm sind nur noch die Tragsteine erhalten. Es wird vermutet, daß seine fünf Decksteine wie auch die von anderen Gräbern in der Krähe von Steinwerbern für den Straßenbau unter Napoleon oder aber auch für die an Linsburg vorbeiführende Kurierstraße London – Hannover, die König Georg III. bauen ließ, geplündert worden sind. In der Nähe des Giebichensteins liegt auch ein Hügelgräberfeld aus der älteren Bronzezeit um 1700 vor Christus, das die „Sieben Berge" genannt wird. Außerdem findet sich hier ein Urnenfriedhof der frühen Eisenzeit um 800 vor Christus.

Der Steinriese hat seinen Namen von dem Zwergenkönig Giebich oder plattdeutsch Gewecke, der der Sage nach einst mit seinem Völkchen unter ihm gehaust haben soll. Eine andere Sage hat zu erklären versucht, wie dieser auffallende fremde Stein überhaupt in diese Gegend gekommen sein mag. Als man von gewesenen Eiszeiten und den Kräften der Gletscherströme noch keine Ahnung hatte, lag nichts näher als die Annahme, daß dieser gewaltige, etwa 330 Tonnen schwere Steinblock nur von einem Riesen hierher gebracht worden sein konnte. Und so einer soll im nahen Linsburg gewohnt haben.

Dieser Riese – so die Sage – hatte einmal seinen Bruder in Hämelsee besucht und kam auf dem Rückweg durch Wölpe. Hier wohnten in jener Zeit schon Christen, die sich dem alten Heiden gegenüber sehr unfreundlich benommen haben sollen. Das habe ihn so verdrossen, daß er auf Rache sann. Als er über die Krähe – damals ein einsamer Heiderücken – schließlich wieder in Linsburg angekommen war, ging er auf den höchsten Hügel des Grinderwaldes und legte in seine Schleuder einen mächtigen Granitstein, mit dem er den Wölper Kirchturm zu zerschmettern beabsichtigte. Doch der Wurf war zu schwach, so daß der Stein schon in der Krähe niederfiel und hier bis heute liegen blieb.

Diese Sage ist recht plausibel, hat aber das Manko, daß sie nicht verrät, wie wohl der Stein vorher in den Grinderwald gekommen sein mochte. Dafür aber läßt sie erkennen, daß sie schon alt sein muß. Sie hält die Ortsbezeichnung Wölpe in Erinnerung, die kartographisch längst erloschen ist. Wölpe war eine schon im 12. Jahrhundert genannte Mindener Burg nördlich von Nienburg in der Nähe des heutigen Erichshagen. Sie war der Sitz der Grafen von Wölpe, zu deren Gebiet – dem alten Grindergau – auch Neustadt am Rübenberge und das Kloster Mariensee gehörten. Die Burg wurde in der von 1519 bis 1523 dauernden Hildesheimer Stiftsfehde das erste Mal zerstört und 1534 von Herzog Erich I. von Calenberg wieder aufgebaut. Bei ihrer zweiten Zerstörung 1625 im Dreißigjährigen Krieg durch Tilly wurde sie dann dem Erdboden völlig gleichgemacht. Heute ist nur noch der Hügel zu sehen, auf dem sie einstmals stand.

Beim Giebichenstein wurde 1978 von der Bezirksregierung Hannover in Zusammenarbeit mit dem Landkreis Nienburg, der Gemeinde Stöckse und dem Staatlichen Forstamt Nienburg der erste archäologische Wanderpfad Niedersachsens angelegt. Der ausgeschilderte Pfad ist einen Kilometer lang und führt durch offenes Waldgelände zu den sich hier befindenden Sehenswürdigkeiten: Giebichenstein, Teufelsbett und Hügelgräberfeld.

Dieser riesige Steinblock, der Giebichenstein, stammt aus Skandinavien und wurde vom Gletscherstrom der Saaleeiszeit an seinen heutigen Liegeplatz geschoben. Man schätzt, daß er hier vor etwa 250 000 Jahren abgelagert wurde. Von jeher zog er die Menschen in seinen Bann.

45 Wie aus Wald Heide wird:

Das Eichenkratt Deblinghausen

Von Deblinghausen, das im Kreis Nienburg zur Gemeinde Steyerberg gehört, führt in östliche Richtung ein Weg nach Liebenau. Wer ihm folgt, trifft nach knapp 2 Kilometer am Westabfall der Hesterberge auf einen merkwürdigen, unter Naturschutz stehenden Wald. Er besteht aus Eichen, die jedoch von ganz absonderlicher Gestalt sind. Sie sehen aus, als ob ihre Stämme bis zum Astansatz und noch weiter im sandigen Geestboden versunken wären. Die seltsamen Baumgebilde krümmen sich wie Schlangenleiber, kriechen wellig auf dem Boden dahin oder recken sich gebogen und gewunden in die Luft, als ob sie einen Halt suchten. Dieses Gewirr von Stämmen und Ästen auf einer Fläche von ungefähr 2 Hektar ist das Eichenkratt Deblinghausen.

Solche Eichengestrüppe findet man in Niedersachsen an weiteren Orten, so bei Ahlhorn im Kreis Oldenburg, bei Aschendorf und Meppen im Kreis Emsland und in der Lüneburger Heide. Sie stellen aber nicht – wie man noch vor einigen Jahrzehnten meinte – einen Wald der deutschen Vorzeit dar, und auch nicht einen Wald, der am wenigsten durch die Kultur beeinflußt ist. Ganz im Gegenteil hat hier der Mensch recht kräftig in die Naturabläufe eingegriffen. Die Kratteichen sind einfach Überbleibsel einer alten Form der Waldbewirtschaftung, derer man sich schon lange nicht mehr bedient.

Wo heute bei Deblinghausen die Krattbüsche stehen, befand sich einst ein Hochwald aus Eichen und Birken, ein Querco-Betuletum, wie die Wissenschaftler sagen. Das ist zwar nur eine Annahme, untrügliche Zeugen sprechen aber dafür: Im Umkreis des Kratts haben sich bis heute charakteristische Pflanzen des Eichen-Birkenwaldes erhalten, so die Heidelbeere, die Waldschmiele, der Siebenstern, der Tüpfelfarn, bestimmte Moosarten und andere mehr. Das Aussehen des Waldes änderte sich, als man ihn zur Viehweide machte und zudem die Bäume zur Gewinnung von Brennholz und Laubheu zu nutzen begann. Die alten Bäume wurden nach und nach gefällt, ohne daß wieder neue angepflanzt worden wären. Man verließ sich darauf, daß sich die Natur schon selber helfen würde. Und in der Tat brachten die Stöcke der gefällten Bäume neue Triebe hervor, die wiederum zu nutzbarem Holz heranwuchsen. Diese Stämme schlug man bereits im Alter von etwa 20 Jahren ein, weil sie dann noch nicht so dick waren und entsprechend weniger Mühe abverlangten. Schließlich hatte man nur Axt und Beil zur Verfügung, während die Säge in jener Zeit noch so gut wie unbekannt war.

Diese Form der Waldbewirtschaftung ging unter der Bezeichnung Niederwaldbetrieb in die Forstgeschichte ein. Es gab sie schon im Altertum. So weiß man von den Etruskern, daß sie sich dieser Methode bedienten. Dieses von den Römern aufgesogene Volk, das im ersten vorchristlichen Jahrtausend im Gebiet der heutigen Toskana lebte, besaß auf der Insel Elba bedeutende Erzlager. Zur Verwertung des Erzes bedurfte es des Schmelzprozesses und dazu waren große Mengen Holzkohle notwendig. Die Etrusker, die technisch ebenso begabt waren wie wirtschaftlich und po-

Diese eigenartig gewundenen und gedrehten Eichen zeigen ein Waldbild, wie es einst im niedersächsischen Raum häufig zu sehen war: von der Axt malträtierte Bäume, die sich immer wieder durch neuen Stockausschlag gegen ihr Absterben wehrten. War ihre Lebenskraft schließlich erloschen, versteppte der Sandboden und wurde von Heidekraut überwuchert.

litisch, erzeugten das dafür erforderliche Holz im planmäßigen Betrieb, indem sie die Waldfläche in 20 Parzellen einteilten und jedes Jahr eine davon abholzten. Untersuchungen von aufgefundenen Holzkohlestücken aus dieser Zeit ergaben, daß das verwendete Holz durchweg 20 Jahre alt gewesen war.

Daß diese Form der Waldbewirtschaftung eine lange Vergangenheit hat, beweist auch ein Vorfall im Athen der Antike. Dort klagte im Jahre 180 vor Christus der Sophist Julius Pollux gegen einen gewissen Phainippos, den er des Preiswuchers mit Brennholz beschuldigte. Phainippos besaß in der Nähe Athens etwa 50 Hektar Wald, die er so bewirtschaftete, daß er täglich sechs Eselladungen Brennholz in die Stadt zum Verkauf schicken konnte. Aus dieser Regelmäßigkeit und der Größe der Waldfläche läßt sich schließen, daß es systematische Niederwaldwirtschaft gewesen sein muß, die dieser Grieche betrieb. Für seine Brennholzlieferungen kassierte er täglich 12 Drachmen – eine Summe, die dem Pollux entschieden zu hoch erschien, so daß er das Gericht anrief. Die Brennholzplantagen des Phainippos sahen sicherlich ähnlich aus wie heute das Eichenkratt von Deblinghausen.

Kratt ist die niederdeutsche Bezeichnung für Eichengestrüpp, während man im Oberdeutschen die Wörter Kratten und Krätten kennt und damit einen Korb meint. Woher der Begriff Kratt stammt, weiß man nicht. Hermann Löns soll ihn mit dem norwegischen Wort „krota", das ausschneiden bedeutet, in Verbindung gebracht haben. Ohne Ausschneiden von Ästen oder Abhakken von ganzen Stämmen gibt es kein Krattholz. Umgekehrt entsteht Krattholz immer dann, wenn die Eichen oder auch andere Laubbaumarten wie Hainbuchen, Rotbuchen, Weiden usw. ausgeschnitten – man sagt geschneitelt – oder abgehackt werden. Dieser biologische Prozeß setzt dann geradezu stürmisch ein, wenn ein Stamm so beseitigt wird, daß von seinem oberirdischen Teil nichts verbleibt.

Wird ein Laubbaum gefällt, gerät sein unterirdischer Teil in Lebensnot. Aus ihr heraus entwikkelt der Wurzelstock schlafende Knospen zu blattragenden Teilen, ohne deren Assimilationsfähigkeit auch er selber nicht mehr lebensfähig wäre. Der Wurzelstock ist zunächst noch so kräftig, daß sich der eine oder andere Reiser zu einem neuen vollkommenen Baum heranbilden kann. Werden die Stockaustriebe dann immer wieder abgehackt, wird die Triebkraft von Mal zu Mal geringer. Es entstehen nur noch schwachwüchsige gekrümmte und gewundene Holzgebilde, wie sie sich in den Eichenkratts dem Betrachter präsentieren. Irgendwann erlischt die drangsalierte Lebenskraft der Wurzeln vollends – bei manchen Baumarten wie der Birke und der Rotbuche früher, bei anderen wie der Eiche und der Hainbuche später. Das Gebiet, das einst von einem Hochwald bedeckt war, wird zur Steppe.

Vollzieht sich dieser rabiate Eingriff in die Natur in den Sandgebieten der Geest, verwandeln sich die verwüsteten Flächen in Heidesteppen. Das war in Niedersachsen in großem Ausmaß im Raum Lüneburg der Fall, aber auch im Emsland und auf der Wildeshauser Geest. Wo der Wald seine günstigen Einflüsse auf Boden und Klima verloren hatte, bildeten sich ausgedehnte Sandwüsten, die mit der Zeit von Heidekraut überwuchert wurden.

Damit ist zugleich erklärt, warum heute Eichenkratts unter Naturschutz stehen. Sie sind Zeugen der Umwandlung von Wald in Heide und damit eines Abwehrkampfes der Natur gegen menschliche Raubwirtschaft. Auch am Rande des Eichenkratts von Deblinghausen hat das Heidekraut bereits seinen Einzug gehalten. Im Schatten der naturgeschützten Kratteichen kann es sich aber als ausgesprochen lichthungrige Pflanze nicht ausbreiten, so daß hier die Umwandlung in Heide zwar angedeutet ist, der Vollzug aber durch die Naturschutzmaßnahme verhindert wurde.

Auch im Winter grün belaubt:

46

Die Hülsen von Wehrenberg

Nördlich der Ortschaft Wehrenberg im Landkreis Nienburg finden sich im Tal der Siede mehrere Wäldchen, deren Baumbestand sich vorwiegend aus Eichen und Hülsen zusammensetzt. Zwei dieser Waldstücke – das eine 1,7 und das andere 1,85 Hektar groß – stehen seit 1948 unter Naturschutz. Ihre botanische Besonderheit wird dabei von den Hülsen bestimmt, die in Niedersachsen auch unter den Bezeichnungen „Füe", „Döörn", „Stechpalme" und „Ilex" bekannt sind. Diese Baumart ist die merkwürdigste in den heimischen Wäldern. Sie ist der einzige immergrüne Laubbaum in Niedersachsen und zugleich der einzige, der zweierlei Blätter hervorbringt: Die unteren – bis in etwa 2 Meter Höhe – sind gewellt und mit dornigen Stacheln bewehrt, die oberen dagegen sind glatt und stachellos und in der Form den Lorbeerblättern ähnlich. Noch seltener ist aber, daß die Hülse ihr Geschlecht wechseln kann. Ein und derselbe Baum kann jahrelang männlich sein und dann plötzlich weiblich werden oder umgekehrt.

Dieser Geschlechtswandel der an sich als zweihäusig geltenden Pflanze, der sonst noch an keiner anderen beobachtet wurde, erklärt vielleicht auch die unzutreffenden Bezeichnungen einiger Zuchtsorten, deren bekannteste „König" oder „Königin" heißen. Der „Goldene König" zum Beispiel hat seinen Namen wohl erhalten, als die ersten sein Aussehen prägenden Zuchtpflanzen männlich waren. Heute kennt man von ihm nur noch weibliche Exemplare. Dagegen sind die „Goldene Königin" und die „Silberne Königin" ausschließlich männlich. Diese Unstimmigkeiten der Bezeichnung haben schon manchen Gartenfreund verwundert. Die Ursachen, warum die Hülse zweierlei Blätter ausbilden und das Geschlecht wechseln kann, sind noch unerforscht.

Dieser schrullige Baum, von dem es rund 450 verschiedene Arten und noch mehr Kultursorten gibt, ist auf der ganzen Welt verbreitet. In Europa kommt er wildwachsend jedoch nur in der Form der Gemeinen Stechpalme vor, deren wissenschaftlicher Name „Ilex aquifolium" lautet. Der Baum, dessen Blätter auch im Winter assimilieren müssen und der deshalb keinen strengen Frost verträgt, braucht zum Gedeihen die atlantische Wärme. In Deutschland ist er fast nur auf das nordwestliche Küstengebiet beschränkt, das im Einflußbereich des Golfstromes liegt. Seine größte Verbreitung hat er dabei in Niedersachsen, wie auch die Namen vieler Forstorte bezeugen: Hülsenbrink, Hülsebach, Hülsehorst, Hülseufergehäge und ähnliche mehr.

Die Wachstumsgrenze für den Ilex verläuft in Niedersachsen etwa auf der Linie von Lüneburg über Nienburg bis Osnabrück. Das schließt nicht aus, daß er auch östlich davon vorkommt, jedoch immer nur so lange, bis er erfriert. Bei ausgesprochenen Kältekatastrophen, wie sie aus den Jahren 1740 und 1871 bekannt sind, gehen jeweils fast alle Hülsen ein. Auch der strenge Winter 1979 hatte in dieser Hinsicht verheerende Folgen. Ihm fiel in den Ehrhorner Dünen am Westrand des Naturschutzparkes Lüneburger Heide einer der größten Ilexbestände Niedersachsens zum Opfer.

Hier war die Hülse auf einer Fläche von 32 Hektar verbreitet, wobei die ältesten aus der Zeit nach 1871 die Maximalhöhe von rund 15 Meter erreicht hatten. Solche Bäume sind in Niedersachsen relativ selten, weil die Hülse aus klimatischen Gründen zumeist nicht über die Strauchform hinauskommt. Die größten und stärksten Ilexbäume findet man in Niedersachsen neben der Ruine des einstigen Zisterzienserklosters Hude im Landkreis Oldenburg sowie in der Nähe des Stiftes Börstel am Nordende der Maiburg im Landkreis Osnabrück.

In den beiden naturgeschützten Eichen-Hülsen-Hainen bei Wehrenberg sind die meisten Stechpalmen noch strauchförmig. Nur einige wenige von etwa 6 bis 10 Meter Höhe haben die Baumform bereits erreicht. Außer mit Stieleichen, die um die 180 Jahre alt sein dürften, stehen die Stechpalmen hier in Gesellschaft mit anderen Holzgewächsen wie Wacholdern, Faulbäumen, Moorbirken und Traubenkirschen. Die eigentliche Strauchschicht wird von Himbeeren, Heidelbeeren, Preiselbeeren und Traubenkirschen gebildet, und zur Krautschicht gehören der Wachtelweizen, das Pfeifengras, das Straußgras, die Silberschmiele und die Blutwurz. Dieser Bewuchs verleiht den beiden Eichen-Hülsen-Hainen in der warmen Jahreszeit ein lebhaftes Aussehen. Ihre Besonderheit tritt aber erst richtig hervor, wenn die Blätter vergilben und abfallen und nur die Hülsen ihre behalten. Dann kann man sehen, wie viele Exemplare dieser merkwürdigen Baumart hier auf engem Raum stehen.

Die Dichte des Bestandes kommt daher, daß sich die Hülse in erster Linie durch Wurzelschößlinge vermehrt, die neben der Mutterpflanze aus dem Boden sprießen. Eine Vermehrung durch Keimlinge hingegen tritt viel seltener ein. Der Ilexsame muß nämlich zwei Jahre auf dem Boden liegen, bevor er keimen kann, und in diesem Zeitraum ist er vielen Gefahren ausgesetzt. Vor allem wird er von Mäusen gern gefressen. Zudem ist die Samenproduktion äußerst gering, denn unter einem Dutzend und noch mehr Ilexpflanzen ist jeweils nur eine einzige, die die weibliche Form herauskehrt – eine weitere unerforschte Merkwürdigkeit dieser rätselvollen Baumart.

Wegen ihrer harten dunkelgrünen, an der Oberfläche glänzenden Blätter und vor allem der erbsengroßen leuchtendroten Früchte sind Hülsenzweige als Schmuckreisig sehr begehrt. In der englisch sprechenden Welt wurde die Stechpalme sogar zum Symbol für Weihnachten wie bei uns der Weihnachtsbaum. Trotz dieser Beliebtheit ist es streng verboten, in den Wäldern Hülsenzweige zu pflücken oder diese Pflanzen sonstwie zu beschädigen. Die Hülse steht schon seit 1936 unter Naturschutz. Die in Blumenläden oder auf Wochenmärkten angebotenen Zweige dieses Baumes werden eigens für diesen Zweck in Gartenbaubetrieben produziert. Auch wenn die wildwachsenden Hülsen keinen wirtschaftlichen Nutzen stiften, verdienen sie allein schon als botanische Kuriosität erhalten zu werden.

Warum die Hülsen auch Stechpalmen heißen, hängt damit zusammen, daß früher vielerorts am Palmsonntag Hülsenzweige mit in die Kirche genommen wurden, um sie weihen zu lassen. Anschließend wurden sie an Häusern und Ställen angebracht, um diese – wie es der Volksglaube wissen wollte – gegen Blitz und anderes Unheil zu schützen. Mit den Palmen haben die Stechpalmen somit nichts zu tun. In gewisser Weise stehen sie zu ihnen sogar in einem Gegensatz. Während die richtigen Palmen hoch empor- und alle anderen Bäume überragen, also – wie es der berühmte deutsche Naturforscher Alexander von Humboldt einmal kennzeichnete – einen Wald über dem Wald bilden, so stellen die Stechpalmenbestände einen Wald unter dem Wald dar.

Die Stechpalme hat aber einen Verwandten, der den Kokos-, Öl-, Dattel- und anderen wirklichen Palmen an Bedeutung nicht nachsteht. Das ist der „Ilex paraguariensis", aus dessen Blättern der Mate – das Nationalgetränk Südamerikas – bereitet wird. Der Mate ist ein grünlichgelber Tee, der wegen seines Koffeingehaltes sehr anregend wirkt.

Der Eichen-Hülsen-Hain von Wehrenberg soll nur ein Beispiel sein, das für die vielen Hülsenbestände Niedersachsens steht. Mit Ausnahme des nördlichen Alpenrandes kommen die wärmeliebenden Stechpalmen im deutschen Bundesgebiet nur im Nordwesten im Einflußbereich des Golfstromes vor, und meistens sieht man sie als Unterholz in Wäldern, seltener als Baum.

47 Wasserstau im Ostenholzer Moor:

Die Meißendorfer Teiche

An den Südgrenzen des Landkreises Gifhorn, Celle, Soltau-Fallingbostel und Verden erstreckt sich das mächtige Urstromtal der Aller. Es setzt sich in dem der Unterweser fort und ist ein Teil des großen Breslau-Magdeburg-Bremer Urstromtales. In ihm flossen vor etwa 70 000 bis 80 000 Jahren die Schmelzwässer des Wartheeises ab, jenes Stadiums der Saaleeiszeit, in dem die Gletscher noch einmal in das Gebiet der Lüneburger Heide vorgestoßen waren. 60 Jahrtausende später, als die letzte Eiszeit – die Weichselvereisung – zu Ende ging, schwoll die Aller erneut kräftig an. Zwar hatte in dieser Eiszeit der Gletscherrand nur noch das Gebiet östlich der Elbe erreicht, übte aber eine beträchtliche Fernwirkung nach Süden und Südwesten aus und verwandelte die vom Eishauch berührten Landschaften zur Tundra. Der herrschende Dauerfrost konnte nur in der Sommerzeit von der Sonne kurz besiegt werden. Wenn der Schnee schmolz und der Boden auftaute, wurden jeweils die Bäche zu Flüssen und die Aller wieder zum Strom. Wasser und Wind fanden Ansatzpunkte zu einer weiteren Umformung der Erdoberfläche: Sie trugen Gesteinsschutt ab und füllten damit Täler auf.

In dieser letzten Eiszeitphase wurde in den trockengefallenen vegetationsarmen Talsandebenen von den vorherrschenden Westwinden Sand ausgeblasen und an den östlichen und nördlichen Talrändern zu Dünen aufgeweht. So entstand auch der bis zu 12 Meter hohe Dünenwall längs der Alleraue, der besonders am nördlichen Talrand deutlich ausgeprägt ist. Etwa 20 Kilometer nordwestlich von Celle, der alten Herzogstadt an der Aller, bewirkte dieser Dünenwall einen Wasserstau, als dessen Folge sich das weitflächige Ostenholzer Moor bildete. In seiner Südostecke, wo es in moorige Wiesen überging, wurde in den achtziger Jahren des vorigen Jahrhunderts von einem Gutsbesitzer in Sunder-Meißendorf eine Karpfen- und Schleienzucht begründet. Er legte von der Meiße gespeiste Teiche an, die bereits bis zum Jahr 1900 eine Fläche von 250 Hektar bedeckten. Diese Teiche, zu denen noch weitere hinzukamen, zogen sogleich auch viele Wasser- und Watvögel an und wurden mit ihren umliegenden Mooren zum bedeutendsten Brut- und Rastgebiet im Raum der Südheide.

Die paradiesische Ruhe dieses Gebietes fernab von menschlicher Unrast wurde aber jäh gestört, als man Ende der sechziger Jahre begann, einen Teil des Teichgebietes in einen Freizeitpark mit Badeanstalt und Bootshafen, Campingplatz und Wochenendhäusern sowie den notwendigen Versorgungs- und Entsorgungseinrichtungen umzugestalten. Tausende von Erholungsuchenden machen seitdem das Teichgebiet der Vogelwelt streitig und hätten es noch mehr getan, wenn die Pläne zu einem weiteren Ausbau des Freizeitparkes verwirklicht worden wären. Dieser Absicht vermochte jedoch der Landesverband Niedersachsen des Deutschen Bundes für Vogelschutz einen Riegel vorzuschieben, als es ihm 1977 gelang, mit finanzieller Unterstützung durch das Land

Die Meißendorfer Teiche sind zwar keine von der Natur, sondern von Menschenhand geschaffene Gebilde. Doch sie haben für die Erhaltung von bestandsgefährdeten Tier- und Pflanzenarten eine so große Bedeutung erlangt, daß sie zu Recht in einer Beschreibung von Naturdenkmalen mit aufgeführt werden können. Diese Teiche und ihr feuchtes Umland sind Brutgebiet für eine große Zahl von heimischen Vogelarten und zudem Rastplatz für viele Gastvögel aus den nordischen Ländern.

Niedersachsen, die Zoologische Gesellschaft 1858 zu Frankfurt am Main und den Landkreis Celle 118 Hektar Teich- und Sumpffläche zu erwerben. Unverzüglich ergriff auch der Bund für Natur- und Umweltschutz Deutschland die Gelegenheit und sicherte ebenfalls durch Kauf eine weitere Teilfläche von 35 Hektar für die Vogelwelt. Insgesamt umfaßt das Teichgebiet rund 500 Hektar, von denen 370 Hektar unter Naturschutz gestellt werden sollen. Darüber hinaus werden in das beabsichtigte Naturschutzgebiet 260 Hektar Moor- und Bruchwaldflächen sowie 120 Hektar Grünländereien einbezogen.

Die große Bedeutung, die die Meißendorfer Teiche für die Vogelwelt haben, läßt sich mit einigen wenigen Zahlen umreißen. Hier wurden in den letzten 30 Jahren 200 Vogelarten regelmäßig nachgewiesen. Das ist fast die Hälfte sämtlicher Vogelarten, die bisher in Deutschland festgestellt worden sind. 103 der im Meißendorfer Teichgebiet noch vorkommenden Vogelarten gelten auf niedersächsischer Landesebene als gefährdet und stehen auf der „Roten Liste". Daß diese gefährdeten Arten im Meißendorfer Gebiet noch leben können, ist ein Beweis für die Stabilität des hier noch weitgehend intakten Ökosystems. Vor allem gelten die an und auf dem Wasser lebenden Vogelarten als gefährdet, weil ihre Lebensräume mehr und mehr zerstört worden sind. In Meißendorf ist dies nicht der Fall. Hier brüten in beachtlichen Zahlen neben den Stockenten auch Krickenten, Knäkenten, Löffelenten, Tafelenten und Reiherenten. Der Haubentaucher ist noch mit fünf Brutpaaren vertreten und der Zwergtaucher sogar mit 20 – die größte Bestandsdichte in Niedersachsen. Als groß gilt mit 30 Brutpaaren auch der Bestand der Wasserrallen. Zudem sind die Teich- und Bleßhühner stark vertreten. Von der seltenen Großen Rohrdommel wurden vier rufende Männchen gezählt und vom Drosselrohrsänger, der als äußerst gefährdet gilt, zwei singende Männchen. Auch die Rohrweihe brütet in diesem Teichgebiet noch, wie auch der Eisvogel hier noch eine seiner letzten Zufluchtsstätten hat.

Ständige Gäste sind viele Graureiher, Weißstörche und auch einige Schwarzstörche sowie mitunter Fischadler. Sie werden vom Fischreichtum der Meißendorfer Teiche angelockt. Damit diese Nahrungsquelle nicht versiegt, wird in einigen Teichen eigens eine umfangreiche Fischhaltung betrieben. Mitglieder des Deutschen Bundes für Vogelschutz haben Rotaugen, Rotfedern und andere Weißfische ausgesetzt, die sich gut vermehren und von den fischfressenden Vögeln gerne angenommen werden. Weiter stellen sich jährlich viele Zugvogelarten ein, um hier zu rasten oder zu überwintern. Neben den Vögeln gilt die Aufmerksamkeit des Naturschutzes vor allem auch den Lurchen und Kriechtieren, die im Meißendorfer Teichgebiet mit zusammen 18 Arten vorkommen, nämlich 13 Lurcharten wie Frösche, Kröten, Molche usw. sowie drei Schlangen- und Eidechsenarten. Sogar die ganz selten gewordene Europäische Sumpfschildkröte hat hier noch ein Zuhause. Diese Tierart wurde seit 1960 in der gesamten Bundesrepublik Deutschland nur an 18 Stellen nachgewiesen, davon in Niedersachsen seit 1971 an sieben. An den Meißendorfer Teichen konnte die Europäische Sumpfschildkröte im Jahre 1970 sogar bei der Eiablage beobachtet werden.

In die Meißendorfer Teiche wird gegenwärtig und in den kommenden Jahren viel Arbeit und Geld investiert. Die Dämme sind in schlechtem Zustand, weil sie von Bisams unterwühlt und zudem vom Wurzelwerk der auf ihnen wachsenden Bäume und Sträucher gelockert sind. Sie müssen befestigt und instand gehalten werden, damit sie nicht brechen und Teiche austrocknen. Diese große Gefahr hat nicht zuletzt dazu geführt, daß die gewerbliche Fischzucht dort eingestellt und der Plan zur Errichtung des größten „Freizeitparadieses" Norddeutschlands geboren wurde. Die Sorge um die Dämme machte es notwendig, ihr Betreten zu untersagen. Damit Naturfreunde dennoch das reiche Vogelleben beobachten können, werden an mehreren Stellen Türme errichtet, von denen aus das Teichgebiet gut überblickt werden kann.

Für viele an Wasser gebundene Vögel sind die Meißendorfer Teiche noch eins der wenigen Paradiese. Hier dürfen die oft verfemten Graureiher ungestört fischen (oben), der scheue und selten gewordene Schwarzstorch findet sich ein (rechts), und im Winter versammelt sich an eisfreien Stellen ein buntes Gewimmel von Enten, Gänsen und Teichhühnern.

48 Auch in der Heide eine Seltenheit:

Der Wacholderwald bei Schmarbeck

Die Frage, welcher der am weitesten verbreitete Nadelbaum der Welt ist, brächte wohl jeden in Verlegenheit, dem sie unvorbereitet gestellt würde. Vermutlich käme niemand auf die Antwort: Wacholder. Ja, wer rechnet dieses bizarre Gewächs, das doch zumeist nur in Strauchform vorzufinden ist, überhaupt den Bäumen zu? Dennoch ist der Wacholder ein Baum wie jeder andere, weil er der klassischen Definition voll und ganz entspricht. Danach ist jedes Holzgewächs ein Baum, das eine Höhe von mehr als 6 Meter erreichen kann und zur einfachen Stammbildung neigt. Auch in Niedersachsen gibt es Wacholderbäume, die dieser Definition entsprechen, wenngleich man auch bei der Erwähnung des etwas geheimnisvoll klingenden Wortes „Wacholder" in erster Linie an die säulenförmigen, stark verzweigten Sträucher denkt, die das Bild der Heidelandschaft entscheidend mitprägen.

Der Wacholder, der in Niedersachsen auch „Macholder", „Machandel" und „Wachandel" genannt wird, ist eine der nur sechs Nadelholzarten, die in Mitteleuropa die letzte, vor rund 15 000 Jahren zu Ende gegangene Eiszeit durchgestanden haben. Betrachtet man diese Tatsache als ein Merkmal für heimisch, dann ist der Wacholder neben der Kiefer, Fichte, Tanne, Eibe und Lärche einer der heimischsten Bäume auch in Niedersachsen. Daß es sich auf deutschem Boden um eine der ältesten Baumpflanzen handelt, verrät allein schon der Name. Er leitet sich vom althochdeutschen „wehaltar" ab, was immergrünes Holz bedeutet.

Auch im Volksglauben spielte der Wacholder seit Urzeiten eine große Rolle als Zauber- und Heilpflanze. Bei den alten Germanen galt er als Spender von Leben und Gesundheit. Über der Haustür und im Stall aufgehängt, sollte er Mensch und Tier vor Teufeln, Hexen und Geistern, aber auch vor Giftschlangen und Dieben schützen. Der Rauch verbrannter Wacholderzweige – so meinte man noch Jahrhunderte später – bewahre vor Seuchen und Ansteckung. Deshalb wurden im Mittelalter die Pesthäuser mit Wacholder ausgeräuchert. Einige germanische Stämme verwendeten dieses „Zauberholz" auch zur Totenverbrennung.

Außer für kultische Zwecke war das Wacholderholz bisher kaum zu etwas nütze. Ausnahmen bilden das Fischräuchern sowie die Herstellung von Bleistiften, Peitschenstielen und Rührlöffeln zum Buttern. Im Falle der Rührlöffel machte sich noch der Aberglaube bemerkbar, das Wacholderholz könne böse Einflüsse von Nachbarn auf das Gelingen der Butter abwehren.

Größere Bedeutung dagegen haben die Wacholderbeeren, ohne die es keinen Gin gäbe. Die wie bereift aussehenden dunkelblauen Beeren, die eigentlich unverholzte Zapfen sind, zählen heute ganz allgemein zu den Gewürzen. Ihre bekannteste Verwendung dient zum Verbessern des Geschmackes von Sauerkraut und Sauerbraten. Sie waren früher auch ein deutscher Exportartikel.
 Aus dem Jahre 1880 ist bekannt, daß damals 90 000 Kilogramm Wacholderbeeren von Deutsch-

So dicht wie hier stehen die spitznadeligen Wacholder sonst nirgends in Niedersachsen. Manche haben sogar schon Stämme ausgebildet und sich zu richtigen Bäumen gestreckt. An den Wacholderwald grenzen weite Heideflächen mit einladenden Spazierwegen an.

Wie ein malerischer kleiner See in der Heidelandschaft sieht die Bullenkuhle auf diesem Bild aus. Aber die Idylle trügt! Wer die unheimliche Kuhle besucht und von der Sage hört, die sich um sie rankt, sollte auch die Kapelle im nahen Bokel nicht vergessen; in ihre Eichentür wurde eine Widmung eingeschnitzt, die die Grenze zwischen Sage und Wirklichkeit verwischt.

ner Flechte, sechs Pilzen, zwei Farnen und 38 Blütenpflanzen zusammensetzten. Später angestellte Bodenbohrungen haben aber ergeben, das die Bullenkuhle ein Erdfall ist.

Auf den Blänken, den noch offenen Wasserstellen der Kuhle, haben sich Seerosen angesiedelt. Ihre weißen Blütenschalen, die sich am Tage öffnen und in der Nacht schließen, und ihre glatten grünen Schwimmblätter heben sich kontrastreich von dem dunkelbraunen Moorwasser ab. In ihm sollte niemand zu baden versuchen. Als die erwähnten Wissenschaftler die Tiefe des Erdtrichters ergründen wollten, hakte sich das Lot in 15 Meter Tiefe fest. Einer von ihnen wagte sich in den ungewissen Schlund, um das Senkblei aus dem Morast zu befreien. Dabei konnte er feststellen, daß das Wasser der Kuhle oben zwar warm, unten jedoch eisig kalt ist.

Dieses seltsame Naturgebilde hat in seiner einsamen Unheimlichkeit nicht nur zu wissenschaftlichen Untersuchungen, sondern auch zu mancher Sage Anlaß gegeben. So wird ein aus dem Moor herausragender Pfahl scherzhaft als Erdachse bezeichnet. Man erzählt sich auch, daß die Blänken des Moores in unterirdischer Verbindung mit der Nordsee stünden und Ebbe und Flut anzeigten. Noch voller entfaltet sich die Phantasie im alten Volksglauben, daß in der Tiefe des dunklen Moorwassers ein gewaltiger Bulle hause, der früher in den Mainächten in den Kuhställen der Umgebung sein Unwesen getrieben habe. Woher dieser Bulle kam, weiß der Volksmund ebenfalls genau, wenn auch nicht überzeugend zu berichten:

Wo sich heute das etwas versteckt gelegene Idyll der Kuhle vor dem Wanderer breitet, stand einst ein stattlicher Bauernhof. Sein Besitzer war ein großer Jäger vor dem Herrn. Schon lange spürte er einem kapitalen Hirsch nach, der sich vor ihm aber immer wieder rechtzeitig in Sicherheit bringen konnte. Eines Morgens fluchte der Bauer zum Entsetzen seiner Familie, daß Haus und Hof untergehen sollen, wenn es ihm an diesem Tage nicht gelingt, den Hirsch zu strecken. Als er abends von der Jagd erfolglos heimkehrte, erfüllte sich sein Fluch. Wo eben noch Menschen und Tiere lebten, breitete sich plötzlich ein schwarzer Moorteich. Nur der Hofbulle entging dem Unglück, weil er sich am Nachmittag von der Kette losgerissen hatte. Er geisterte fortan in der Heide umher.

Der Volksmund weiß weiter zu berichten, daß das wilde Tier eines Nachts den Klosterschäfer Marten Heitzken angefallen hat. Der alte Mann befand sich auf dem Heimweg vom Wirtshaus, als ihm unverhofft der Unhold entgegenkam und er ihm nicht mehr ausweichen konnte. Da nahm ihn der Bulle auf die Hörner und trug ihn unter feurigem Fauchen durch die Luft bis zur Moorkuhle. In letzter Sekunde, als das Untier schon in die Tiefe hinabtauchen wollte, rief der Mann in seiner Todesangst Jesus und Maria um Hilfe an. Unverzüglich warf ihn der Bulle ab und verschwand allein mit Brausen und Zischen in seinem dunklen Reich. Er wurde nie wieder gesehen.

Aber damit ist diese wundersame Geschichte noch nicht zu Ende. Der Schäfer war über seine Rettung so beglückt, daß er zum Dank für die 1472 erbaute Bokeler Kapelle eine Tür schnitzte, die noch heute Zeuge dieses nächtlichen Geschehens ist. Deutlich kann man auf der Außenseite dieser aus schweren Eichenbohlen gefertigten Tür die eingeschnitzte Widmung lesen: „Diese Thür hat Marten Heitzken in de Günne in die Kirche zu Bokel vorehret den 21. Septembris Anno 1631. Seines Alters 106 Jahr". Es liegt die Wahrscheinlichkeit nahe, daß der Schäfer Heitzken bei der Angabe seines Alters der Phantasie ebenso freien Lauf ließ wie bei der Schilderung seines nächtlichen Erlebnisses mit dem Bullen.

50 Hochgewachsen statt knorrig:

Die Werteichen der Göhrde

Die Göhrde, das rund 60 Quadratkilometer große Waldgebiet zwischen Lüneburg und Dannenberg, zählt zu den schönsten Landschaften Niedersachsens. Sie liegt auf einem Höhenrücken, der sich von Norden nach Süden zwischen der Ilmenauniederung und dem Jeetzeltal erstreckt. Dieser Höhenrücken beginnt nordwestlich von Hitzacker als steiles Elbufer, bildet südlich der Göhrde den Drawehn und verläuft dann in die auf DDR-Gebiet liegende Altmark. Es ist eine hügelige, zwischen 50 und 108 Meter hohe Landschaft, die im Warthestadium der Saaleeiszeit vor rund 100 000 Jahren ihre heutige Grundform erhielt. Der von Osten kommende gewaltige Gletscherstrom dieser Vereisung, der dem gesamten nördlichen Niedersachsen seinen Millionen Tonnen schweren Stempel aufdrückte, türmte einen mächtigen Geschiebewall vor sich auf. Als der riesige Gletscher dann abzutauen begann, flachten die Schmelzwässer den Gipfel dieser Endmoräne ab und glätteten sie nach Westen. Auf dieser westlichen Abdachung liegt der größte Teil der Göhrde. Ihr Name dürfte slawischen Ursprungs sein und sich von „gora" herleiten, das Berg bedeutet. Sie stellt zugleich den alten Grenzwald zwischen dem einstigen Barden- und dem Wendengau dar.

Hier, wo die hannoverschen Könige und später die deutschen Kaiser mit ihren noblen Gästen jagten, finden sich heute ständig viele Besucher ein, um sich in der Stille dieses weitläufigen Waldgebietes zu erholen. Die Göhrde bildet das Kernstück des 1968 eingerichteten Naturparkes Elbufer-Drawehn und kann ein forstliches Freilichtmuseum genannt werden, in dem sich die verschiedenen Waldlandschaften und Waldbäume zu einer harmonischen Geschlossenheit vereinen. Der Boden besteht in buntem Wechsel aus Geschiebelehm, Sand und Kies. Wo der Geschiebelehm vorherrscht, bedecken Laubwaldungen das hügelige Land, und wo der Sand regiert, ist das Terrain der Kiefer oder dem Heidekraut überlassen. Die größte waldbauliche Kostbarkeit, die die Göhrde zu bieten hat, sind ihre Eichen, die neben denen des Spessarts und des Oberpfälzer Waldes zu den wertvollsten Deutschlands zählen.

Diese Werteichen sind nicht knorrig wie im Märchenbuch, sondern gerade gewachsen. Ihr Stamm reckt sich 10, 12 und noch mehr Meter in die Höhe, bevor die Äste zur Krone ansetzen. Diese Eichen liefern begehrtes Furnierholz und werden von den Käufern entsprechend bezahlt. Mancher Stamm hat auf den jeweils in Hannover stattfindenden Auktionen schon so viel erlöst, wie vergleichsweise 250 hundertjährige Kiefern erbringen. Auch wertvolle Schnitzereien werden aus den Göhrdeeichen gefertigt. So haben viele Kirchengestühle ihren substantiellen Ursprung in diesem einsamen Waldgebiet.

So sehen die wertvollsten Eichen Niedersachsens aus. Sie haben schlanke, astfreie Schäfte, die wie Säulen gewachsen sind, und ihre majestätische Höhe ist mit der Kamera kaum einzufangen.

Die Superbäume finden sich allerdings nicht überall, sondern wollen in den zumeist aus Eichen und Buchen bestehenden Mischwäldern gesucht sein. Wenn man dann aber plötzlich vor einem dieser Prachtbäume steht, dann kann man sich nur den Gefühlen des Staunens und der Ehrfurcht hingeben. Ähnlich mag vielleicht Johann Wolfgang von Goethe empfunden haben, als er mit seinem Sekretär und Freund, dem aus Winsen a. d. Luhe stammenden Schriftsteller Johann Peter Ekkermann, über die Schönheit der Eiche sprach. „Wie viele günstige Umstände müssen doch zusammentreffen", meinte der Dichterfürst – es war im Jahre 1827 – sinnend, „ehe es der Natur einmal gelingt, eine Eiche wahrhaftig schön hervorzubringen. Ein sandiger oder mit Sand gemischter Boden, wo ihr nach allen Richtungen hin mächtige Wurzeln zu treiben vergönnt ist, scheint ihr am günstigsten zu sein. Und dann will sie einen Stand, der ihr gehörigen Raum gewährt, um alle Einwirkungen von Licht und Sonne und Regen und Wind von allen Seiten her in sich aufzunehmen. Im behaglichen Schutz vor Wind und Wetter herangewachsen, wird aus ihr nichts. Ein hundertjähriger Kampf mit den Elementen macht sie stark und mächtig, so daß nach vollendetem Wuchs ihre Gegenwart uns Erstaunen und Bewunderung einflößt."

Die Göhrde liegt bereits in einem subkontinentalen Klimagebiet mit relativ viel Sonnenwärme und begrenzten Niederschlägen. Das mag die Eiche gern. Sie wächst dann „gebremst", und das hat zur Folge, daß die Jahresringe feiner werden. Entsprechend wird ihr Holz milder und damit in der Qualität besser. Den notwendigen Sand, von dem Goethe sprach, findet die Eiche im Göhrdeboden in reichem Maße. Und für den notwendigen freien Stand der Bäume, damit die Elemente auf sie einwirken konnten, sorgte einst die Jagd. Um Parforce-Jagden reiten zu können, wie sie hier lange Zeit üblich waren, mußten die Bäume möglichst hoch und licht sein.

Die heutigen Werteichen der Göhrde wurden aller Wahrscheinlichkeit nach nicht von Menschenhand gepflanzt, wie dieses Gebiet überhaupt seit eh und je unberührte Wildnis war. Das hängt mit seiner Wasserarmut zusammen. Nur ein einziges Gewässer – der beim Ort Göhrde entspringende Kateminbach – durchfließt das Waldgebiet, aber auch nur auf 800 Meter Länge im äußersten Nordosten, wo er sich tief in den Rand der Endmoräne eingeschnitten hat. Wenige Kilometer weiter mündet er in die Elbe. Außer diesem Bach gibt es in der Göhrde nur einige wenige offene Wasserstellen, „Kuhlen", „Suhlen" und auch „Sool" genannt, die zum Teil künstlich angelegt sind. Der Wasserarmut ist es zuzuschreiben, daß die Göhrde nicht besiedelt wurde. In ihr finden sich keine frühzeitlichen Grabstätten wie im angrenzenden Heideraum.

Menschliches Leben kam in die Göhrde erst im 17. Jahrhundert, als sie Herzog Georg Wilhelm von Celle aus dannenbergischem Besitz übernahm. Der waidlustige Edelmann hielt jährlich Jagden ab, die immer umfangreicher und prunkvoller wurden. Da man zu Pferde jagte, wurden gut passierbare Routen angelegt, die noch heute als schnurgerade Schneisen das Waldgebiet nach allen Richtungen durchschneiden. Einige von ihnen gehen strahlenförmig von dem Platz aus, auf dem das 1706 im französischen Barockstil erbaute Jagdschloß stand, das aber infolge der napoleonischen Kriege verfiel und 1826 bis auf ein einziges Gebäude – den Reitstall – abgerissen werden mußte. Dieses vornehme Stallgebäude ließ sich 1835 König Ernst August von Hannover als Schloß herrichten. Es steht heute noch und dient seit vielen Jahren als Heimvolkshochschule.

Die Göhrde war einst ein reiner Laubwald, der etwa zu zwei Dritteln aus Eichen und zu einem Drittel aus Buchen, Birken und Salweiden bestand. Aber das hat sich im 17. Jahrhundert geändert. Damals wurden in der Mitte der Göhrde, die von den Weideberechtigungen der umliegenden Dörfer nicht erreicht wurde, die ersten Fichten oder – wie man zu jener Zeit in dieser Gegend sagte – „Dannen" angepflanzt. Das machte Schule. Obwohl sich heute – vor allem seit dem Jahrhundertorkan von 1972 – das Laubholz wieder seine alten Rechte zurückerobert, setzt sich der Wald der

Nur in größeren, zusammenhängenden Waldgebieten findet unser Rotwild heute noch seine Einstände. So können auch in der Göhrde starke Hirsche heranwachsen.

Göhrde noch immer zu zwei Dritteln aus Kiefern und Lärchen und zu je einem Sechstel aus Fichten und Douglasien sowie aus Eichen und Buchen zusammen. Die ältesten der heutigen Eichenbestände sind über 300 Jahre alt.

Kann man die Göhrde als eine Rosine im Kuchen des Naturparkes Elbufer-Drawehn betrachten, so ist die Rosine der Göhrde der Breeser Grund. In dieser breiten, langgestreckten Einmuldung ist auf einer Fläche von rund 37 Hektar ein alter Hutewald erhalten, wie er für die Zeit vor 100 und mehr Jahren typisch war. Hier stehen Eichen, wie sie der Naturfreund besonders gerne sieht: knorrig, wuchtig und weit ausladend. Sie bilden einen merklichen Gegensatz zu den hochschäftigen Werteichen in den geschlossenen Baumbeständen. Der Boden des Breeser Grundes ist von Gras überwachsen und an den schattenlosen Stellen von Heidekraut bedeckt. Er liegt im Süden der Göhrde und ist über Wander- und Reitwege unschwer zu erreichen. Wer Glück hat, kann hier im Sommer ein sehr selten gewordenes Insekt beobachten, das alte, morsche Eichen zum Leben braucht. Es ist der Hirschkäfer. Dieser mit seinem geweihähnlichen Oberkiefer größte Käfer Deutschlands, der in weiten Teilen jedoch ausgerottet ist, nährt sich von dem süßen Saft, der den Eichen oder ihren Stubben entquillt. Er steht bereits seit 1908 unter Naturschutz und darf somit nicht gefangen werden.

51 Wo das Schloß des Heideritters stand:

Die Maujahnskuhle

Die Maujahnskuhle bei Thunpadel etwa 3 Kilometer westlich von Dannenberg gehört zu den Naturschöpfungen in Niedersachsen, deren Entstehung lange ungeklärt war. Dieser 90 000 Quadratmeter große, einem Theaterrund ähnelnde Talkessel, auf den man recht unverhofft stößt, liegt in dem hügeligen, waldreichen Landstrich, in dem sich der bis 142 Meter hohe Drawehn in die Jeetzel-Elbe-Niederung verliert. Fast könnte man meinen, die Maujahnskuhle sei eine der vielen Talsenken dieser in den Eiszeiten gebildeten Moränenlandschaft. Doch der über 15 Meter hohe Osthang des Kessels stürzt zu steil ab, als daß man lange bei dieser Ansicht bleiben könnte. Hier müssen noch andere Kräfte am Werk gewesen sein als nur Schub und Druck der Gletscherströme.

Ganz allgemein ist zum Lüchow-Dannenberger Gebiet festzustellen, daß es der Teil Niedersachsens ist, der am längsten vom Eis bedeckt war. Wie die übrige nordwestdeutsche Altmoränenlandschaft erhielt auch dieser östliche Zipfel Niedersachsens in der vorletzten der vier Eiszeiten, der Saaleeiszeit, seine grundlegende Prägung. Damals waren die Eismassen auf dem heutigen niedersächsischen Boden während eines Zeitraumes von etwa 60 000 Jahren bis in das Leine- und das Weserbergland vorgedrungen. Nach ihrem völligen Abschmelzen vor 180 000 Jahren ließen sie in diesem ganzen Gebiet über den älteren Erdschichten eine zum Teil über 100 Meter mächtige Decke von Schuttmassen aus Lehm, Sand, Kies und Steinen zurück.

Daß das Lüchow-Dannenberger Gebiet vom Eis viel länger bedeckt war als die anderen Räume Niedersachsens, hat einen einfachen Grund: Die Gletscher hatten im jüngsten Abschnitt der vorletzten Eiszeit, dem Warthestadium, noch einmal die Elbe in südwestlicher Richtung überschritten. Der Eisschild der letzten, der Weichseleiszeit, die erst vor rund 20 000 Jahren zu Ende ging, erreichte dann das Lüchow-Dannenberger Gebiet zwar nicht mehr, beeinflußte aber dennoch sein Aussehen. Diesmal waren es die nach Süden und Westen abfließenden Schmelzwässer, die sich dann unter richtungsänderung zum Elbe-Nordseestrom vereinigten und dessen breites Bett ausformten.

Wie diese Kuhle entstanden sein könnte, glaubt der Volksmund schon lange zu wissen. Es geht die Sage, daß an Stelle der heutigen Bodensenke in früherer Zeit ein Berg mit einer Burg war, in der der Heideritter Maujahn mit seinen Knechten hauste. Dieser Ritter – so erzählt man sich – sei wegen seiner grausamen Räubereien weithin gefürchtet gewesen. Deshalb sei auch Graf Adalbert im Bruche sehr erschrocken, als bei ihm eines Tages dieser berüchtigte Edelmann erschien und um die Hand seiner Tochter Agnes anhielt. Rache fürchtend gab der Graf sein Jawort. Doch die schöne Agnes habe fortan Tag und Nacht gebetet, Gott möge verhüten, daß sie die Frau dieses Räubers wird.

Die sagenumwobene Maujahnskuhle zeigt sich dem Betrachter als ein weites, steil umrandetes Rund, das sich nach Westen öffnet. Unser Bild wurde an der Ostseite aufgenommen, wo die Sohle des Kessels von einem noch lebenden Hochmoor bedeckt ist.

Die Hochzeit – so weiß es die Sage weiter – war auf den Johannistag angesetzt. Während die Braut mit ihren Angehörigen in der Dannenberger Kirche auf den verhaßten Bräutigam wartete, hatte dieser einen Warenzug des Weges kommen sehen, den er rasch noch erbeuten wollte. Die Mahnung seines Amtmannes, doch wenigstens am Hochzeitstage vom Raub abzulassen, wies er barsch zurück. Er ritt los, die Knechte hinterher. Als ein heftiges Gewitter aufzog, riet auch einer der Knechte zur Rückkehr. Statt einer Antwort schlug ihn der Heideritter mit dem Schwert nieder. Im selben Augenblick zuckte ein greller Blitz auf, dem ein lauter Donnerschlag folgte und den Knechten die Besinnung nahm. Als sie wieder aufwachten, war der Heideritter samt seiner Burg verschwunden. Anstelle des Berges tat sich ein Abgrund auf.

Von dieser Sage wurde lange angenommen, daß sie weniger vom tatsächlichen Geschehen als vom Glauben geformt sei, alle Schuld räche sich schon auf Erden. Die von ihr dargestellte Naturerscheinung ist zweifellos das, was man einen Erdfall nennt. Dennoch versuchte man das Entstehen der Kuhle rational zunächst so zu erklären, daß sie unter der einstigen Eisdecke von Schmelzwasser ausgestrudelt worden sei. Doch Bohrungen des Landesamtes für Bodenforschung haben neuerdings ergeben, daß sich hier nahe der Erdoberfläche gips- und salzführende Schichten befunden haben – leicht lösliche Mineralien, die vom Wasser ausgelaugt wurden. Dadurch entstanden Hohlräume. Wurden diese so groß, daß das darüberlagernde Gesteins- und Erdgewölbe die Spannung nicht mehr ertrug, kam es zum Einsturz, das heißt zu einem Erdfall. Auf diese Weise sind viele Bodensenken Niedersachsens entstanden, zum Beispiel auch die Bullenkuhle in der Nähe von Bokel im Kreis Gifhorn. Ein Unterschied besteht allerdings in der Fläche, die beim Maujahn elfmal größer als bei der Bullenkuhle ist.

Die ganz besondere Bedeutung der Maujahnskuhle besteht in ihrer Talsohle, die mit ihren Quellsümpfen und kleinen Tümpeln sehr feucht ist. An ihrem Rand haben sich Flachmoore gebildet, die zu den Bulten und Schlenken eines noch lebenden Hochmoores übergehen. Die Pflanzendecke dieses Hochmoores setzt sich aus Torfmoosen, Moosbeersträuchern, Rosmarinheide, Wollgras, dem seltenen Rundblättrigen Sonnentau und anderen Moorpflanzen zusammen. Leider, jedoch unausbleiblich sind auch Birken und Kiefern aufgekommen, die wegen ihres großen Wasserverbrauches das Moor beeinträchtigen. Nach Westen hin geht das Moor in einen stark sumpfigen Erlen-Birken-Bruchwald über. Die Steilhänge sind mit Traubeneichen, Stieleichen, Birken, Ebereschen und Kiefern bewaldet.

Die Maujahnskuhle wurde botanisch schon sehr eingehend untersucht. Man ermittelte 386 verschiedene Pflanzenarten. Vermutlich sind es noch mehr. Sie ordnen sich zu Gesellschaften zusammen, die der lebendige Ausdruck eines immerwährenden, wechselwirkenden Kräftespiels in dieser Kuhle sind. Leider ist die Tierwelt, die im Maujahn mit diesen Pflanzengesellschaften zusammenleben, noch nicht untersucht worden. Doch auch ohnedies gehört die Maujahnskuhle mit ihrem noch kaum gestörten Rest Naturlandschaft zu den größten biologischen Kostbarkeiten Niedersachsens. Sie stellt für die Wissenschaft ein lebendiges Laboratorium unter freiem Himmel dar, in dem sich vor allem das Zusammenspiel sämtlicher Faktoren der Moorbildung auf kleiner Fläche gut beobachten läßt.

Die Sohle der Maujahnskuhle besteht zu einem großen Teil aus undurchdringlichem Sumpf mit dichtem Baumgestrüpp. Wo der Sturm junge Bäume umkippte und ihre flachen Wurzelteller aus dem Boden riß, entstanden Wasserlachen.

Mittelpunkt der Lüneburger Heide:

52

Der Wilseder Berg

Die Lüneburger Heide ist neben dem Harz die bekannteste Landschaft Niedersachsens. Sie zählt jährlich mehrere Millionen Besucher, die vor allem das grandiose Naturschauspiel der Heideblüte miterleben wollen. Wo noch letzte Heideflächen erhalten sind, legt das gebräunte Land jedes Jahr im August sein lila Festtagskleid an und präsentiert sich in der wohlgefälligen Farbenpracht wie ein Lieblingskind der Schöpfung. Das schönste Gebiet ist in den bereits 1910 gegründeten, 200 Quadratkilometer umfassenden Naturschutzpark Lüneburger Heide einbegriffen, dessen Mittelpunkt der Wilseder Berg bildet. Dieser Hochrücken, der mit 169 Meter der höchste Berg im gesamten niedersächsischen Flachland ist und den man mit liebevoller Übertreibung den Brocken der Heide nennt, ist geologisch gesehen ein Teil des im Warthestadium der Saaleeiszeit vor rund 200 000 Jahren aus Sanden und Kiesen aufgeschütteten Moränenzuges.

Mit seinem ausgedehnten Hochplateau und dem flachgewölbten Gipfel erscheint der Wilseder Berg von weitem als ein breiter Buckel mit ausgeglichenen Oberflächenformen. Doch dieser Eindruck trügt. Das merkt man, wenn man den Berg aus der Nähe betrachtet. Erst dann erkennt man seine morphologische Vielgestalt, zu der Mulden, Täler und sogar auch Schluchten gehören. Das markanteste Landschaftsgebilde dieser Art ist der Totengrund – ein karartiger, in den Sockel des Bergmassives eingeschnittener Kessel, dessen Wände steil zu einer 40 Meter tiefer gelegenen Schlucht abfallen. Dieses stadionförmige, von düsteren Wacholderbüschen bestandene Tal war einst von einem Toteisblock ausgefüllt, der sich noch lange nach dem Rückzug des Eisrandes erhielt und erst in der Späteiszeit zu einem abflußlosen See zerschmolz. Der See ist aber längst verschwunden. Sein Wasser durchbrach den Uferrand nach Südosten und floß dahin ab, wohin heute der Sellhornbach fließt.

Als weiterer Talkessel ist in das Plateau des Wilseder Berges der Steingrund eingesenkt, dessen Sohle jedoch höher als die des Totengrundes liegt. Er hat auch keinen Abfluß und ist damit eines der typischen Trockentäler des Heidegebietes. Seine Entstehung wird so gedeutet, daß hier die eiszeitliche Erosion eine tiefe Spur hinterlassen hat. An dieser Stelle der Moräne blieben viele Steine unterschiedlichster Größe liegen, die vom Gletscherstrom aus Skandinavien herangeschoben worden waren. Auch der Steingrund ist von ungezählten Wacholderbüschen bestanden, die selbst noch in der Sonnenglut eines Augusttages während der leuchtendsten Heideblüte die Landschaft zu verdüstern scheinen.

Ein weiteres augenfälliges Beispiel für die Zertalung des Wilseder Berges liefert das Haverbektal, das südlich des Berggipfels beginnt, sich S-förmig nach Westen und Süden zieht und westlich von Niederhaverbeck auf der Fläche des Wintermoorer Sanders ausläuft. Mit Sander wird ein von Gletscherschmelzwasser angeschwemmter weitläufiger Sandkegel bezeichnet – im Gegensatz zur

Düne, deren Sand vom Wind angehäuft ist. Dünen gibt es übrigens im Bereich des Wilseder Berges ebenfalls in großer Zahl, davon die höchsten bei Ehrhorn, die unter ihren Kiefern bis zum strengen Winter 1978/79 mit rund 15 000 Bäumen und Sträuchern einen der größten Ilexbestände Niedersachsens bargen. Doch dann erfroren die meisten dieser Stechpalmen und gingen ein, wie es das letzte Mal davor im Winter 1870/71 der Fall war.

Bemerkenswert am Wilseder Berg ist auch sein Gewässernetz. Aus wasserdurchlässigen Sanden und Kiesen aufgebaut, bildet er einen hydrographischen Knoten, an dessen Fuß in 60 bis 115 Meter Höhe die Quellbäche der Wümme, Oste, Este, Seeve, Aue, Luhe und Böhme austreten. Da ein Teil von ihnen der Aller und Weser zufließt, der andere zur Elbe, ist der Wilseder Berg zugleich eine Wasserscheide.

Das weite Gebiet der Lüneburger Heide war nach dem Abtauen der Eiszeitgletscher auf den damals tundraartigen Böden von subarktischen Birken- und Kiefernwäldern bedeckt. In der folgenden Wärmezeit, die etwa von 6 800 bis 800 vor Christus währte, ging diese Bewaldung in Eichenmischwälder über, wobei anfänglich die Kiefer noch stark vertreten war. Ihr Anteil nahm dann aber mehr und mehr ab, wie auch die Linden und Ulmen immer stärker zurücktraten. Außer Eichen fanden sich dann fast nur noch Erlen und Haseln, deren Bestand schließlich auch noch abnahm und so den Buchen und Hainbuchen zum Höhepunkt ihrer Ausbreitung verhalfen. Diese Entwicklung läßt sich auf Grund von Pollenanalysen, die in der Nachbarschaft des Wilseder Berges vorgenommen worden sind, recht genau rekonstruieren.

Während dieser Zeit muß das Gebiet der Lüneburger Heide bereits auf größeren Flächen mit der Pflanze bestanden gewesen sein, die ihr später den Namen gab. Das Heidekraut ist überall da sofort zur Stelle, wo dem Wald Gewalt angetan wird, und sei es auf die argloseste Weise. Die Bauern der Bronzezeit vor etwa dreieinhalb Jahrtausenden haben sicherlich nichts Unrechtes darin gesehen, daß sie ihr Vieh in die auf den nährstoffarmen Sandböden stehenden Wälder trieben. Doch dadurch wurden die Baumschößlinge verbissen und die Früchte der Bäume, aus denen neue Schößlinge hätten werden können, verzehrt. Die Wälder wurden immer lichter, weil immer weniger Bäume nachwuchsen. Dies wiederum förderte das Entstehen von Gras- und Zwergstrauchgesellschaften, die zudem den Bauern den Vorteil brachten, daß sich für ihr Vieh die Futterfläche vergrößerte. So kam es, daß immer mehr Wälder verschwanden und an ihre Stelle Heidekraut trat. Auch diese Waldvernichtung und die damit einhergehende Ausbreitung der Heidesteppe konnte durch Pollenanalysen nachgewiesen werden.

Richtig schlimm wurde es aber, als die Menschen begannen, nicht mehr nur über den Tiermagen am Wald Raubbau zu betreiben. So hatte die Salzgewinnung der 956 nach Christus erstmalig erwähnten Saline Lüneburg verheerende Auswirkungen auf die umliegenden Wälder. Um Salz sieden zu können, brauchte man Feuer, und dazu wiederum brauchte man Holz, den damals hochwertigsten Brennstoff. Die Salzsieder benötigten immer mehr davon, denn Lüneburg hatte bald ganz Nordosteuropa mit dem lebenswichtigen Mineral zu versorgen. So weit die Lüneburger Holzfuhrleute nur fahren konnten, blieb kein Baum stehen. Weiteren Raubbau an den Wäldern Nordniedersachsens betrieben Bremer Holzkaufleute, die die eingeschlagenen Stämme in die Niederlande und nach Großbritannien exportierten. In der Zeit des Dreißigjährigen Krieges kamen noch die Schweden als Waldräuber hinzu. Sie deckten hier ihren Bedarf an Schiffbauholz.

Der Totengrund des Wilseder Berges (rechts) mit seinen stattlichen Wacholdersäulen gehört zu den meistbesuchten Teilen des Naturschutzparkes Lüneburger Heide. Das Bild auf den beiden folgenden Seiten zeigt die Lüneburger Heide so, wie sie Millionen Menschen von ihren Besuchen her kennen und in Erinnerung haben. Es ist der Blick vom Billungstein nach Norden in Richtung Undeloh.

So wurde die einst grüne Landschaft zu einer von Heidekraut überwucherten Sandwüste, die immer mehr in Verruf kam. Das läßt sich mit vielen Beispielen aus der zeitgenössischen Literatur belegen. So bezeichnete der Reiseschriftsteller und Feldprediger Joachim Heinrich Campe, der zugleich Philologe und Erzieher im Hause Humboldt war, in seiner „Beschreibung einer Reise von Hamburg in die Schweiz im Jahre 1785" das Heidegebiet als „eines der ödesten, unfruchtbarsten und unangenehmsten in Deutschland" und bemerkte weiter: „Es ist ein greulicher Anblick, oft meilenweit keinen Baum, keine Hütte, kein angebautes Feld, sondern überall nichts als dürres Heidekraut zu sehen, welches dem Boden, den es bedeckt, ein so finsteres, trübseliges Aussehen gibt, daß man die Augen unwillkürlich schließt und sich freut, wenn man von einer Raste zur anderen schlafen kann." Und der Leipziger Professor Dr. Hermann Masius, der durch seine 1858 erschienenen „Naturstudien" zu einiger Berühmtheit gelangte, schrieb über die Lüneburger Heide: „In der Tat, man mag fragen, ob das noch die Erde sei, der ein Schöpferwort zugerufen, daß sie Gras hervorbringe für das Vieh und Saat zu Nutz dem Menschen." Erst ausgangs des 18. Jahrhunderts begannen Forstleute, der zerstörten Landschaft den Wald wiederzugeben. Der größte Förderer der Heideaufforstung wurde der hannoversche Forstdirektor Dr. Heinrich Christian Burckhardt, dessen 100. Todestag am 14. Dezember 1979 von der Forstlichen Fakultät der Georg-August-Universität in Göttingen mit einer akademischen Feier begangen wurde.

Für die Wiederaufforstung gab es nur eine einzige Baumart, die nach dem Ruin der Humusvorräte auf dem kargen Boden gedeihen konnte: die genügsame, aber dennoch sehr lebenskräftige Sandkiefer, die in ihrem Verbreitungsgebiet zwischen Schottland und Sibirien als einzige nordeuropäische Kiefernart die Eiszeiten unversehrt überstanden hatte. Sie dringt mit ihrer Pfahlwurzel tief in den Sandboden ein und sucht sich dort das bißchen Nahrung, das sie zum Vegetieren braucht. Erst wenn diese Pionierbäume wieder genügend Humus gebildet haben, kann wertvolleres Holz angebaut werden. An manchen Stellen des Heidegebietes hat diese Umwandlung schon eingesetzt – ein Prozeß, der durch die Orkankatastrophe vom 13. November 1972 beschleunigt wurde. Neben Fichten findet man nun auch schon die Douglasie häufiger. Sie ist ein Heimkehrer aus der Neuen in die Alte Welt, wo sie vor den Eiszeiten überall im mitteleuropäischen Raum heimisch war.

Heute erlebt man eine genau umgekehrte Entwicklung: Der Wald würde die Heide wohl längst wieder vollends erobert haben, wenn sich nicht Freunde der einsamen, düsteren Landschaft, die so explosiv ihre lila Farbenpracht entfalten kann, energisch dagegen gewehrt hätten. Hier seien stellvertretend für alle nur zwei Namen genannt: Pastor Wilhelm Bode und Dr. Alfred Toepfer. Bode, der von 1886 bis 1923 in Egestorf, einer einst von Langobarden gegründeten Siedlung, lebte, hat 1906 mit Hilfe von Spendengeldern den Totengrund als Keimzelle des 1910 gegründeten Naturschutzparkes gekauft. Ohne seine Tatkraft hätte es den herrlichen Heidepark vielleicht nie gegeben. Und Toepfer, der wohlhabende Getreidekaufmann aus Hamburg, hat in den vergangenen Jahrzehnten viele Millionen Mark in die Erhaltung des Naturschutzparkes gesteckt. Hauptfeind der Heide ist heute – und daran kann man die Umkehr der Verhältnisse erkennen – ein Baum, nämlich die sonst so geliebte und oft besungene Birke. Außer der Sandkiefer vermag nur sie auf dem armen Boden lebenskräftig zu gedeihen. Doch wo sie wächst, wirft sie Schatten und tötet damit das lichthungrige Heidekraut.

Die Heidschnucken, die zur Freude vieler Besucher vom Frühjahr bis zum Herbst auf den Heideflächen um den Wilseder Berg geweidet werden, dienen nur dem einen Zweck, alles zu verbeißen, was eines Tages Schatten werfen könnte. Zugleich beknabbern sie das Heidekraut und tragen dadurch zu seiner ständigen Verjüngung bei. Diese vierbeinigen Landschaftspfleger, die zudem delikates Fleisch liefern, stammen von den Bergschafen Korsikas und Sardiniens ab und sind mit den Mufflons verwandt. Sie werden als Lämmer mit schwarzgelocktem, persianerähnlichem Fell geboren, verfärben sich im ersten Lebensjahr braun und nehmen dann die für sie typische Graufärbung an. Im Gegensatz zu anderen Schafrassen sind nicht nur die männlichen Tiere gehörnt, sondern auch die weiblichen. Im Naturschutzpark Lüneburger Heide gibt es zwölf Heidschnuckenherden mit zusammen rund 10 000 Tieren.

Der „Verein Naturschutzpark" wurde 1909 in München gegründet, hat in Stuttgart seinen eingetragenen Sitz, unterhält in Hamburg seine Geschäftsstelle und hat in Niedersachsen sein Hauptbetätigungsfeld. Der Rest der Lüneburger Heide, den dieser Verein hütet, ist – ohne pathetisch werden zu wollen – ein deutsches Nationalheiligtum. Dennoch kann diese einzigartige Landschaft auf deutschem Boden kein Nationalpark werden wie der Bayerische Wald oder das Berchtesgadener Land. Denn sie entspricht in einem wichtigen Punkt nicht den gesetzlichen Vorschriften. Danach können nur Gebiete Nationalpark werden, „die sich in einem vom Menschen nicht beeinflußten Zustand befinden". Dies trifft aber auf die gehegte und gepflegte Landschaft um den Wilseder Berg nicht zu. Doch ob die Heide mit oder ohne menschliches Zutun erhalten wird, es ändert nichts an der Tatsache, daß das Heidegebiet um den Wilseder Berg vielbeachtet und geliebt ist, als ob es ein Nationalpark wäre.

Der Steingrund des Wilseder Berges stellt eines der Trockentäler dar, die für das gesamte Heidegebiet typisch sind. In ihm blieben viele Steine liegen, die während der Eiszeit aus Skandinavien herangeschoben wurden.

53 Fast nur auf Bildern erhalten:

Das Teufelsmoor

Als Hinterlassenschaft der Saalevereisung liegt nördlich von Bremen ein weiträumiges Schmelzwassertal, das zwischen Ritterhude und Fischerhude 25 Kilometer breit ist und fast 50 Kilometer weit bis vor Bremervörde reicht. Dort befand sich vermutlich in der Nähe des heutigen Gnarrenburg ein Gletschertor, aus dem das Schmelzwasser hervorbrach und die vorgelagerte Geestplatte ausspülte. Dieser Vorgang, der vor etwa 80 000 Jahren einsetzte, dürfte auch die auffallende Form des entstandenen Tales erklären: Es verjüngt sich von Süden nach Norden und bildet ein gleichschenkeliges Dreieck. Dieses Tal war im Laufe der letzten zehn Jahrtausende von vielen Hoch- und Niederungsmooren ausgefüllt und galt bis vor 200 Jahren als das größte zusammenhängende Moorgebiet im gesamten niedersächsischen Raum. Die an seinen Rändern auf der sicheren Geest ansässige Bevölkerung gab ihm den Namen „Teufelsmoor" und brachte im Vergleich mit dem Bösen ihr Empfinden gegenüber der gefährlichen Wildnis zum Ausdruck. Heute hingegen empfinden viele Bedauern, daß von dieser einsamen, aus Mooren, Sümpfen, Seen und Heiden gebildeten Urlandschaft nur so wenig übriggeblieben ist.

Das Gebiet des Teufelsmoores war nach dem Abtauen des Eises wahrscheinlich ein flacher Meerbusen, der sich der Dreiecksform entsprechend nach Süden öffnete. Der Beweis für diese Annahme wird in einem Einbaum gesehen, der im Jahre 1875 in der Nähe des Dorfes Dannenberg gefunden wurde. Das primitive Boot hat eine Länge von 4 Meter und eine Breite von nicht ganz einem Meter und ist aus einem Eichenstamm gefertigt. Auch die Kräfte des vermuteten Meeres haben Spuren hinterlassen, nämlich von Stürmen wie auch von Ebbe und Flut aufgewühlte Stellen des Meeresgrundes, an denen der Sand an die Oberfläche kam. Am Südrand wurde eine Dünenkette aufgeweht, die den Busen allmählich abschloß und zu einem Binnensee machte. Das war dann zugleich der Zeitpunkt, an dem die Moorbildung begann. In dem See siedelten sich Algen und Moose an, denen bald höhere Pflanzen folgten. Was an lebender Substanz abstarb, setzte sich auf dem Grund des Sees ab und wurde zu Torf. Dieser ständige Vorgang des Werdens und Vergehens führte zu einer Aufhöhung des Seegrundes, und zwar so lange, bis er den Wasserspiegel überwuchs und der See schließlich verlandete.

Die Moorbildung hat sich jedoch nicht gleichmäßig vollzogen. Zum Teil – wie im Gebiet der Hamme – wuchsen aus anspruchsvollen Pflanzengesellschaften Niedermoore heran, deren Entwicklungsabschluß sich in Form von Erlenbruchwald zeigt. An anderen Stellen hingegen, wo sich die Torfe allmählich über das Wasser erhöhten, kam es zur Bildung von Hochmooren. Wenn im Niedermoor bei weiterer Anhäufung von organischer Substanz die Pflanzen nicht mehr das nährstoffreiche Grundwasser erreichen können, stirbt der Erlenbruchwald ab. Es beginnen sich anspruchslosere Pflanzenarten anzusiedeln, die vom nährstoffarmen Niederschlagswasser leben

Der Torfabbau und die landwirtschaftliche Kultivierung haben vom Teufelsmoor nicht viel übriggelassen. Das Gebiet nördlich von Bremen beeindruckt heute mehr durch seine Weite. Trotzdem finden sich noch Stellen, die erkennen lassen, wie es hier einstmals aussah. Unser Bild, das einen aufgegebenen Torfstich zeigt, entstand bei Friedensheim im Kreis Osterholz.

können – allen voran die Bleichmoose. Ihre übereinander abgelagerten Leichname bildeten im Teufelsmoor Torfmächtigkeiten bis zu 10 Meter aus.

Diese Moore blieben bis zum Jahre 1106 nach Christus so gut wie unberührt. Dann kamen Holländer und baten den damaligen Erzbischof von Bremen, zwischen Weser und Wümme – dem heutigen Blockland – siedeln zu dürfen. Sie erhielten die gewünschten Flächen, umwallten sie mit Deichen und entwässerten sie durch Gräben und Kanäle. Ihre Art der Moorkultivierung machte bald Schule. Sowohl die adeligen Grundherren als auch die Klöster fühlten sich angeregt, ihre ausgedehnten Moore und Ödländerèien ebenfalls für eine wirtschaftliche Nutzung zu erschließen. Als erstes wandte sich 1185 das Kloster Osterholz dem Niedermoor an der Hamme – dem heutigen St. Jürgensland – zu, das im Süden von der Wümme begrenzt wird. 1232 folgte das Kloster Lilienthal diesem Beispiel. Aber auch die Bauern in den umliegenden Dörfern fingen an, für Haus, Hof und den Markt Torf zu stechen. Schließlich entstanden im Moor auch die ersten Siedlungen, und zwar durch Söhne von Geestbauern, die auf diese Weise im Dreißigjährigen Krieg dem bunten Rock zu entgehen suchten.

Nach Beendigung dieser furchtbaren Kriegszeit fielen die Herzogtümer Bremen und Verden an Schweden. Doch 1718 wurden sie vom hannoverschen Kurfürsten, der zugleich als Georg I. König von Großbritannien war, übernommen. Seine Rentkammer in Hannover ließ das Teufelsmoor vermessen sowie geologisch untersuchen und begann dann 1720 mit der systematischen Erschließung. Die Kultivierungsarbeiten erreichten einen Höhepunkt, als der aus Lauenburg an der Elbe stammende Landvermesser und Bauermeister Jürgen Christian Findorff 1772 zum Königlich Hannoverschen Moorkommissar ernannt wurde. Findorff gründete im „nassen Dreieck" des Stader Raumes, von dem das Teufelsmoor nur ein Teil ist, nahezu 50 Moordörfer nach holländischem Vorbild in Hufenform. Die älteste Art einer Hochmoorsiedlung stellt das Dorf Teufelsmoor dar. Die stattlichen, von alten Eichen umgebenen Gehöfte sind auf niedrigen Wurten errichtet und liegen regellos über den Moorrand verstreut. In diesem Gebiet, in dem auch heute noch zum Mißfallen der Naturschützer im großen Stil abgetorft wird, liegt das eigentliche Teufelsmoor in der engeren Bedeutung seines Namens. In den übrigen Gebieten, die von Außenstehenden auch so genannt werden, unterscheidet die einheimische Bevölkerung sehr genau zwischen einem Tarmstedter, Breddorfer, Fischerhuder, Vollersoder, Kuhstedter, Hanstedter usw. Moor.

Die markanteste und berühmteste Stelle dieses Gebietes ist das einst mitten im Moor gelegene Worpswede. Hier ragt wie eine Insel der 51 Meter hohe, aus Lehm und Sand bestehende Weyerberg – ein stehengebliebener Erosionsrest – über die weite, flache Wiesenmoorlandschaft hinaus. Es ist möglicherweise noch ein Überbleibsel aus der Zeit vor den großen Vereisungen. Sein Vorhandensein hat von jeher die Umwohner zum Nachsinnen angeregt, wie er wohl entstanden sein könnte. Schließlich war es für sie klar: Entweder hat hier der Teufel oder möglicherweise auch ein Riese aus Versehen oder auf Bestellung einen Sandsack fallen lassen. Der Weyerberg, von dem aus man das gesamte Teufelsmoorgebiet von Bremen bis Bremervörde überblicken kann, war bis vor wenigen Jahrzehnten nur auf dem Wasserweg zu erreichen. Dennoch muß er schon früh besiedelt gewesen sein, wie Urnenfunde beweisen.

Die stille Schönheit dieses Ortes lockte Ende des vorigen Jahrhunderts eine Reihe von Malern an. Der erste, der sich hier niederließ, war 1884 Fritz Mackensen, dem Otto Modersohn, Hans am Ende, Fritz Overbeck und Heinrich Vogeler folgten. Sie machten Worpswede zu einem kunst- und kulturgeschichtlichen Begriff. In ihren Werken zeigten sie den Stimmungsgehalt dieser herben, melancholischen Landschaft unter dem lichterfüllten oder wolkenverhangenen Himmel mit seinen eigenartigen Farbtönen. Auch die Bewohner des Teufelsmoores in ihrem Kampf ums tägliche Brot stellten sie dar. Paula Modersohn-Becker hat aus ihrer landschaftsgebundenen Malerei sogar eine allgemein anerkannte Formvereinfachung entwickelt. Auch literarisch hat Worpswede befruchtend gewirkt, so auf Rainer Maria Rilke, Carl Hauptmann, Manfred Hausmann und andere. Leider ist von den stimmungsvollen Moorlandschaften, die sie malten und beschrieben, nicht mehr viel übrig. Doch noch immer ist das weite Land von besonderem Reiz.

Die südliche Begrenzung des Teufelsmoorgebietes bildet die Wümme. Die Röhrichte, die ihr Ufer säumen, werden jeweils im Herbst auf weiten Strecken zur Reetgewinnung gemäht. Ein zauberhaftes Bild zeigt sich dann im Frühjahr, wenn Tausende von Sumpfdotterblumen ihre kräftiggelbe Blütenpracht auf den Stoppelflächen entfalten.

54 Zwischen Geestinseln eingebettet:

Der Balksee

Das Gebiet zwischen Elbe- und Wesermündung nannte man früher etwas geringschätzig das nasse Dreieck. Heute hat man das Wort naß durch grün ersetzt, was dieser Landschaft aus Moor, Marsch und Geest viel gerechter wird. Zwar haben sich hier die Kräfte der Natur nicht sonderlich hervorgetan, um die Oberfläche dieser nördlichsten Spitze Niedersachsens formenreich zu gestalten. Sie ließen sie lediglich durch die Gletscherströme der Eiszeiten einebnen und da und dort mit Moränenschutt bedecken. Trotzdem kommt der Naturfreund auf seine Kosten. Er kann selbst noch im Hadelner Sietland, der weiten buchtförmigen Niederung zwischen der Hohen Lieth und der Wurster Heide im Westen, der Wingst und dem Westerberg im Osten und den Höhen bei Lamstedt und Bederkesa im Süden Naturschöpfungen entdecken, die das Interesse fesseln. Eine von ihnen ist der Balksee.

Dieses 189 Hektar umfassende Binnengewässer, das noch mit zu den größten des Landes zählt, ist zwischen die Geestinseln Wingst und Westerberg – die Ausläufer der nordhannoverschen Endmoräne – eingebettet. Die einen nennen den Balksee einen Moorrandsee, die anderen einen Geestrandstausee. Beide Seiten haben recht, weil sich an der Ostseite des Sees Geest und Moor verzahnen. Er unterliegt dem gleichen Schicksal wie alle weiteren Seen dieses Gebietes: Sie verlanden langsam von Südwesten her, während an der Nordostseite der Wellenschlag eine Art Steilufer herausbildet. Der Balksee hat mit null Meter die gleiche Wasserspiegelhöhe wie die Nordsee. Seine Tiefe reicht bis 1,50 Meter unter Normal-Null.

Für die Naturwissenschaft stellt der Balksee etwas Besonderes dar. Sie ordnet ihn dem seltenen Typ der mesotrophen Seen zu, deren Wasser weder ausgesprochen nährstoffreich noch deutlich nährstoffarm ist. Da sowohl auf dem Grund des Balksees als auch in seiner näheren Umgebung nirgends Mineralboden ansteht, fehlen auch sämtliche Pflanzengesellschaften, die auf solche Böden angewiesen sind. Dafür aber hat hier die mesotrophe, die „mittelernährte" Vegetation einen ungewöhnlichen Reichtum an seltenen Pflanzengesellschaften und -arten hervorgebracht, wie er in keinem anderen Moorgebiet Niedersachsens anzutreffen ist.

Wissenschaftliche Untersuchungen in den Jahren 1975 bis 1977 haben ergeben, daß hier 48 verschiedene Pflanzengesellschaften vorkommen, von denen etwa ein Viertel als selten gilt. An Gefäßpflanzen wurden 322 Arten nachgewiesen. Von diesen gehören 49 zu den in Niedersachsen gefährdeten oder sogar schon vom Aussterben bedrohten Arten. Unter ihnen befinden sich Seltenheiten wie die Drachenwurz, der Echte Wasserschierling, die Große Schneide, der Königsfarn, das Sumpfherzblatt, zwei Sonnentauarten und drei ebenfalls zu den fleischfressenden Pflanzen gehörige Wasserschlaucharten, die in ihre Fangtröpfchen Flohkrebse und andere kleine Wassertiere einsaugen und verdauen. Weiter wurden 65 Moosarten festgestellt, die zur Annahme berechtigen, daß der Balksee und seine Umgebung auf deutschem Boden eines der reichsten Gebiete für die Moos-Soziologie darstellen. Das 1974 ausgewiesene Naturschutzgebiet „Balksee und Randmoore" zählt überhaupt zu den wertvollsten Deutschlands und mit einer Ausdehnung von 472 Hektar zu den größten in Niedersachsen.

Auch die Vogelwelt ist an den braunen Wassern dieses Sees noch artenreich vertreten. Hier kann man noch den Moorochsen brüllen hören, wie der Volksmund sagt. Gemeint ist die scheue, im Röhricht versteckte Große Rohrdommel, deren weittragende Stimme in der Tat mehr an das Muhen eines Rindes als an einen Vogelruf erinnert. Hier meckert auch noch die Himmelsziege, die

Dieses düstere Bild vom Balksee wurde während eines Gewittersturmes aufgenommen. Es läßt erahnen, warum in den Sagen um die Entstehung dieses Gewässers eine Wiederholung des Strafgerichtes von Sodom und Gomorrha anklingt.

56 Biorunen beschrifteten Sandstein:

Die Bentheimer Klippen

Bevor sich die Westspitze des über 100 Kilometer langen Teutoburger Waldes im Flachland des niedersächsisch-niederländischen Grenzgebietes verliert, hebt sie sich noch einmal zu einem steilen, bis 110 Meter hohen Bergrücken empor. Diese Sandsteinrippe, die aus der Talsandebene wie eine Bastion aufragt, bildet im Süden des Kreises Grafschaft Bentheim den landschaftlichen Mittelpunkt. Auf dem schroffen Fels steht weithin sichtbar das Schloß der Fürsten von Bentheim, das mit seinen hohen dicken Mauern und trutzigen Türmen die mächtigste Feste auf niedersächsischem Boden ist. Einer alten Sage nach soll die Burg von Drusus, einem Stiefsohn des römischen Kaisers Augustus, gegründet worden sein. Ein säulenartiger Felsblock von etwa 10 Meter Höhe, der dem Burgberg im Westen gegenübersteht, heißt noch heute Drususstuhl. Von ihm aus soll der römische Feldherr das Baugeschehen verfolgt haben. Ihre heutige Form erhielt die Burg jedoch erst seit dem 10. Jahrhundert. Wegen ihrer prächtigen Lage wurde sie Vorwurf für ein bedeutendes Landschaftsgemälde des holländischen Malers Jakob Ruisdael (1628-82), und nach ihrem Vorbild soll in England das Schloß Windsor, von dem Sohn Wilhelms des Eroberers gebaut, angelegt worden sein.

Der wertvolle Bentheimer Sandstein wurde von einem Meer der Kreidezeit vor rund 130 Millionen Jahren abgelagert und in der Tertiärzeit vor etwa 60 Millionen Jahren samt den älteren darunterliegenden Schichten aufgebogen. Er ist wie ein 50 Meter hohes Paket – man müßte Wertpaket sagen – in eine tonige Schicht eingebettet und verkörperte einst das liegende Kapital der regierenden Grafen von Bentheim. Die Grafschaft Bentheim war bis 1815 reichsunmittelbar und kam erst nach dem Wiener Kongreß unter die Hoheit des Königreiches Hannover, in dessen Pfandbesitz sie sich allerdings bereits seit 1753 befunden hatte. Der Bentheimer Sandstein, der seit Jahrhunderten in Steinbrüchen bei Bentheim und Gildehaus gewonnen wird und heute östlich von Bentheim auch die Kulisse für eine große Freilichtbühne abgibt, wurde von den Grafen aber nicht nur zur Errichtung und Erweiterung ihrer eigenen Burg genutzt, sondern auch weithin an andere Bauträger verkauft. Wegen seiner Reinheit und marmorähnlichen Festigkeit war er besonders auch in den steinarmen Niederlanden sehr begehrt. Unter anderem wurden aus diesem hellen, graugelben Sandstein das Rathaus in Emden, das Königliche Palais in Amsterdam und die Börse in Rotterdam erbaut.

Sehr berühmt wurde eine religiöse Skulptur, die ebenfalls aus diesem Sandstein gefertigt ist: der Herrgott von Bentheim. Von einem unbekannten Meister zwischen 800 und 1200 geschaffen, stellt dieses 2,70 Meter hohe Bildwerk Jesus Christus in einer eigenartigen Form dar, die dem heutigen Empfinden völlig fremd ist. Christus erscheint zwar als Gekreuzigter, ist aber statt des üblichen Lendenschurzes in eine kurze Ärmeltunika gekleidet und hängt auch nicht mit schmerzverzerrtem

Der hier abgebildete Fels, an dem man die schrägliegenden Sandsteinschichten besonders gut erkennt, befindet sich in der Nähe der Freilichtbühne. Aus dem hochwertigen Stein wurden neben vielen Bauwerken auch Kunstwerke geschaffen. Das berühmteste ist der Herrgott von Bentheim (rechts), eine Skulptur, über die schon viel gerätselt worden ist. Heute finden die Besucher des Bentheimer Schlosses dieses 2,70 Meter hohe Bildwerk an einer zur Burgmauer führenden Treppe.

Gesicht am Kreuz, sondern steht hoheitsvoll mit erhobenem Haupt auf einem Sockel. Zudem unterscheidet sich die Armhaltung von der eines Kruzifixes. Über diese Merkwürdigkeiten ist schon viel gerätselt worden, wie auch das Bildnis als Kunstwerk schon sehr unterschiedlich bewertet wurde. Die Urteile reichen von der Arbeit eines „barbarischen Stümpers" bis zu der eines „meisterlichen Könners". In die Figur wurde auch schon sehr viel hineingeheimnist, so vor allem in die „runenförmige" Armhaltung, die sich als symbolischer Ausdruck der Sommer- und Wintersonnenwende auffassen lasse. Es sei überhaupt das Bildnis eines christianisierten Tiu oder Ziu, wurde daraus gefolgert, das auf einer Dingstätte als Gerichtskreuz gestanden habe.

Doch ob Schwurgott oder Golgatha-Christus – der Herrgott von Bentheim ist allein schon deshalb eine glaubensgeschichtliche wie auch kunsthistorische Kostbarkeit, weil sich in ihm heidnische und christliche Vorstellungen vereinen. Bereits leicht verwittert, steht er heute an der Burgmauer im Bentheimer Schloßhof, wo aber nicht immer sein Platz war. Sein Standort soll einst an einer belebten Straße bei Bentheim gewesen sein. Er wurde um 1828 auf dem südlich des Schlosses gelegenen Kreuzkamp aufgefunden, wo ein pflügender Bauer auf ihn gestoßen sein soll. Wahrscheinlich war das Bildnis gestürzt und verscharrt worden, als Graf Arnold der Alte 1543 in Bentheim die lutherische Lehre einführte. Der fast 300 Jahre verschollen gewesene Herrgott ist jedoch im Gedächtnis der Bevölkerung lebendig geblieben. Das Angedenken wurde vor allem durch den heute noch in weitem Umkreis gebräuchlichen Ausruf „Herrgott von Bentheim!" von Generation zu Generation weitervererbt.

Der Bentheimer Sandstein hat auch in geologisch wissenschaftlicher und praktischer Hinsicht eine besondere Bedeutung erlangt, weil die „Sprache, die er spricht", so gut wie vollständig erforscht ist. Jeder Laie kann in den Brüchen dieses Sandsteins die Zeichen sehen, die dem Fachkundigen ganze Abschnitte der Erdgeschichte erzählen. So lassen sich an Blöcken aus den tieferen Gesteinsbänken Rillen entdecken, die einstmals umgekehrt schmale Grate waren, aber herausgewittert sind. Sie können nur durch Ströme schwerer Wassermassen mit hohen Feststoffgehalten, die sich mit großen Geschwindigkeiten am Meeresgrund bewegten, entstanden sein. Solche Vorgänge vollzogen sich nur in tiefem Wasser, also nicht zur Zeit eines Flachmeeres. Auf flachen Wasserstand hingegen deuten Schleifspuren hin, die Treibholzstämme auf dem im Meer abgelagerten Sand hinterlassen haben. In der Zeit, in der dies geschah, kann die Küste nicht weit entfernt gewesen sein. Noch mehr verraten die durch Lebewesen entstandenen Spuren verschiedenster Art wie Bewegungs-, Ruhe-, Wohn- und Freßspuren, die das Gestein gleichsam beschrifteten. Weil sie bestimmte Entwicklungsvorgänge oder -zustände ablesen lassen, erhielten sie die Bezeichnung „Biorunen". Unter ihnen befinden sich auch größere U-förmige Gänge, die im Volksglauben Anlaß zu vielen Sagen gaben. Es seien Spuren von Pferden, Kühen, Hexen oder vom Teufel, meinte man. In Wirklichkeit sind es Krebsbauten.

Die Spuren von Lebewesen ermöglichen ebenfalls Rückschlüsse auf Wassertiefe und Küstennähe und kennzeichnen überhaupt die marine Entstehung des Bentheimer Sandsteins. Bei der Familie der Gesteine, die nichts anderes als im Meer gebildete und später verfestigte Ablagerungen von Sanden und Trübstoffen sind, ist die fossile Lebensgemeinschaft in ihnen von entscheidender Wichtigkeit. Sie ist ebenso wie die Gesteinsentwicklung selbst Produkt einer bestimmten Umwelt. So haben Würmer, Krebse, Schnecken und andere Tiere in der Geologie ein gewichtiges Wort mitzureden. Sie liefern nicht nur den Schlüssel zum Verständnis längst vergangenen Geschehens, sondern auch Antworten auf Fragen der heutigen Zeit. So verraten sie dem Fachkundigen vor allem auch, wo Erdöl gespeichert sein könnte. Der Bentheimer Sandstein beherbergt in der Niedergrafschaft, wo er flach liegt, die Erdölvorräte des Emslandes.

Zwillinge aus einem Quellfluß: **57**

Die Bifurkation der Hase

Zwischen dem Teutoburger Wald und dem Wiehengebirge breitet sich bei Gesmold ein weites Wiesental. An seinen Rändern liegen anmutige Bauernhöfe, von denen man meinen könnte, sie seien aus einer großen Spielzeugkiste in die hier vom Schöpfer mit besonderer Liebe geformte Berg- und Hügellandschaft gestreut worden. Es ist der alte Graingau mit seinem Zentrum Melle, der seinen Namen aus germanischer Zeit bis heute als „Grönegau" lebendig erhalten hat. Daß es sich dabei um uraltes Sachsenland handelt, gibt der Name des Wiehengebirges zu erkennen: Es war „Widukinds Gebirge", die Heimat des hartnäckigen Sachsenherzogs, der sich vor 1100 Jahren nach erbitterten Kämpfen Karl dem Großen beugen mußte.

Mitten in dem ausgedehnten Wiesental bei Gesmold befindet sich ein Naturgebilde, wie es nur selten anzutreffen ist: die Bifurkation der Hase. Sie hat ein großes Ebenbild im Grenzgebirge zwischen Brasilien und Venezuela. Ebenso wie sich die aus einem gemeinsamen Quellfluß gespeisten Flüsse Orinoco und Rio Negro teilen und der eine nach Nordosten dem Atlantik, der andere nach Südosten dem Amazonas zustrebt, gabeln sich bei Gesmold die Hase und die Else. Die Hase fließt über Osnabrück nach Norden durch das Artland, biegt hinter Quakenbrück scharf nach Westen ab und mündet bei Meppen in die Ems. Dagegen wendet sich die Else gleich hinter der Gabelung nach Osten, durchfließt Melle, wird bei Löhne von der Werre aufgenommen und mündet mit dieser vor der Porta Westfalica in die Weser. So sind durch diese Bifurkation Ems und Weser auf natürliche Weise miteinander verbunden.

Ob es sich von Natur aus tatsächlich so verhält, wurde allerdings auch schon bezweifelt. Parallel zur Hase und nur 30 Meter von ihr entfernt fließt die Uhle, die wie sie südlich von Wellingholzhausen am Nordabhang des Teutoburger Waldes entspringt und bei Gesmold in die Else mündet. Da die Hase mehr Wasser als die Uhle führt, konnte es durchaus möglich sein, daß eines Tages bei Wasserknappheit der Müller des Schlosses Gesmold auf den Gedanken kam, von der Uhle zur Hase einen Verbindungsgraben auszuheben. Immerhin wird in amtlichen Aufzeichnungen aus der Zeit zwischen 1550 und 1570 von Beschwerden berichtet, die sich einmal gegen den Entzug von Hasewasser für die Mühlen an der Else, zum anderen aber gegen die erhöhte Überschwemmungsgefahr für die Elseniederung richteten. Das schließt aber nicht aus, daß trotz einer von Menschenhand geschaffenen Verbindung lange vorher schon eine natürliche bestanden hat. Bei Hochwasser fließen Hase und Uhle ohnehin ineinander über, und die Fluten teilen sich wie seit Jahrtausenden auch heute noch in Richtung Ems und in Richtung Weser. Um die von der Hase ausgehende große Überschwemmungsgefahr zu bannen, wird bei Alfhausen-Rieste ein Rückhaltebecken gebaut.

Einen ganz anderen Ursprung hat die Bifurkation der Sage nach. Eines Tages – so erzählt man sich im Grönegau noch heute – jagte in diesem Gebiet ein junger Edelmann, der, vom Waidwerk durstig geworden, den Krusemüller von Gesmold um etwas zu trinken bat. Der Müller lud ihn ins Wohnhaus ein, dort würde ihm seine Tochter Else den Wunsch erfüllen. Als Herwarth, der junge Edelmann, das hübsche Mädchen sah, verliebte er sich auf der Stelle in sie. Ihr erging es nicht anders. Die beiden trafen sich dann oftmals heimlich an der Hase. Doch als der Vater des jungen Mannes von der ungleichen Verbindung erfuhr, entschloß er sich, ihr sofort ein Ende zu bereiten. Er ließ Krusemüllers Else eine vermeintliche Nachricht des Sohnes zukommen, sie möge sich in der Nacht an der Hase einfinden. Else kam wie immer in froher Erwartung, wurde jedoch plötzlich von roher Hand gepackt, niedergemacht und in der Wiese verscharrt. Als das Verbrechen ruchbar wurde, suchten die Bewohner Gesmolds nach der Leiche. Sie gruben und gruben, und dabei soll der Verbindungsgraben zwischen Hase und Uhle, der fortan Else hieß, entstanden sein.

Gerichtshistorisch ist belegt, daß die Müller von der Hase und von der Else ihre Knechte um das Hasewasser erbitterte Kämpfe austragen ließen. Überliefert ist auch, daß sich im Jahre 1578 Vertreter der fürstlichen Räte, des Domkapitels und der Stadt Osnabrück mit dem Drost des damaligen Amtes Grönenberg trafen, um den blutigen Wasserstreit zu beenden. Sie legten fest, daß der Verbindungsgraben zwischen Hase und Else nicht mehr als zwei Ellen breit und der Durchmesser des Ausflusses aus der Hase nicht größer als das Nabenloch eines Wagenrades sein dürfte.

Diese Abmachung wurde im Dreißigjährigen Krieg durchbrochen, als 1633 die Festung Osnabrück von schwedischen Truppen belagert wurde. Um den Mühlen der eingeschlossenen Stadt möglichst viel Wasser zu entziehen und infolge Mehl- und damit Brotmangels die Widerstandskraft der Verteidiger schneller zu brechen, dämmten die Belagerer die Hase ab und ließen alles Wasser in die Else fließen. So blieb es auch noch später. 1690 soll die Else drei- bis sechsmal breiter als die Hase gewesen sein. Das hatte neue Kämpfe zur Folge. Domkapitel und Rat der Stadt Osnabrück beschlossen, den Abfluß bis auf einen schmalen Durchlaß mit mehreren Fudern Holz zu versperren, doch der Gesmolder Schloßherr ließ das Holz sofort wieder wegräumen. Erst als dem Schloßherrn eine Strafe von 1 000 Goldgulden für eine nochmalige Zerstörung des Dammes angedroht worden war, kam es wieder zu einer Einigung.

Aber knapp 100 Jahre später – 1788 – hatten die Gesmolder den Einlauf zur Else wieder vergrößert. Als der Krusemüller, der seine Mühle gleich unterhalb der Gabelung an der Hase betrieb, den Abfluß mit Steinen zuschüttete, wurde er vom Gesmolder Schloßherrn zu einer achttägigen Haftstrafe im Schloßturm verurteilt. Dieses Geschehnis führte zu offener Rebellion. Die unterdrückten Bauern, die durch die Nachricht von der Revolution in Frankreich in gereizter Stimmung waren, nahmen dieses Urteil zum Anlaß, das Schloß Gesmold zu stürmen und den verhaßten Turm niederzureißen. Der ständige Wasserstreit nahm erst ein Ende, als die wirtschaftliche Bedeutung der kleinen Mühlen zu schwinden begann.

Heute teilen sich Hase und Else das Wasser friedlich: Die eine behält zwei Drittel, die andere bekommt ein Drittel. Wie um zu dokumentieren, daß es ewig so bleiben soll, wurde vom Wasserwirtschaftsamt Osnabrück in die Bifurkation ein Verteilerbauwerk aus Beton gesetzt. Darüber wurde eine Brücke gebaut. Sie führt zu einem Rastplatz, auf dem der Heimatverein Gesmold 1977 einen Pavillon errichtete. Er schützt Schrifttafeln vor Wind und Wetter, auf denen alles Wissenswerte über dieses seltene Naturgebilde festgehalten ist. Die Bifurkation der Hase erhält ständig Besuch. Vor allem sind es Schulklassen aus dem In- und Ausland.

Die Hase hat in einem Wiesental bei Gesmold ein Gebilde hervorgebracht, wie es nur selten anzutreffen ist. Sie gabelt sich hier ohne ersichtlichen Grund, und ihr Wasser fließt in zwei verschiedene Richtungen weiter. Die Brücke über der Bifurkation führt zu einem Pavillon, in dem auf Schrifttafeln alles Wissenswerte über dieses seltsame Naturgebilde zu lesen ist.

58 Ein fossiler Wildwechsel:

Die Saurierfährten von Barkhausen

Die Hunte, die sich südlich von Diepholz zum Dümmer ausweitet, durchschneidet noch weiter südlich als schmales munteres Flüßchen das Wiehengebirge. Hier, in der Nähe des Dorfes Barkhausen, befindet sich in einem stillgelegten Steinbruch eine der bedeutendsten naturkundlichen Sehenswürdigkeiten Niedersachsens: Saurierfährten, wie sie sonst nirgends in Europa der Nachwelt in solch eindrucksvoller Weise erhalten geblieben sind. Dieses einzigartige Naturdenkmal versetzt jeden, der es betrachtet, in Staunen und Verwunderung. Es läßt nicht nur ahnen, wie es vor etwa 135 Millionen Jahren in dem Gebiet aussah, das im ersten nachchristlichen Jahrhundert mit der Schlacht im Teutoburger Wald zum Kernland des germanischen Widerstandes gegen die nach Norden drängenden Römer werden sollte, sondern wie die Erdoberfläche in jener fernen Zeit überhaupt gestaltet war. Es war die Zeit des Weißen Jura, von den Geologen auch Malm genannt.

Damals war das Gebiet des heutigen Mitteleuropas von einem Meer bedeckt. Wo sich jetzt die Nordsee und ein Teil der Norddeutschen Tiefebene befinden, ragte aus dem Wasser das sogenannte Kimbrische Festland heraus, und von der Rheinischen bis zur Böhmischen Insel erstreckte sich das Mitteldeutsche Festland. Diese beiden Festlandteile waren durch die von Westen nach Osten verlaufende Osnabrücker Straße – einen 20 bis 40 Kilometer breiten Meeresarm – voneinander getrennt. Berge und Täler wie heute gab es noch nicht, weil die Erde erst rund 70 Millionen Jahre später zu rumoren begann. Erst dann legte sie ihr Antlitz in Falten und besetzte es mit vulkanischen Pickeln.

Da, wo sich heute das Wiehengebirge befindet, verlief in der Zeit des Weißen Jura das Südufer des Kimbrischen Festlandes. Allerdings waren das trockene und das überflutete Land wegen des noch geringen Höhenunterschiedes nicht scharf voneinander getrennt, so daß die Küste durch Landzungen und Lagunen sehr stark gegliedert gewesen sein dürfte. Deshalb kann auch nicht mit letzter Sicherheit gesagt werden, ob in der Gegend des heutigen Barkhausen Wasser stand oder nicht, als Saurier – auch Dinosaurier genannt – im Uferschlick des Kimbrischen Festlandes ihre Trittsiegel hinterließen. Es wird vermutet, daß sie durch flaches Wasser stapften. Denn offenbar trugen sie den Schwanz hoch. Andernfalls hätte ein schleifender Schwanz auf dem Boden ebenfalls eine Spur hinterlassen, von der aber an der Barkhauser Steinbruchwand nichts zu sehen ist.

Die Dinosaurier waren Reptilien. Bis zum Höhepunkt ihres Zeitalters hatten sich manche Arten zu den gewaltigsten Tieren entwickelt, die je die Erde bewohnten. Die größte Art erreichte – soweit bekannt – eine Länge von 23 Meter und eine Höhe von 12 Meter. Die Urweltreptilien, die bei Barkhausen ihre Fährte zogen, waren ihrer Schrittlänge nach nicht ganz so groß, aber noch immer von furchterregenden Ausmaßen. Sie entsprachen voll und ganz dem, was ihre aus dem Griechischen stammende Bezeichnung ausdrückt: „deinos" bedeutet furchtbar und „sauros" Echse.

In einem Steinbruch im Wiehengebirge (rechts oben) blieb ein Naturdenkmal von besonderer Kostbarkeit erhalten: Trittsiegel von Dinosauriern aus der Zeit des Weißen Jura. Es sind Fußabdrücke von zwei verschiedenen Arten dieser einstigen Riesenechsen, von denen die runden wie die eines Elefanten und die dreizehigen wie die eines Riesenvogels aussehen. Im Niedersächsischen Landesmuseum Hannover sind Abgüsse dieser berühmten Trittsiegel zu sehen. Dort wird die Vermutung geäußert, daß es sich um den Tatort eines Überfalles handelt, der sich vor rund 140 Millionen Jahren ereignete.

Nach den bei Barkhausen gefundenen Trittsiegeln handelte es sich um eine dreizehige Großechse, die zu den fleischfressenden Theropoden, d. h. Raubtierfüßern, gehörte, und um mehrere pflanzenfressende Sauropoden oder Echsenfüßer, deren Fußabdrücke wie die von Elefanten anmuten. Die Tiere – so glaubt man annehmen zu können – passierten nicht zur gleichen Zeit diesen fossilen Wildwechsel, sondern in zeitlichen Abständen, die sich nicht näher bestimmen lassen. Die elefantenfüßigen Tiere, die die beiden linken Spuren hinterließen, bewegten sich in nordöstliche Richtung. Dagegen führte der Weg des nur auf den Hinterbeinen laufenden Dreizehers nach Südwesten. Diese Spur ist mit der von weiteren Elefantenfüßern vermischt, so daß sie zu allerlei Schlußfolgerungen Anlaß gibt. Im Niedersächsischen Landesmuseum Hannover, wo Abgüsse dieser Saurierfährten zu sehen sind, kann man die Vermutung lesen, daß ein dreizehiger Megasaurus, eine gefürchtete Raubechse, dem Wechsel der friedlichen, die Algen am Ufer abgrasenden Sauropoden gefolgt ist, um mit seinen dolchartigen Zähnen immer wieder kranke und junge, aber auch erwachsene Tiere zu erbeuten.

Wohl jeder Besucher des Barkhauser Steinbruches findet zwei Dinge besonders erstaunlich: Wie kommt es, daß diese Fährten aus grauer Vorzeit so gut erhalten sind und warum verlaufen sie nahezu senkrecht? Die zweite Merkwürdigkeit ist leicht zu erklären: Die Spuren verliefen ursprünglich waagerecht und wurden erst später mit der Auffaltung des Wiehengebirges senkrecht aufgerichtet. Doch wie konnten sie die vielen Millionen Jahre überdauern und dazu noch so gut? Hier nimmt man an, daß sie in weichen Schlicksand eingedrückt waren, der sich infolge der damals herrschenden Wärme an der von Tonschüppchen bedeckten Oberfläche schnell verfestigte. So bildete sich ein Schutzfilter, der nicht nur weiteren Überflutungen standhielt, sondern auch dem Kalk und Sand Widerstand leistete, die sich auf dieser Schicht im Laufe der weiteren Jahrmillionen ablagerten und zu Gestein wurden.

Entdeckt wurde dieses einzigartige Vermächtnis aus grauer Vorzeit 1921 von dem Gießener Professor Dr. Walter Klüppel, der damals für ein Bergwerksunternehmen die Eisenerzlagerstätten im Wiehengebirge erkundete. Klüppel stieß allerdings nur auf die linke Fährte, während die anderen später durch Nachbrechen des darüberliegenden Gesteins freigelegt wurden. Von den Trittsiegeln wurden in den Folgejahren mehrfach Gipsformen für Museumszwecke angefertigt. Ihren heutigen imprägnierten Zustand erhielten die Saurierfährten jedoch erst 1962. Bis dahin waren sie leider der Verwitterung preisgegeben.

Man kann aber von Glück reden, daß es ein Wissenschaftler war, der als erster auf diese Fährten stieß. Und ein noch größeres Glück ist es, daß diese Urwelttiere ihre Spuren in einer Bodenschicht hinterließen, die abzubauen wirtschaftlich nicht lohnt. Es ist ein bräunlichgrauer toniger Sandstein mit unregelmäßiger Oberfläche und eingesprenkeltem Pflanzenhäcksel, nämlich feinzerriebene Blatteile, Knospenschuppen und Zäpfchenschuppen. Sie stammen vermutlich von Palmfarnen, Ginkgobäumen und Nacktsamern, die die Forschung nicht näher zu beschreiben weiß.

Während von den Schreckechsen außer diesen und anderen Spuren in Niedersachsen nichts übriggeblieben ist, findet man hier als einzige Nachfahren von Lebewesen aus dieser Zeit noch da und dort in Parkanlagen einen Ginkgobaum. Allerdings hat diese älteste noch lebende Baumart der Welt, deren Ahnenreihe über 200 Millionen Jahre zurückreicht und die noch heute so aussieht wie damals, die unvorstellbar lange Zeitspanne auch nicht im Gebiet des heutigen Niedersachsens und auch nicht anderswo in Europa überdauert, sondern nur in China. Während dieser Methusalem der Bäume in Europa durch die großen Vereisungen ausgerottet wurde, vermochte ihn in China das Eis nur nach Süden zu verdrängen. Von dort kam der Ginkgo mit einem Umweg über Japan um 1730 wieder nach Europa.

Ein Flachmeer heißt Tiefmeer:

59

Der Dümmer

Der Dümmer ist der zweitgrößte See Niedersachsens. Er bedeckt eine Fläche von rund 15 Quadratkilometer und ist damit etwa halb so groß wie das Steinhuder Meer, aber dreimal größer als der drittgrößte See des Landes, das Zwischenahner Meer. Der Dümmer bildet den markantesten Bestandteil der Landschaft nördlich des Wiehengebirges. Sein rund 300 Quadratkilometer einnehmendes Becken wird im Süden vom Stemweder Berg begrenzt, der aus Schichten der Oberkreide besteht und deshalb als ein nördlicher Ausläufer der deutschen Mittelgebirge gilt. Im Norden ist das Becken von Stauchmoränen der Saaleeiszeit umrahmt: den Dammer Bergen, dem Hohen Sühn und dem Kellenberg. Der Dümmer wird von der Hunte durchflossen, die im südlichen Vorland des Wiehengebirges bei Buer entspringt, dieses Gebirge im Quertal von Barkhausen nach Norden durchbricht und dann an Bohmte und Hunteburg vorbei durch ein fast ebenes Gebiet aus Lehm und Sand dem Dümmer zuströmt. Erstaunlich ist, daß sie als der einzige Zufluß den See nicht auch wieder allein verläßt. Im Norden und Osten treten aus dem Dümmer sieben Fließgewässer aus. Das hat aber nichts mit Zauberei „aus eins mach sieben" zu tun, sondern beweist, daß dieser See in engem Kontakt zum Grundwasser steht.

Der Dümmer ist ein ausgesprochener Flachsee, obwohl sein Name vorgibt, das Gegenteil zu sein. Die Bezeichnung Dümmer, die in dieser Form schon auf einer Landkarte aus dem 16. Jahrhundert – der vermutlich ältesten – zu lesen ist, setzt sich aus dem Grundwort „mer" und dem Bestimmungswort „düm" zusammen. Das Grundwort ist das altsächsische „meri" und bedeutet Meer im Sinne von Binnensee. Doch über das Bestimmungswort gehen die Meinungen auseinander. Das keltische Wort „dum", das Fluß bedeutet und schon als Sprachwurzel aufgefaßt wurde, muß wohl ausscheiden, weil am Dümmer keinerlei keltische Siedlungsspuren nachgewiesen sind. Die Kelten waren offenbar nur bis in das Gebiet des südlichen Niedersachsens vorgedrungen. Wahrscheinlicher dürfte die Annahme sein, daß das ebenfalls altsächsische Wort „diop" oder „diup" Pate gestanden hat. Es heißt tief. Nun ist es natürlich schwer zu glauben, daß dieser Flachsee, der nach Messungen der Forschungsstelle Norderney der niedersächsischen Wasserwirtschaftsverwaltung nur an zwei Stellen eine Tiefe von 1,5 Meter erreicht, im übrigen aber viel seichter ist, ausgerechnet als tiefes Meer bezeichnet worden sein soll. Eine vage Erklärung findet sich nur darin, daß der Sanduntergrund im Nordteil des Sees aus weichen weichselzeitlichen Tonen besteht, in denen die Fischer beim Staken der Boote nicht gleich auf festen Widerstand stießen und deshalb eine Wassertiefe von vielleicht 5 und mehr Metern vermuteten.

Auch über die Entstehung des Dümmers gibt es recht unterschiedliche Meinungen. Die wohl am häufigsten vertretene Theorie ist, daß er ebenso wie sein Umland in der Saaleeiszeit geformt wurde und den Rest eines Staubeckens in dem großen Weser-Hase-Ems-Urstromtal darstellt.

Dem wird jedoch entgegengehalten, daß in der tischebenen Landschaft um den Dümmer nirgendwo Ufer zu entdecken sind, die ein durch eiszeitliche Schmelzwässer gebildeter Stausee zweifellos gehabt und hinterlassen haben müßte. Auch die Ansicht, der Dümmer könnte durch tektonische Vorgänge im Untergrund entstanden sein, stößt auf Gegenargumente. Eine weitere Meinung besagt, daß der Dümmer erst in der Nacheiszeit entstanden ist, als ein trockenes Klima mit Pflanzenarmut und tiefem Grundwasserstand herrschte. Ebenso, wie in diesem Zeitabschnitt im nordwestlichen Niedersachsen vielerorts Windmulden entstanden, die sich später mit Wasser füllten, sei auch die Dümmerwanne ausgeblasen. Der Beweis für die Richtigkeit dieser Annahme wird darin gesehen, daß sich die ausgeblasenen Flugsande in der Umgebung des Dümmers wiederfinden, und zwar im Norden, Nordosten, Osten und Südosten, wohin sie die Winde aus zumeist westlicher und südwestlicher Richtung getragen und zu Dünen aufgeweht haben. Gemessen an den vorzufindenden Flugsandmengen hat die Dümmerwanne nach groben Berechnungen einstmals eine Größe von maximal 45 Quadratkilometer eingenommen.

Eine weitere, andere Entstehungsgeschichte hat der Volksmund überliefert. Danach ist der Dümmer das Ergebnis eines Waldbrandes. Als sich Karl der Große anschickte, die heidnischen Sachsen gänzlich zu bezwingen, soll an der Stelle des Sees ein großer Sumpfwald gestanden haben. In ihn hatten sich die Sachsen geflüchtet in der Meinung, hier vor den Verfolgern sicher zu sein. Doch der Kaiser – so die Sage weiter – ließ den Wald an allen Ecken anzünden, und der verbrannte, weil es lange trocken gewesen sei, samt den darin verborgenen Sachsen bis zum letzten Stamm. An der Brandstelle sammelte sich dunkles Wasser, das sich zu einem Meer ausweitete. Auf den ersten Blick hat diese Sage mit der Wirklichkeit wenig gemeinsam. Nachdenklich stimmt aber, daß man schon öfter Wurzeln und Baumstämme aus dem Dümmer gezogen hat. Um 1850 soll der damalige Lemförder Gerichtsvogt Hartmann eine Stange des Geweihes eines starken Hirsches gesehen haben, die ein Fischer aus Hüde mit seinem Netz aus dem Seegrund herausgeholt hatte. Möglicherweise enthält die alte Sage nicht nur ein Körnchen Wahrheit, sondern gleich zwei, die nur dadurch unwahrscheinlich anmuten, weil sie ineinander verwoben sind. Vielleicht muß man sie trennen: Das von Karl dem Großen veranstaltete Massaker könnte eine Sache sein und eine zweite, daß in früherer Zeit anstelle der heutigen Wasserfläche – oder Teilen davon – Wald gestanden hat. Und das kann durchaus der Fall gewesen sein. Es gibt keinen Grund anzunehmen, daß sich die Wasserfläche in ihrer ganzen Größe auf einmal gebildet hat.

Jedenfalls hat der Dümmer seine Ausdehnung im Laufe der Jahrtausende merklich verändert. Als er nach den Berechnungen der Ausblasungstheorie seine größte Fläche von 45 Quadratkilometer einnahm, war es die Zeit um 6000 vor Christus. Dann begann der See zu vermooren und zu verlanden, erst ganz allmählich und dann immer rascher. Aus dem Jahre 1779 ist bekannt, daß damals die Wasserfläche noch 27 Quadratkilometer betragen hat. 1834 maß sie nur noch 21 Quadratkilometer, und bis 1901 war sie auf 15 zusammengeschrumpft. Wenn diese Größe auch heute noch genannt wird, so ist sie einschließlich des Schilfgürtels zu verstehen, der am Südufer bis zu 770 Meter weit in den See hineinreicht. In dieser Schilfzone hat sich bereits eine zusammenhängende Wurzeldecke in Höhe des Sommerwasserspiegels gebildet, so daß sie eigentlich als verlandet eingestuft werden muß und damit die reine Wasserfläche nur noch 12 Quadratkilometer beträgt.

Der Dümmer ist seit Menschengedenken das, was man ein Vogelparadies nennen kann. Er ist für viele heimische Wat- und Wasservogelarten Brutbiotop und für durchziehende Vögel Rast- und Nahrungsplatz. Seine Beliebtheit bei den Gefiederten ist vornehmlich auf die geringe Tiefe zurückzuführen. Sie ermöglicht eine schnelle Erwärmung des Wassers und damit eine sehr frühzeitige Entwicklung zahlreicher Futterorganismen im See. Die hohen Wassertemperaturen halten oft

Der Dümmer und sein Umland stellen eines der wichtigsten Vogelschutzgebiete Niedersachsens dar. Von den vielen Vogelarten, die an oder auf dem See brüten oder rasten, sind hier nur zwei gezeigt: die Uferschnepfe (unten) und Graugänse (rechts). Die Graugans, die im Gebiet der Bundesrepublik als Brutvogel bereits als ausgestorben galt, wurde am Dümmer in jahrelanger Mühe wieder eingebürgert. Die Seerosenfelder (ganz unten) bieten den seltenen Trauerseeschwalben ideale Brutplätze.

Und die Heidschnuckenherden – auf dem Flütenberg die aus den Gemeinden Emmeln und Tinnen – haben dazu beigetragen, daß kein Pflänzchen nachwachsen konnte. Dazu heißt es bei Johannes Meyer: „Während gleichzeitig die Heide wegen steter Beweidung mit Schafen nicht recht aufkommen konnte, und durch übermäßigen Plaggenhieb der Boden vollends seiner Narbe beraubt wurde, mußte das Übel unerträglich werden; vergeblich war es, daß man später den Sand durch maschenmäßig über die Flächen gelegte Soden zu dämpfen suchte, weil die ausgestochenen Grundstücke Herde neuer Sandwehen wurden". Die Waldverwüstung durch Schafhaltung erreichte im 18. Jahrhundert ihren Höhepunkt. So gab es 1780 im ganzen Amt Meppen nur noch 70 Hektar hochstämmige Bäume, dagegen rund 16 500 Hektar offene Sandwehen. An diesen bösen Zustand der Landschaft erinnern heute noch Gebietsnamen wie „Flacher Sand", „Meppener Sand" und „Hünensand". Auch weiter südlich, in der Nähe von Nordhorn, gibt es eine Erinnerung an die Zeit der großen Sandwehen: die „Engdener Wüste".

Erst um die letzte Jahrhundertwende wurde begonnen, wieder Nadelwälder anzulegen, von denen viele den Namen „Tannen" wie „Borkener Tannen" oder „Hemsener Tannen" erhielten, obgleich es sich um Kiefern handelt. Auch die Hänge des Flütenberges wurden mit dieser Pionierbaumart für die Kultivierung von Sandflächen bestockt. Hier ist aber auch ein Waldstück von 4,5 Hektar Größe erhalten geblieben, das noch die Sünden des Raubbaues der früheren Jahrhunderte zeigt: Kratteichen als mahnende Zeugen für die Malträtierung von Bäumen. Wie ein Eichenkratt entsteht, ist in diesem Buch am Beispiel Deblinghausen bei Nienburg dargestellt. Solche Kratts oder Stühbüsche haben in mehreren Gebieten des nördlichen Niedersachsens die Verheidung von Waldlandschaften und damit die Verödung der Böden eingeleitet. Wenn heute derartige Waldgebiete – wie auch das auf dem Flütenberg – unter Naturschutz stehen, so kann dies nur den einen Sinn haben: zu mahnen, nie wieder mit hilflosen Pflanzen so rigoros umzugehen.

Der Flütenberg hat im Volksmund noch einen zweiten Namen: Galgenberg. Das kommt daher, daß sich auf ihm im Mittelalter die Dingstätte – der „Freistuhl" – eines Femgerichtes befand. Diese Art von Gerichten, die später mit viel Geheimniskrämerei verbrämt wurden, hatten sich ursprünglich die freigesessenen Bauern Westfalens geschaffen. Seit dem 14. Jahrhundert griff die Wirksamkeit der Femgerichte auf ganz Deutschland über und so auch auf das Emsland. Da zum Tode Verurteilte sofort nach dem Urteil gehängt wurden, war der Galgen ein notwendiges Requisit solcher Strafgerichtsstätten. Der Galgen auf dem Flütenberg soll weithin sichtbar gewesen sein. Aber auch schon vor der Femezeit befand sich hier ein Gerichtsplatz, nämlich der des Gogerichtes des alten Agredingaues. Durch diese jahrhundertelange Nutzung für die Rechtsprechung und die Vollstrekkung der Todesurteile hat der Flütenberg von allen Bergen des Emslandes die größte geschichtliche Bedeutung erlangt. Doch vom Gerichtsplatz ist heute nichts mehr zu sehen, wie auch die Stelle nicht mehr auszumachen ist, an der der Galgen stand. Dafür trifft der Wanderer heute auf einen künstlich errichteten pyramidenförmigen Hügel, dessen Sinn nicht ohne weiteres erkennbar ist. Er gehört der Bundeswehr und dient zu Flugbahnmessungen.

Was bedeutet nun eigentlich die Bezeichnung Flütenberg? Dieser Name, der in älteren Urkunden auch Flutenberg und Fluttenberg geschrieben ist, wurzelt sprachlich wie die Begriffe Flut, Fleet, Flotte und andere im Wort fließen und bedeutet Floßberg. An seinem Fuß machten in früheren Jahrhunderten die Eichenflößer Station, die aus dem waldreichen Gebiet an der Oberems kamen und ihr wertvolles Holz bis nach Papenburg, Leer und Emden transportierten. Wie überliefert ist, befestigten sie ihre Flöße am Flußufer unter dem Rögel – einem Hügel mit Eichengestrüpp, vermutlich Kratteichen – und fanden in einem Haus an der Ems Unterkunft. Die Lage dieses Hauses ist heute auf Luftbildern noch erkennbar.

Heute ist der „wütende Sand" durch eine geschlossene Pflanzendecke gebannt. Einst war der Flütenberg nackter, zu einer hohen Düne aufgewehter Sand. Auf seinem weithin sichtbaren Gipfel – für die Emsflößer ein wichtiger Orientierungspunkt – tagte im Mittelalter die Feme.

61 Ein Wald aus Buchengreisen:

Das Tinner Loh

Nahe der Bundesstraße 70, die das Ballungsbebiet an Rhein und Ruhr mit dem Emsland und Ostfriesland verbindet, liegt etwa einen Kilometer nordöstlich des Bahnhofes Haren/Ems das Tinner Loh. Im Gegensatz zu dem lärmenden Verkehr auf der Straße ist dieser nur 500 Meter entfernte Wald eine Oase der Stille und wohler Geborgenheit. Er besteht aus Rotbuchen, jedoch nicht aus solchen, wie sie etwa ein Viertel der Waldfläche Niedersachsens bedecken. Die Buchen des Tinner Lohes sind von einem Alter und Aussehen, wie sie kein zweites Mal im Lande anzutreffen sind. Im Schatten ihrer mächtigen Kronen könnte jeden Augenblick Rotkäppchen des Weges kommen, um der Großmutter Kuchen und Wein zu bringen. Und hinter jedem Stamm könnte der Wolf lauern, gierig, das Mädchen samt Oma zu verspeisen. Als die Gebrüder Grimm in Göttingen vor über 160 Jahren dieses alte deutsche Volksmärchen niederschrieben, konnten sie sich den Rotkäppchenwald sicherlich nicht schöner vorstellen, als sich das Tinner Loh heute seinen vielen Besuchern zeigt.

Die Buchen dieses rund 13 Hektar großen Waldes, der seit 1937 unter Naturschutz steht, sind bis zu 500 Jahre alt. Sie grünten schon, als sich Kolumbus anschickte, den Seeweg nach Indien über den Atlantischen Ozean zu suchen, und dann unversehens Amerika entdeckte. Das Ungewöhnliche ihres Alters kann man auch daran erkennen, daß die in den Wirtschaftswäldern der Holzgewinnung dienenden Buchen kaum älter als 120 bis 140 Jahre werden. Die älteste von ihnen in Niedersachsen steht als Ausnahme im Forstamt Grohnde im Kreis Hameln-Pyrmont. Dieser 38 Meter hohe Baum, der oberhalb seiner Wurzeln einen Stammumfang von 4 Meter hat, ist etwas mehr als 300 Jahre alt. Obwohl viele der Tinner Buchen älter und mit Umfängen bis zu 6 Meter auch dicker sind, erreichen sie bei weitem nicht diese Höhe. Sie messen nur 20 bis 25 Meter. Das hat seinen Grund darin, daß sie nicht wie die Buchen der Holznutzungswälder im Dichtschluß aufgewachsen sind, sondern jede für sich allein im Freistand. Bei dieser Möglichkeit zum Ausbreiten ging alle Wuchskraft in die Äste, während der Stamm in der Höhe zurückblieb. Bei manchen der Bäume des Tinner Lohes setzen die Äste schon in 2 bis 3 Meter Höhe an.

Doch der Freistand allein erklärt ihr uriges Aussehen nicht vollständig. Er zeigt an, daß sie einst Hutebäume waren. Dabei kam es vor, daß die Bäume, als sie noch jung waren und für die Schweine noch keine Mast abwarfen, von Schafen und Ziegen angeknabbert wurden. Diese Verletzungen

Eine der uralten mächtigen Buchen mit ihren bizarren Formen. Ähnliche Veteranen findet man kein zweites Mal im Lande. Heute, im Zeitalter der Rationalisierung und des Rentabilitätsdenkens, stehen wir bewundernd und andächtig vor diesen greisen Zeugen vergangener Jahrhunderte.

Dieser bleiche Stamm zeigt das Schicksal aller Buchen des Tinner Lohes. Eines Tages bleiben sie liegen, wie und wohin sie der Wind geworfen hat; sie stehen unter Naturschutz. Die Tinner Buchen haben keine Nachkommen, weil in ihrem Schatten keine jungen Bäume aufkommen können.

führten zu mannigfachen Verwachsungen. „Eigenartig sind die Buchen bei Tinner Lohe", hatte darüber der 1941 verstorbene Meppener Schulrektor Conrad David Lagemann in sein Notizbuch geschrieben, das sein Sohn Josef Caspar 1946 veröffentlichte. „Der eine Stamm scheint regelrecht mit Geschwulsten überschüttet zu sein, der andere schickt kurz über dem Boden gleich drei Hauptstämme in den Himmel. Bei Nacht und Nebel werden die krummen und verwachsenen Stämme von dem milchigen Dunst noch mehr verzerrt." Einige der Tinner Buchen sind bereits hohl – ein Zeichen dafür, daß ihre Jahre gezählt sind. Leider konnten sie sich auch nicht verjüngen, weil es im Schatten ihrer gewaltigen Kronen an Licht fehlt, ohne das eine Buche nicht keimen kann. Außerdem ist der Standort zu sehr verödet.

Daß an dieser Stelle südwestlich von Tinnen Rotbuchen gedeihen konnten, ist dem Umstand zu danken, daß sich unter der obersten, aus saurem Bleichsand bestehenden Bodenschicht Lehm befindet, der vom Gletscherstrom der Saaleeiszeit herangeschoben worden ist. Die lehmige Grundmoräne macht sich auch in der hügeligen Bodenform bemerkbar. Ein sicheres Zeichen dafür, daß unter einer sauren Sandschicht Lehm ansteht, ist auch der Adlerfarn, der an einigen lichten Stellen des Tinner Lohes wächst. Diese Farnart ist ein Tiefwurzler und braucht unter sich eine wasserfreie Schicht von 80 bis 100 Zentimeter. Erst darunter darf sich das Grundwasser anstauen. Im Tinner Loh wächst auch der recht merkwürdige Fichtenspargel, der kein einziges grünes Blatt hat und deshalb auch nicht assimilieren kann. Diese etwa 20 Zentimeter hohe Pflanze, die eine übergeneigte, später aufrechte Traube mit gelblichen Blüten besitzt, muß sich wie die Pilze von Moder ernähren. Dabei ist sie auch auf die Hilfe von Pilzen angewiesen, die auf ihrer Wurzel siedeln und für sie die Nahrung aufbereiten. Dafür, daß der Fichtenspargel von den Pilzen mit Humusstoffen versorgt wird, liefert er ihnen Wasser.

Das Tinner Loh, das von Fichtenwald umschlossen ist, weckt nicht nur naturkundliches Interesse. Auch sein Name lohnt, sich darüber Gedanken zu machen. Das Wort Loh, das laut Brockhaus männliches oder sächliches Geschlecht haben kann, ist im täglichen Sprachgebrauch verschwunden. Auch der Duden führt es nur noch als Endung von Orts- und Flurnamen auf. Loh, das auch schon althochdeutsch so hieß, bedeutet lichtes Gehölz oder Waldlichtung. Es wurzelt in dem indogermanischen Urwort „leuk", das die gleiche Bedeutung hatte. Auch die lateinische und die griechische Sprache haben es übernommen: lateinisch „lucus" und griechisch „leukos". Das griechische Wort bezeichnet zugleich die weiße Farbe und gelangte über medizinische Fachwörter wie Leukose, Leukämie oder Leukoplast auch in die deutsche Sprache. Loh im Sinne eines eigenständigen Begriffes ist im Deutschen ebenso verlorengegangen wie im Englischen das Wort „leah", das einstmals offenes Land bezeichnete. So gesehen, ist das Tinner Loh nicht nur ein Natur-, sondern auch ein Sprachdenkmal.

Geestinsel inmitten weiter Moore:

62

Der Hümmling

Der Hümmling im Nordosten des Emslandes gehört zu den Landschaften Niedersachsens, die trotz der Erschließungsmaßnahmen der letzten Jahrzehnte ihren urtümlichen Charakter weitgehend bewahren konnten. Er besteht aus einer Vielzahl flacher kuppiger Erhebungen, die im Windberg bei Werpeloh mit 73 Meter ihre größte Höhe erreichen, bedeckt rund 800 Quadratkilometer Bodenfläche und ist als Geestinsel in weite Moore eingebettet. Sein Name wird vom altnordischen „hömil" hergeleitet, das kleiner Stein bedeutet und im Emsländischen als „homel" für karg, dürftig und unfruchtbar fortlebte. Baumeister des Hümmling waren die Gletscherströme im Rehburger Stadium der Saaleeiszeit, die riesige Schuttmengen heranschoben und diese beim Abtauen als weite Grundmoräne ablagerten. Die Geschiebe, darunter viele Feuersteine, stammen größtenteils aus dem Ostseeraum. Die Gletscher schütteten aber nicht nur Stein- und Lehmhügel auf, sondern schürften in ihrer Schubrichtung auch breite Täler aus, die dann noch vom Schmelzwasser eingetieft wurden und später vermoorten. Diese Furchen gliederten den Hümmling in mehrere flachgewölbte Rücken, die bis zu 40 Kilometer lang und bis zu 8 Kilometer breit sind und zueinander parallel von Nordosten nach Südwesten verlaufen.

Als die Macht des Eises vor rund 12 000 Jahren endlich gebrochen war, glich hier das Land einer weiten baumlosen Steppe, wie es sie heute noch in den nördlichsten Teilen Europas gibt. Über die öden Grasflächen, die nur von Zwergbirken, Strauchweiden, Moorfarnen und Laubmoosen spärlich bewachsen waren, zogen große Rentierherden. Sögel, Surwold und Lahn, die ältesten Orte auf dem Hümmling, waren in dieser Tundrenzeit Rastplätze von Rentierjägern, wie Funde von Knochen und Steinwerkzeugen beweisen. Erst mit dem Wärmerwerden des Klimas siedelten sich auf den Lehmkuppen der Grundmoräne lichte Mischwälder mit Eichen, Ulmen, Eschen, Haseln und Vogelbeeren an. Als der Lehm sich zu zersetzen und der Boden allmählich zu versanden begann, traten vielerorts an die Stelle der Gräser Heidekraut und an die der Laubbäume anspruchslose Kiefern, wie sie auch heute noch das Landschaftsbild mitprägen.

Der Hümmling ist seit der Steinzeit ununterbrochen besiedelt und war es besonders stark in deren jüngerer Periode vor etwa 4 500 bis 3 500 Jahren. Davon zeugen die Großsteingräber, die hier trotz vieler Schleifungen durch Steinhändler noch in stattlicher Zahl vorhanden und zum Teil gut erhalten sind. Es sind die aus Findlingen errichteten Totenhäuser, in denen die verstorbenen Angehörigen einer Sippe bestattet wurden. Eines dieser Hünenbetten, „de hoogen Stäiner" bei Werlte, ist die längste Steinkammer Nordeuropas. Sie ist von 14 Überliegern bedeckt, von denen einige geradezu zyklopische Ausmaße besitzen. Es müssen Menschen von hochstehender Kultur gewesen sein, die diese dauerhaften Begräbnisstätten schufen. Die Gaben, die sie ihren Toten für das Leben im Jenseits ins Grab legten, lassen auf großes handwerkliches Geschick, klares Formgefühl und einen ausgeprägten Schönheitssinn schließen.

Das gewaltigste Hünengrab des Hümmlings, das aber leider zerstört ist, liegt bei Börgerwald. Es wird von der Sage als „König Surwolds Grab" mit einem friesischen Häuptling in Verbindung gebracht, der hier an der Seite des Sachsenherzogs Widukind den Tod gefunden haben und dann auch hier bestattet worden sein soll. Ob diese Sage der Wirklichkeit entspricht, weiß man nicht. Es besteht auch keine Klarheit darüber, ob die sächsische Landnahme überhaupt den Hümmling berührt hat, zumal sich kein sächsischer Adel nachweisen läßt. Ebenso scheint auch die fränkische Eroberung außer dem Christentum und der Einführung der Corveyer Mönche als Grundeigentümer keine weiteren Spuren hinterlassen zu haben. Die Urpfarre des Hümmlings ist Sögel, der hier auch heute noch dominierende Ort. An seinem Ostrand liegt in einem 40 Hektar umfassenden Baumbestand das größte Kleinod des Hümmlings, das Jagdschloß Clemenswerth, das Clemens August, Fürstbischof von Münster und Paderborn, Bischof von Hildesheim und Osnabrück und später auch Kurfürst von Köln in den Jahren von 1736 bis 1750 erbauen ließ.

Auf dem Hümmling finden sich noch weitere sehenswerte Denkmale, die von Menschenhand geschaffen sind, so vor allem auch die Hüvener Mühle am Südostrand der großen Geestinsel. Sie ist die einzige Mühle Niedersachsens, die sowohl vom Wasser als auch vom Wind angetrieben werden kann. Aber auch die Natur selbst hat sich mehrere Denkmale gesetzt, dabei eine Reihe von Seen, von denen das Theikenmeer und das Große Tate-Meer besondere Aufmerksamkeit auf sich ziehen. Beide Wasserflächen liegen in fast ebenen Hochmooren, sind aber dennoch sehr verschieden, und dies nicht nur in ihrer Größe.

Das Theikenmeer, das etwa 4 Kilometer westlich von Werlte in der Gemarkung Ostenwalde zu finden ist, liegt am Südrand des 300 Hektar großen Sumpf- und Hochmoorgebietes, das man die Dose nennt. Der Moorsee ist rund 800 Meter lang, 400 Meter breit und sehr flach. Während der niederschlagsarmen Jahre von 1970 bis 1976 fiel er zeitweilig bis auf eine kleine Restfläche trokken. Schuld an dem Wasserverlust war aber auch, daß 1968 ein Überlaufgraben ohne behördliche Genehmigung verbreitert und vertieft worden war. Dieser Eingriff in die Lebensbasis des bereits seit 1936 unter Naturschutz stehenden Theikenmeeres hat so viel Protest hervorgerufen, daß nicht nur das Zerstörungswerk gestoppt, sondern von Regierungsseite unter Mitwirkung von Naturschutzexperten im Frühjahr 1979 die Wiederherstellung dieses besonders für den Vogelschutz wichtigen Feuchtgebietes in Angriff genommen wurde. Bis Ende 1980 soll das gesamte Theikenmeer auf einer Fläche von 26,6 Hektar wieder mit Wasser gefüllt und sein gesamtes Umland von rund 270 Hektar Größe möglichst vollständig in den Besitz der öffentlichen Hand gebracht und wiedervernäßt sein. Inzwischen hat sich wieder eine große Anzahl von Zug- und Brutvogelarten eingestellt, für die das Theikenmeer samt dem Dosenmoor seit eh und je eine Rast- oder Heimstätte war. Der Moorsee liegt in der Nähe der Ortschaft Ostenwalde etwa einen Kilometer nördlich der Landstraße Sögel – Werlte. Da sein Uferbereich im Süden und Südwesten von einem Birkenbruchwald bestanden ist, kann die Wasserfläche von der Straße aus nicht gesehen werden.

Das Große Tate-Meer liegt im Nordostteil des Hümmlings etwa 7 Kilometer nordöstlich von Lorup. Es ist mit nur 1,2 Hektar Wasserfläche gut 20mal kleiner als das Theikenmeer, dafür aber viel tiefer. Wenn es nach dem Volksmund ginge, hätte es überhaupt keinen Grund, und ein Strudel mitten im See würde selbst den kundigsten Schwimmer in die unendliche Tiefe ziehen. In Wirklichkeit aber würde er spätestens nach 20 Metern den Seeboden erreichen. Das Große Tate-Meer hat sich im Trichter eines Erdfalles gebildet, der durch Salzablaugung im Untergrund entstanden ist. Sein Wassereinzugsbereich ist viel größer als der des seichten, nur 25 bis 40 Zentimeter tiefen Theikenmeeres, und die Qualität seines Wassers ist entscheidend besser, da es nicht aus moorigem,

 sondern sandigem Untergrund zufließt. Während das Theikenmeer von einer natürlichen Verlan-

Zwei Meere, die sich in Art und Entstehung voneinander völlig unterscheiden: Das Theikenmeer (oben) ist ein sehr flacher Moorsee, während sich das Große Tate-Meer (unten) im tiefen Trichter eines Erdfalles gebildet hat.

dung stark gefährdet ist, dürfte dies beim Großen Tate-Meer so gut wie nie der Fall sein, wenn nicht plötzlich in seinem Einzugsgebiet die landwirtschaftliche Nutzung intensiviert und dadurch die Nährstoffzufuhr verstärkt wird. Eine Ausweitung des 1968 ausgewiesenen Naturschutzgebietes könnte diese Gefahr ausschließen. Wer als Angler oder Wanderer den Uferbereich des Großen Tate-Meeres betritt, sollte sich an die durch Holzroste gesicherten Wege halten, damit die Vegetation der Schwimmtorfdecke nicht verletzt, aber auch das eigene Leben nicht in Gefahr gebracht wird.

Zu den Denkmalen, die sich die Natur auf dem Hümmling gesetzt hat, gehört auch der Wacholderhain auf dem Windelberg. Er liegt im Nordwesten nahe der Straße, die von Börger nach Neubörger führt, und ist durch ein Hinweisschild gekennzeichnet. Vom Parkplatz aus gelangt man an einen alten Schafstall, neben dem vom Wind zerzauste Sandkiefern stehen, und wenige Schritte weiter beginnt dann das rund 13 Hektar große Wacholdergebiet. Die nach Hunderten zählenden Nadelsträucher wurzeln in trockenem Dünensand, der mit Heidekraut, verschiedenen Flechten und Silbergras bedeckt ist. Zwischen den Wacholdersträuchern stehen einige alte, knorrige Eichen. Im Emsland gibt es bei Haselünne noch einen weiteren Wacholderhain, den zu besuchen es sich ebenfalls lohnt. Der auf dem Windelberg jedoch stellt zugleich eine vegetationsgeographische Marke dar: Er bildet das nordwestlichste Wacholdervorkommen auf deutschem Boden. Fast wie mit dem Lineal gezogen gibt es eine Linie vom nördlichen Emsland über Delmenhorst nach Winsen/Luhe, die der Wacholder nicht oder nur ganz vereinzelt überschreitet. Seltsamerweise kommt er aber im östlichen Dänemark und in Schweden wieder reichlich vor. Warum das so ist, hat noch keine wissenschaftliche Erklärung gefunden.

Der Wacholderhain auf dem Windelberg. Selbst bei herrlichstem Sonnenschein wirkt er noch düster.

Einst Zierde eines Burgplatzes:

63

Die Heeder Linde

Wenige Kilometer südlich von Aschendorf liegt am linken Ufer der Ems das Dorf Heede. Wie sein Name zu erkennen gibt, ist es eine sehr alte Siedlung. Urkundlich belegt, hieß es lange „heda", und das bedeutete Heide am Wasser. So wurde es schon genannt, als gegen Ende des 8. Jahrhunderts der aus Westfriesland stammende christliche Missionar Ludgerus den neuen Glauben in den alten Emsgau brachte. Ludgerus, erster Bischof von Münster und später heiliggesprochen, soll in Heede ein Haus besessen haben. In diesem Dorf steht die größte Linde Norddeutschlands. Sie überragt wie eine Kuppel aus Geäst und Laub die sie umgebenden Bäume und ist daher in der flachen Landschaft schon von weitem auszumachen.

Die Heeder Linde, die auch unter dem Namen „Riesenlinde" bekannt ist und vom Volksmund „de Heer Lindenboom" genannt wird, ist etwa 30 Meter hoch und hat in Brusthöhe einen Stammumfang von über 16 Meter. Doch ihre Gestalt hat schon zu manchem Zweifel Anlaß gegeben. Ihrem wulstigen Stamm, der nur noch knapp 3 Meter hoch ist, entspringen zehn kräftige Äste, von denen man meinen könnte, sie seien die Stämme von zehn Einzelbäumen. Jeder der Äste hat einen Durchmesser zwischen 50 und 100 Zentimeter. Sie sind alle ziemlich steil nach oben gerichtet und bilden zusammen eine mächtige Krone mit rund 40 Meter Durchmesser. Dennoch stellen sie keine Gruppe von eng aneinandergepreßten Einzelbäumen dar, auch wenn es so scheinen mag.

Daß es ein einziger Baum war, war früher noch besser zu erkennen. Das kann man einer sehr anschaulichen Schilderung eines Besuches der Heeder Linde entnehmen, die in den 1864 in Bremen erschienenen, von Johann Georg Kohl verfaßten „Nordwestdeutschen Skizzen" enthalten ist. Kohl, ein weit in der Welt herumgekommener Reiseschriftsteller, beschrieb nach Angabe der Stammhöhe mit 18 Fuß – das ist etwa doppelt so viel wie heute – die Form der Linde als „einen in der Mitte etwas zusammengeschnürten Riesenpfeiler mit breitem Piedestal und dickem Kopfe". Weiter ist dann zu lesen: „Gefällige Bauersleute, deren Wohnung in der Nähe des Baumes liegt, brachten uns eine Leiter, mit deren Hilfe wir uns auf den Scheitel des Kopfes begeben konnten. Ich überzeugte mich, daß hier alles eine dicke zusammenhängende Holzmasse war. Die großen Äste gingen in sehr regelmäßigen Abständen rings umher am Rande des plumpen Kopfes hervor."

Die seltsame Form dieser Linde findet ihre Erklärung darin, daß sie einst gekappt worden ist. Vermutlich geschah dies durch Feuer. Der Baum, der etwa um 1400 gepflanzt wurde, schmückte den Burgplatz der ehemaligen Schärpenborg, die einer der beiden Rittersitze von Heede war. Der Zeitpunkt, an dem der Baum in die Erde kam, wird mit dem zu Beginn des 15. Jahrhunderts vorgenommenen Umbau der Schärpenborg in Verbindung gebracht. Die Burg, die bereits in der zweiten Hälfte des 13. Jahrhunderts angelegt worden war, erhielt nun einen viereckigen, von einem breiten Wassergraben geschützten Platz, auf dem die Linde prächtig gedeihen konnte. Doch 1677 schlug

An der größten Linde Norddeutschlands führt die Natur vor, wie sie ihre Geschöpfe auch schwerste Verstümmelungen überstehen lassen kann. Besonders im Winter, wenn der mächtigen Krone das Blattwerk fehlt, glauben viele, ein Bündel von Einzelbäumen vor sich zu haben.

dieser Burg die Stunde der Vernichtung: Sie wurde im letzten Krieg, den der streitbare münstersche Bischof Christoph Bernhard von Galen gegen Holland führte, von dem in holländischen Diensten stehenden schwedischen General Rabenhaupt durch Brand zerstört. Dabei scheint die Linde auf dem Burgplatz ihre Krone eingebüßt zu haben.

Der so lädierte Baum gab sich aber deshalb nicht verloren. Er trieb an seinem Stammrest neue Reiser aus, die zu Ästen wurden und sich in den nun zurückliegenden mehr als 300 Jahren zur heutigen mächtigen Krone auswuchsen. Diese erstaunliche Entwicklung hat aber auch etwas Nachteiliges bewirkt, daß nämlich das Gleichgewicht zwischen Wurzel und Krone gestört wurde. Man versuchte die Stämmlinge durch Eisenbänder zusammenzuhalten. Aber es siedelten sich auch an den Stellen, an denen bei der Kappung Verletzungen entstanden waren, Millionen von Pilzsporen an, die das Stamminnere mehr und mehr zerfraßen. Damit war der Verfall der Linde eingeläutet. Bedenkt man noch, daß auf ihrem Stamm ständig Menschen herumtrampelten, ja sogar eine Plattform in sie gebaut worden war, zu der eine eigens errichtete Leiter emporführte, dann kann man ermessen, wie schnell das Zerstörungswerk fortgeschritten wäre, hätte man nicht dagegen etwas unternommen.

Es ist dem Heimatverein Aschendorf-Hümmling zu danken, daß er 1957 den Beschluß faßte, die verfallende Linde von einem erfahrenen Baumchirurgen retten zu lassen. Der Operateur war Michael Maurer aus Nürnberg, der zwei Jahre später auch die Upstedter Linde, die fast doppelt so alt wie die Heeder ist, vor dem schon sicher scheinenden Tod bewahrte. Maurer entfernte als erstes die Leiter, die in die Baumkrone führte. Dann nahm er die Eisenbänder ab, die die Stämmlinge zusammenhalten sollten, sie dabei jedoch zu erdrosseln drohten. Denn mit dem Wachsen der Stämmlinge sperrten sie den Saftfluß ab, so daß die Gipfeltriebe abstarben. Die Absperrung hätte eines Tages wohl so weit geführt, daß die Stämmlinge an den eingeschnürten Stellen abgebrochen wären. Maurer schnitt an diesen Stellen Schlitze in die gesunde Rinde, um durch Kallusbildung das Wachstum anzuregen, das die Einschnürungen überbrücken hilft. Dann wurde die Krone erneut verankert, diesmal jedoch durch ein System von Stahlseilen. Diese wurden an Ösenbolzen angebracht, die durch das gesunde Holz der Stämmlinge getrieben wurden. Zudem wurden alle dürren Äste in der Krone entfernt.

Die Kunst des Baumchirurgen mußte 1968 ein weiteres Mal in Anspruch genommen werden, damit der Heeder Linde noch die restlichen Hilfen zuteil werden konnten, die ihr von Menschenhand zur Erhaltung ihres Lebens gewährt werden können. Der Erfolg dieser Eingriffe zeigt sich darin, daß der kapitale Baum auf Betrachter einen lebenskräftigen Eindruck macht. Es sollte alles unternommen werden, um ihn auf dem vereinsamten Burgplatz nicht nur als Naturdenkmal, sondern auch als einzigen Zeugen von kriegerischen Geschehnissen zu erhalten, die sich niemals wiederholen sollten.

64 Klassische Quadratmeile der Vorgeschichte:

Die Wildeshauser Geest

Die Geest ist ein vom nordischen Inlandeis hinterlassenes Erbe. Vor mehr als 180 000 Jahren entstanden, bildet sie in Niedersachsen nördlich des Mittellandkanals einen 100 bis 170 Kilometer breiten Gürtel, der den größten Teil der Landesfläche einnimmt. Das Wort Geest bezeichnet höher gelegenes, trockenes, unfruchtbares Land, wobei allerdings die Unfruchtbarkeit nicht mehr zählt, seitdem sie vom Landbau besiegt wurde. Wenngleich auch dieses weite Aufschüttungsgebiet aus der Zeit der Elster- und der Saalevereisung relativ eben ist, kann es nicht im geringsten als einförmig oder gar eintönig gelten. Das beweist besonders überzeugend die Wildeshauser Geest, das große Erholungsgebiet südlich der Städte Oldenburg, Delmenhorst und Bremen, mit ihren Heiden, Mooren, Dünen und Seen sowie ihren parkähnlichen Wäldern, unter denen sich sogar ein Urwald befindet. Auf einer Fläche von fast 1 000 Quadratkilometer umfaßt diese wellige, von Bach- und Flußtälern durchzogene Altmoränenlandschaft allein 16 Naturschutzgebiete. In einigen von ihnen befinden sich vorgeschichtliche Gräber, die zusätzlich unter Denkmalschutz stehen.

Wegen der Massierung von Grabstätten, die auf eine frühe Besiedlung durch Menschen mit schon hochentwickelter Kultur schließen läßt, wird die Wildeshauser Geest als die „klassische Quadratmeile der Vorgeschichte" bezeichnet. Das Pestruper Gräberfeld, das 3 Kilometer südlich von Wildeshausen liegt, ist mit annähernd 500 Grabhügeln das größte Europas, und der Visbeker Bräutigam, der 10 Kilometer westlich davon nahe der Autobahn Hansa-Linie zu finden ist, gilt mit 110 Meter Länge als die größte Grabstätte der nordischen Megalithkultur, deren Verbreitungsgebiet bis Dänemark und Südschweden reichte. Nicht weniger berühmt ist die Visbeker Braut, das 82 Meter lange Gegenstück zum Bräutigam. Beide mit Findlingen eingefaßte Grabstätten sind einer alten Sage nach, die sich um die tragische Liebe der Tochter eines reichen Bauern aus Großenkneten zu dem Sohn eines armen Nachbarn rankt, zu Stein erstarrte Hochzeitszüge. Von naturkundlichem Interesse sind dabei die Findlinge, die in unterschiedlichsten Größen und Gesteinsarten vom Eis aus Skandinavien 1 000 Kilometer weit in dieses Gebiet transportiert worden sind.

Den stärksten Eindruck auf Besucher, die engen Bezug zum ewigen Werden und Vergehen haben, macht wohl die mitten auf der Wildeshauser Geest liegende Pestruper Heide, die mit Hügelgräbern förmlich übersät erscheint. Das Gräberfeld ist 39 Hektar groß und auf der gesamten Fläche mit Besenheide überwachsen. Nach bisher vorgenommenen Grabuntersuchungen ist anzunehmen, daß die meisten dieser gut erhaltenen Hügelgräber aus der späten Bronzezeit und der frühen Eisenzeit, daß heißt aus dem 9. bis 2. Jahrhundert vor Christus stammen. Bis um 200 vor der Zeitrechnung wurden hier die Toten verbrannt und die Urnen mit der Asche in Erdhügeln beigesetzt, deren Grundflächen Durchmesser von etwa 13 Meter haben. Als Verbrennungsplätze dienten die als Königsgräber bezeichneten großen Hügel am Rande des Feldes, deren Durchmesser bis

Diese weite Heidefläche mit ihren unzähligen Hügeln ist ein Gräberfeld. Annähernd 500 Grabstätten befinden sich hier; sie bilden das größte vollkommen erhaltene Gräberfeld Europas aus vorgeschichtlicher Zeit. In dem Schafstall im Hintergrund des Bildes ist die Schnuckenherde untergebracht, die das Heidekraut kurz und damit lebenskräftig hält.

Immer tiefer wird das Große Sager Meer. Schon jetzt ist es mit 25 Meter Tiefe das tiefste natürliche Gewässer Niedersachsens. Unter ihm liegt ein Salzstock, der mehr und mehr auslaugt; damit sinkt auch der Seeboden weiter nach.

zu 30 Meter betragen. In ihnen wurden aber ebenfalls – wie eine Untersuchung ergab – Urnen beigesetzt. In den aus Plaggen aufgeschichteten Hügeln wurden auch Knochenlager gefunden. Aus dieser Entdeckung wird geschlossen, daß hier auch Leichname ohne Verbrennung bestattet worden sind. Das Heidekraut auf dem Pestruper Gräberfeld wird von einer eigens dafür angeschafften Schnuckenherde kurz und damit lebenskräftig gehalten.

Die Wildeshauser Geest hat noch einen weiteren Superlativ aufzuweisen, nämlich das tiefste natürliche Gewässer Niedersachsens. Es ist das Große Sager Meer am Westrand des von dem Flüßchen Lethe begrenzten Geestrückens. Während alle anderen Gewässer des Landes nur einige wenige Meter tief sind und flach auslaufende Ufer haben, füllt das Sager Meer einen steilwandigen Kessel von 25 Meter Tiefe. Rechnet man noch die etwa 8 Meter betragende Faulschlammschicht hinzu, kommt man auf die beachtliche Tiefe von 33 Meter. Auf diese einmalige Erscheinung in Niedersachsen konnte man sich lange keinen rechten Reim machen. Denn wenn dieser See wie alle anderen aus der Zeit der Saalevereisung stammt, müßte er bei seiner Größe von etwa 18 Hektar samt seinem kleineren Bruder, der 3 Hektar umfaßt, längst verlandet sein. Dies ist jedoch keineswegs der Fall. Des Rätsels Lösung fand sich darin, daß unter den beiden Sager Meeren ein 12 Kilometer langer und 3 Kilometer breiter Salzstock in Nord-Süd-Richtung verläuft. In dem Maße, wie der Salzstock ausgelaugt wird, sinkt der Seeboden nach. Statt zu verlanden, werden das Große und das Kleine Sager Meer ständig noch tiefer.

Die beiden Wasserflächen, die ursprünglich einmal zusammenhingen, jedoch durch eine Wasserabsenkung getrennt wurden, sind stellenweise von Seerosen bedeckt und an den Ufern mit Röhrichten bestanden. In dem Sumpf, der sie umgibt, kommen selten gewordene Pflanzen wie der Gagelstrauch, die Sumpfcalla, der Fieberklee und die Wasserlobelie, eine Glockenblumenart, vor. Da dieser Sumpf nicht begehbar ist, kann man auch nicht an die beiden Sager Meere gelangen. Ein dichter Erlenbruchwald, der zudem von Birken, Kiefern und Ebereschen umschlossen ist, verdeckt sogar den Blick auf das Wasser. Die einzige Zuwegung, die es gibt, ist durch einen Zaun und ein

Die Visbeker Braut ist eine der berühmtesten Grabstätten der nordischen Megalithkultur. Über 70 Findlinge umrahmen das Grab, und vier Steinblöcke schließen es ab. Mit etwas Phantasie erkennt man in dem Block auf dem Bild links ein sich umarmendes Liebespaar.

Schild „Betreten verboten" versperrt. Denn das ganze Gebiet befindet sich in Privatbesitz. Aber es steht unter Naturschutz. Die geschützte Fläche umfaßt 76 Hektar.

Auf dem großen Geestrücken bei Wildeshausen, der sich von dem in der Eiszeit kastenförmig eingeschnittenen Tal der Lethe im Westen 50 Kilometer weit nach Osten bis an die Hache bei Syke erstreckt, finden sich noch viele andere von der Natur oder von Menschen geschaffene Wanderziele, die den Weg lohnen. Dazu gehören vor allem die Glaner Braut, die Großen Steine von Kleinenkneten, die Reckumer Steine und der Opfertisch an der Engelmannsbäke. Diesem Wasserlauf in südlicher Richtung folgend, kommt man durch ein herrliches Tal, in dem sich drei Wassermühlen mit ihren Mühlteichen befinden. Eindrucksvoll sind auch die Ahlhorner Fischteiche, die 5 Kilometer nordwestlich dieses Ortes liegen. Sie wurden 1906 in Windmulden und Triften eines Heidegeländes angelegt und werden vom Lethewasser gespeist. Die rund 60 größeren und kleineren Teiche, die eine Fläche von 160 Hektar einnehmen und der Landesforstverwaltung gehören, sind voneinander durch Dämme getrennt, über die Wanderwege führen. Von den Dämmen aus können über 100 Vogelarten beobachtet werden, darunter viele seltene Enten, Baumfalken und die letzten Fischadler Niedersachsens. Auch der Eisvogel, das „fliegende Juwel", ist hier beheimatet.

Eine Sehenswürdigkeit für sich ist Wildeshausen, das diesem weiten Gebiet den Namen gab. Mit seiner in Kreuzesform erbauten Basilika, die dem Heiligen Alexander geweiht ist, seinem stufengiebeligen Rathaus, seinem alten Zollhaus und seiner mächtigen Befestigungsanlage ist es die älteste Stadt des Oldenburger Landes. Nach einer Urkunde aus dem Jahre 851 befand sie sich einst im Besitz des Sachsenherzogs Widukind, dessen Enkel Graf Waltbert um die Mitte des 9. Jahrhunderts die Gebeine des Heiligen Alexander aus Rom nach Wildeshausen überführen ließ und dadurch einen bedeutenden Wallfahrtsort begründete. Der Name dieser Stadt, die nach wechselvoller Geschichte von 1700 bis 1803 zu Kurhannover gehörte, hat nichts mit „wild" zu tun. Er leitet sich von Wigaldinghus ab, das hier schon vor der Zeit Widukinds an der Grenze zwischen dem Lerigau und dem Largau bestanden hat.

65 Baumwildnis mit greisen Eichen:

Der Hasbruch

Südöstlich von Oldenburg, zwischen Hude und Ganderkesee, lag einst ein großes Sumpfgebiet. Die an seinen Rändern siedelnden Menschen gaben ihm einen Namen, der erstmals in einer Urkunde von 786 nach Christus – der Zeit Karls des Großen – als „Aschbrouch" schriftlich festgehalten wurde. „Asch" dürfte dabei Gewässer bedeutet haben, und „Brouch" hieß Bruch oder Sumpf. Obgleich sich die Schreibweise bis zum heutigen „Hasbruch" mehrfach änderte, war immer ein und dasselbe gemeint, ein durch die Unsicherheit seines morastigen Bodens nur schwer zugängliches Stück Land. Diese Beschaffenheit des Bodens hatte zweierlei zur Folge: einmal, daß hier die Bäume – insbesondere die Eichen – gute Wuchsverhältnisse vorfanden, und zum anderen, daß eine Rodung des dichten Baumbestandes nahezu unmöglich war. Der Hasbruch wurde von der Landkultivierung ausgespart, so daß in ihm ein Urwald heranwachsen konnte, dessen Reste noch heute Staunen erregen und auch Ehrfurcht wecken.

Vielleicht gibt es noch einen weiteren, einen religiösen Grund, der zur Erhaltung dieser Baumwildnis beitrug. Der Hasbruch war in germanischer Zeit eine Opferstätte in Form eines von der Natur geschaffenen Tempels. Seine Säulen waren die Stämme der mächtigen Eichen und ihre Kronen das Dach. Unter ihnen opferten Priester den heidnischen Göttern, und in der Abgeschiedenheit vom lebendigen Alltag wurden die Toten bestattet. Jeden wird heilige Scheu ergriffen haben, der seinen Fuß in diese Waldung setzte, in der nach dem alten Glauben die Asen wohnten. Deshalb kam auch der Gedanke auf, daß Hasbruch eigentlich „Asenbruch" bedeute. Wie in diesem Sinne weiter argumentiert wurde, sei die einstige Heiligkeit dieses Waldes auch darin zu erkennen, daß in seiner Nähe das Kloster Hude errichtet wurde. Doch dabei stellen sich Zweifel ein.

Es trifft zwar zu, daß sich Mönche häufig als die legitimen Nachfolger der heidnischen Priester fühlten. War aber dieses Gefühl auch noch mehrere hundert Jahre nach dem Sturz der alten Götter wach? Das Kloster Hude wurde erst dreieinhalb Jahrhunderte nach der Christianisierung gegründet, und zwar durch Zisterziensermönche aus dem Kloster Mariental bei Helmstedt. Zudem war der Platz „tor Hude", den die Mönche der Gottesmutter weihten und lateinisch „Rubus Sanctae Mariae" (Marienbusch) nannten, nur ein Ersatz für eine nicht lebensfähige Klostergründung zu Bergedorf an der Welse in Pommern, wo 1192 der aus Palästina heimkehrende Kreuzfahrer Graf Christian von Oldenburg ermordet worden war. Die Familie des Toten schenkte dem Zisterzienserorden den waldreichen Huteplatz an der Berne – dem Flüßchen, das am Hasbruch westlich vorbei zur Weser fließt und in Hude die noch heute stehende Klostermühle antrieb.

Der Erhaltung des Urwaldes im Hasbruch kam auch zugute, daß gegen Ende des Mittelalters die Grafen von Oldenburg, die vordem als sächsische Gaugrafen die Interessen des Sachsenherzogs gewahrt hatten, dieses undurchdringliche, wildreiche Waldgebiet zu ihrem Jagdrevier erklär-

Die Eichen des Hasbruchs grünten schon vor 1200 Jahren. Die älteste ist die Amalieneiche (rechts), deren Stamm schon ganz hohl ist. Dennoch bringen zwei ihrer Hauptäste noch Jahr für Jahr Laub hervor. Das untere Bild vermittelt einen Eindruck vom Urwald des Hasbruchs.

schlamm konnte aber nur feiner weißer Sand mit einer dünnen Humusdecke, die noch nicht alt gewesen sein kann, festgestellt werden. Auch die vorgenommenen Faulschlamm- und Pollenuntersuchungen deuten auf ein verhältnismäßig geringes Alter des Sees hin. In den tieferen Schichten des bis zu 6 Meter mächtigen Faulschlammes wurde sogar schon Blütenstaub vom jüngsten Waldbaum dieses Gebietes, der Buche, gefunden. Auch im ammerschen Raum stellte sich die Buche erst nach der Eiche, der Hasel und der Hainbuche ein. Sie ist sehr wählerisch und faßt im Gegensatz vor allem zur Eiche nicht überall Fuß. Wegen ihrer Ansprüche an den Boden kommt sie auch nur mosaikartig und nicht flächendeckend vor. Jedenfalls wird in dem im Faulschlamm des Zwischenahner Meeres aufgefundenen Blütenstaub von Buchen der überzeugendste Beweis für die Jugend dieses Gewässers gesehen.

Daß die Entstehungsursache ein Erdfall ist, wurde völlig klar, seitdem man auch noch weiß, daß im Untergrund des Zwischenahner Gebietes ein Salzstock lagert. Er ist 15 Kilometer lang, fast 5 Kilometer breit und erstreckt sich in Südwest-Nordost-Richtung. Der See liegt über seinem Nordostende. Durch das Ablaugen einer löslichen Salzschicht ist das darüber liegende Land um etwa 9 Meter eingesunken. Davon sind heute jedoch nur die obersten 3 Meter Wasser, während der übrige größere Teil der Senke mit den zersetzten Resten abgestorbener Pflanzen und Tiere angefüllt ist. Der Zeitpunkt, an dem der Einbruch erfolgte, ist nicht genau bekannt. Er muß in einem der letzten Jahrtausende vor der christlichen Zeitrechnung angenommen werden.

Das Zwischenahner Meer wird durch sechs Zuflüsse gespeist, von denen die Elmendorfer Bäke im Norden, der Au-Bach im Nordosten und die Halfsteder Bäke im Osten die bedeutendsten sind. Abflüsse besitzt es dagegen nur zwei: die beiden am Südufer ausmündenden Auen. Da diese beiden Abflüsse früher die Ortsgrenze von Zwischenahn bildeten, soll der Ort von dieser Lage „zwischen den Auen" seinen Namen erhalten haben. Zahlreiche Funde von geschliffenen Feuersteinen, Urnenscherben und Steinbeilen weisen darauf hin, daß an dieser Stelle schon in vorgeschichtlicher Zeit Menschen gesiedelt haben.

Auch das Nordufer war bewohnt. Hier befinden sich drei unter Naturschutz stehende Erhebungen, die dem Ort Dreibergen den Namen gaben und Grabstätten der Bronzezeit sind. Ganz in ihrer Nähe stand einstmals die Burg Elmendorf. Sie bildete den Mittelpunkt eines Ammerländer Herrschaftsgebietes und blieb es auch dann noch, als die aus dem Osnabrücker Nordland stammenden Grafen Egilmar die 1108 erstmals genannte, aber wohl schon früher erbaute Oldenburg an der Hunte zum Verwaltungszentrum der sächsisch-friesischen Grenzmark machten. Nordöstlich und östlich des Zwischenahner Meeres verläuft der Oldenburgisch-Ostfriesische Geestrücken, der die Wasserscheide zwischen der Weser- und der Emsmündung bildet.

Das Zwischenahner Meer ist fast auf der ganzen Länge seines 11 Kilometer messenden Ufers von einem Schilfgürtel gesäumt. Das naturkundlich interessanteste Gebiet liegt in der Nordwestecke des Sees und heißt „Stamers Hoop". „Hoop" ist die volkstümliche Bezeichnung für die Schilfeinfassung des Sees. Von diesem weitgehend versumpften Gebiet am Nordwestrand stehen 24 Hektar bereits seit 1933 unter Naturschutz. Es ist durch die Strömung des Seewassers entstanden. Das Wasser an der Oberfläche des Sees wird duch die Westwinde nach Osten bewegt und fließt dann im Rückstau am Seegrund nach Westen zurück. Bei dieser Rückwärtsbewegung nimmt es mineralisches sowie pflanzliches und tierisches Feinmaterial mit und lagert es am Westufer ab. Dort hat sich auf dem Wurzelgeflecht der Röhrichtpflanzen eine dünne, schwankende Grasnarbe gebildet, auf der sich Erlen und Weiden angesiedelt haben. Dieses Sumpfgebiet, in das weder zu Fuß noch mit dem Boot eingedrungen werden kann, ist ein idealer Lebensraum für viele Wasser- und Watvogelarten.

Wegen seiner idyllischen Lage lockt das Zwischenahner Meer viele Besucher an. Der See wird von Kiefern- und Mischwaldbeständen umrahmt, und ein breiter Schilfgürtel bietet vielen Vögeln noch einen idealen Lebensraum. Unser Bild wurde vom Westufer aus aufgenommen und läßt im Hintergrund die Silhouette von Bad Zwischenahn erkennen.

67 Sturmfluten sind sein Todfeind:

Das Sehestedter Moor

Wo heute der Jadebusen in Form eines Herzens tief in das niedersächsische Küstenland einschneidet, breitet sich erst seit wenigen hundert Jahren eine geschlossene Wasserfläche. Noch um die Mitte des 12. Jahrhunderts war dieses Gebiet mehr oder weniger festes Land, das die Friesische Wehde mit Butjadingen verband. Es gab noch nicht einmal das aus dem Vareler Hochmoor kommende Flüßchen Jade, nach dem später diese Meeresbucht benannt wurde. Zwar waren andere Wasserläufe in großer Zahl vorhanden, die aber alle von Südwesten nach Nordosten flossen und in die Außenweser mündeten, während die Jade von Süden nach Norden verläuft. Das Land bestand aus Marsch, Moor und Geest und bildete um 800 den Gau Rüstringen.

Doch mit der Julianenflut vom 17. Februar 1164, bei der nach den Annalen des einst bedeutenden, im südlichen Harzvorland gelegenen Klosters Pöhlde „drei Tage lang aus dem Schlund der Hölle die Wasser hervorquollen und an 20 000 Menschen verschlangen", begann sich das Landschaftsbild zu verändern. Das Meer sägte sich eine Rinne durch die Marsch und das Moor, die sich allmählich erweiterte. Die Rüstringer bemühten sich fünf Jahre lang, die entstandenen Schäden zu beheben. Doch sie arbeiteten zu nachlässig, so daß schon im sechsten Jahr nach der gewaltigen Julianenflut ein leichtes Ansteigen der Flutwelle genügte, um die sehr lückenhaft ausgebesserten Deiche erneut zu zerstören. Diesmal kam es zu erheblichen Landverlusten. Die Katastrophe veränderte auch den Lauf der Binnengewässer, und dabei – Genaueres läßt sich nicht feststellen – dürfte die Jade entstanden sein.

Für diese Annahme spricht ein geschichtlicher Beweis. Im Gebiet des heutigen Jadebusens gab es einst den als Stadt bezeichneten Flecken Aldessen, der um 1300 ein blühender Marktort war. Er besaß Handelsverbindungen bis an den Rhein und durfte sogar eigene Münzen prägen. Aus der wirtschaftlichen Bedeutung Aldessens kann geschlossen werden, daß es an einer großen Stromrinne gelegen haben muß, die die Schiffahrt und damit den Warenumschlag begünstigte. Es kann nur die Jade gewesen sein. Von Aldessen selbst ist wenig geblieben, weil es wie zahlreiche andere Orte an der Jade in den Fluten versank. Seine letzte Stunde schlug, als am 4. Oktober 1428, dem Tage des heiligen Franz, ein gewaltiger Sturm anhob, der das Meer aufwühlte und durch die gebrochenen Deiche „über den Boden Frieslands jagte", wie es in den verlorengegangenen Jahrbüchern des einstigen Dominikanerklosters in Norden geheißen haben soll.

Die größte Ausdehnung erreichte der heute rund 190 Quadratkilometer umfassende Jadebusen durch die Antoniflut vom 16. Januar 1511, die bis nach Friedeburg drang. Sie hatte erneut schreckliche Verheerungen zur Folge: Allein fünf Kirchspiele wurden ausgedeicht. Erst ein Dutzend Jahre später – 1523 – rafften sich die Bewohner dieses vom Blanken Hans schwer heimgesuchten Gebietes auf, um mit der Rückgewinnung des verlorenen Landes zu beginnen. Zur treibenden Kraft

Die Tage des Sehestedter Moores sind gezählt. Bei Sturmflut schwimmt sein oberer Teil auf dem Meerwasser. Die Fluten reißen dann Moorstücke, wie unser Bild sie zeigt, los und schwemmen sie fort. Auf diese Weise zerstört die Natur selber das schwimmende Moor immer mehr.

wurde Graf Johann von Oldenburg, der später als „des Heiligen Römischen Reiches Baumeister an der Wasserkante" in die Geschichte einging.

Bis zur Julianenflut von 1164 waren große Teile des heutigen Jadebusens vom Friesischen Moor ausgefüllt, das durch die vorgelagerte Marsch und den Deich vor den anbrandenden Wellen geschützt war. Doch je weiter sich die Einbruchstellen des Meerwassers aushöhlten und immer größere Flutmassen einsogen, desto mehr wurde dieses Hochmoor zerstört. Nur im Südosten der heutigen Meeresbucht hat es dem Meerwasser besser standgehalten, weil hier vor dem Moor der Groden ist und es somit nicht im Bereich der täglichen Tidebewegungen liegt. Hier begann auch Graf Johann, der See das geraubte Land wieder abzujagen. Er ließ als erstes den 4,5 Kilometer langen Jader Altendeich aufführen, der dann immer weiter nach Norden vorgeschoben wurde.

200 Jahre später – Oldenburg war vorübergehend an Dänemark gefallen – ließ der dänische Oberlanddrost Admiral Christian Thomsen von Sehestedt durch die Nordwestecke des Friesischen Moores in mühevoller vierjähriger Arbeit einen Deich ziehen, um den Anschluß an die bereits im Norden und Süden vorhandenen Schutzwerke zu erlangen. Mit dieser Kulturleistung schuf er zugleich ein Naturphänomen besonderen Ranges: das möglicherweise einzige Hochmoor auf der ganzen Erde, das an das offene Meer grenzt. Dieses Außendeichsmoor wie auch die hinter dem Moordeich entstandene Siedlung erhielten den Namen des dänischen Admirals. Doch im Volksmund heißt das Sehestedter Moor einfach das „schwimmende Moor", weil es von Sturmfluten angehoben wird und auf dem Wasser schwimmt.

Dies ist deshalb möglich, weil das lockere Hochmoor leichter als Wasser ist, das festere Niedermoor dagegen schwerer. Wenn Sturmfluten von mehr als 3,25 Meter auflaufen, hebt sich der schwimmfähige obere Teil von dem liegenbleibenden unteren ab und treibt auf. Zugleich lagert das eingedrungene Seewasser auf dem unteren Moorteil Schlick ab. Als die Moorfläche noch größer war als heute, klappte der obere Teil wie ein Buchdeckel auf und bildete mit dem unteren einen spitzen Winkel, dessen Schenkel mehrere Kilometer lang waren. Die Schenkel wurden aber mit den ständigen Abbrüchen an der Moorkante immer kürzer, und der Scheitel des Winkels, an dem Ober- und Unterteil noch zusammenhingen, wanderte immer weiter in Richtung Moordeich. Eines Tages – niemand weiß wann – erreichte er den Deichfuß, und das untergelaufene Wasser brach nach oben durch. Aus dem aufklappenden wurde ein schwimmendes Moor.

Das Sehestedter Moor steht seit 1938 unter Naturschutz. Dennoch sind seine Jahre gezählt. Denn das Besondere an ihm, nämlich seine Lage am offenen Meer, ist zugleich die Ursache seines raschen Sterbens. Die Fluten reißen am seewärtigen Rand Moorstück um Moorstück – hier Dargen genannt – los, und der Ebbstrom trägt sie in das Meer hinaus. So wird dieses einmalige Naturschutzgebiet immer kleiner. War die Moorfläche 1720 noch rund 235 Hektar groß, so maß sie 1795 nur noch 115 Hektar. Bis 1900 schrumpfte sie dann auf 40 Hektar und bis 1969 auf 13. Inzwischen ist sie noch kleiner geworden. Soll das Schwimmende Moor bis zur nächsten Jahrtausendwende nicht ganz vernichtet sein, müßte zur Erhaltung seines letzten Restes etwas unternommen werden. Nach Auffassung von Fachleuten könnte durch die Anlage eines flachen Sommerdeiches auf dem Außengroden vor dem Moor die zerstörende Kraft des Meeres gebrochen werden. Vielleicht wäre es dann nicht unbedingt mehr ein schwimmendes Moor, so doch ein Naturdenkmal in jedweder Hinsicht. Zumindest bliebe es als Biotop für eine artenreiche Vogelwelt erhalten.

Das Wirken der Naturkräfte hat das Land an der Küste schon oft verändert. Wo heute Wasser ist, war einstmals fester Boden wie auch umgekehrt. So hat der römische Schriftsteller Plinius im ersten nachchristlichen Jahrhundert in seiner Naturgeschichte von der Küste der Chauken als Augenzeuge ein Bild entworfen, das sich vom heutigen wesentlich unterscheidet. Das Festland reichte

Dieses Bild entstand am Schweiburger Siel und zeigt den Jadebusen bei Ebbe. Man kann sich kaum vorstellen, daß er noch vor etwa 850 Jahren von einem großen Moor ausgefüllt war.

weiter nach Norden, und es waren ihm viele Inseln vorgelagert, von denen die Römer allein 23 durch ihre Kriege kennengelernt hatten. Der griechische Geograph Pytheas, der schon dreieinhalb Jahrhunderte früher zwischen 334 und 325 vor Christus Britannien, Thule (Island) und die deutsche Nordseeküste – von ihm das „Bernsteinland" genannt – bereiste, beschrieb die Nordsee sogar als ein Binnenmeer. Und noch Ptolemäus, der Astronom und Geograph aus Alexandria, der um die Mitte des zweiten nachchristlichen Jahrhunderts als erster den Stammesnamen der Sachsen schriftlich festhielt und überlieferte, berichtete von Inselgruppen an der Nordseeküste, die es längst nicht mehr gibt.

Wenn man um den ständigen Kampf der Elemente miteinander weiß, nimmt auch die Entdekkung nicht wunder, daß unter dem heutigen Jadebusen ein anderer liegt, der vor rund 5 000 Jahren entstand und viel größer war. Damals senkte sich die Nordseeküste um 8,50 Meter, so daß weite Teile des Festlandes überschwemmt wurden. Erst 2 000 Jahre später, als sich die Küste wieder um etwa 3 Meter hob, verschwand auch der vorgeschichtliche Jadebusen wieder. Sein Wasser wurde flacher, süßte aus, und als es nur noch einen halben Meter tief war, siedelte sich in dem ganzen Gebiet Schilf an. Aus dem Schilffeld bildete sich Moor, das so lange Bestand hatte, wie die Schilfwurzeln den fruchtbaren Klei im Untergrund zu erreichen vermochten. Als ihnen dies mit dem Dikkerwerden des Moores nicht mehr gelang, starb das Schilf ab. An seine Stelle traten Seggen, aus denen sich Seggentorf bildete, und diesem wiederum folgte Bruchwald. Aber ebenso wie das Schilf verhungerten auch die Bäume. Über dem toten Wald bildete sich ein großes Hochmoor, als dessen letzter Rest sich heute das Sehestedter Moor dem Besucher zeigt.

68 Auf Eiszeitschutt entstanden:

Der Neuenburger Urwald

Im Süden des Kreises Friesland liegt die Friesische Wehde. Dieses fruchtbare, waldreiche Gebiet von etwa 15 000 Hektar Größe war im Mittelalter wegen seiner wirtschaftlichen Bedeutung heftig umstritten. Um seinen Besitz kämpften ostfriesische und jeversche Häuptlinge sowie die Grafen von Oldenburg. Es floß viel Blut. Die Oldenburger blieben schließlich Sieger. Um die gewonnene Waldmark zu sichern, erbaute Graf Gerd, genannt der Mutige, das feste Schloß Neuenburg. Als er 1465 den Grundstein zum Schloßturm legte, soll er seinen Handschuh in die Baugrube geworfen und dabei geflucht haben: „Dat de Fresen de Bammel schla!" Zum Glück ging dieser unerfreuliche Wunsch nicht in Erfüllung. Bammel bedeutet Keule.

Ihre Fruchtbarkeit verdankt die Friesische Wehde feuchten lehmigen Böden, die durch Verwitterung der gewaltigen Schuttmassen entstanden sind, die von den Gletscherströmen der Eiszeit herangeschoben worden waren. Auf diesen Böden siedelten sich nach dem Schwinden des Eises Eichen und Hainbuchen an und gediehen prächtig. Um das ausgedehnte Waldgebiet herum entstanden auf der trockenen Geest Bauerndörfer, deren Ursprung in vorgeschichtlicher Zeit zu suchen ist. Den Bewohnern dieser Dörfer lieferte das Waldgebiet Holz und Lehm. Überdies hielt es für das Vieh Weideflächen bereit.

Wie in vielen Teilen des Sachsenlandes ist auch hier, wo einstmals Chauken siedelten, der Versuch unternommen worden, den fruchtbaren Boden, der für die Holzproduktion eigentlich viel zu schade schien, in Ackerland umzuwandeln. Doch die Kultivierung ist aus nicht bekannten Gründen gescheitert. So blieb vor allem bei Neuenburg der alte Hutewald erhalten, der mit dem Nachlassen des Vieheintriebs im vorigen Jahrhundert ein immer romantischeres Aussehen annahm. Er begann Besucher anzulocken, darunter viele Maler, die hier herrlichste Motive fanden. Das veranlaßte vor über 100 Jahren den damaligen Oldenburger Großherzog Nikolaus Friedrich Peter die „Große Schaar" – das schönste Waldstück – aus der forstlichen Nutzung herauszunehmen.

Seitdem hat hier die Natur völlig freien Lauf. Die Eichen wachsen zu mächtigen Gebilden heran, die knorrig, lichthungrig und raumbeherrschend sind. Ihr Anblick läßt begreifen, warum einst alle indogermanischen Völker in den Eichen göttliche Kräfte vermuteten und deshalb diese Bäume verehrten.

Die majestätischen Eichen von Neuenburg, deren älteste heute rund 800 Jahre zählen, haben auf den Lehmböden der Wehde in der Hainbuche einen idealen Begleiter. Dieser Baum, der trotz seines Namens keine Buche, sondern ein Birkengewächs ist, erträgt eine milde Beschattung und fühlt sich unter dem Laubschirm der bis zu 35 Meter hohen Eichen sehr wohl. Die alten Hainbuchen muten oft wie geduckte Muskelprotze an, denn ihr Stamm ist im Gegensatz zu allen anderen

So manche der herrlichen uralten Eichen – die ältesten zählen schon rund 800 Jahre – hält einem Sturm nicht mehr Stand. Wenn ein Eichengreis stürzt, bleibt er liegen, wie er gefallen ist. Die Natur hat hier freien Lauf.

wäre fast zu einer Insel geworden, hätte nicht die Geest, die zwischen Pogum und Bunderhee an die Oberfläche tritt, dem Vordringen des Wassers Einhalt geboten. Doch während die Einbruchstellen bei Jemgum und Weener im Laufe der Zeit aufschlickten und zu fruchtbarem Land wurden, blieb bei Jansum ein Gatt, eine Wasserrinne, die mehrere Kilometer weit landeinwärts bis zum einstigen Reiderwolde reichte. Daraus entstand die Meeresbucht des Dollart.

Zwar waren die Warfendörfer am Emsufer von der Marcellusflut verschont geblieben, doch hinter ihnen fraß sich das Meer immer weiter in das Moor hinein. Die Überflutungsfläche nahm eine ähnliche herzförmige Gestalt an, wie sie der Jadebusen heute zeigt. Dann aber kam das Schicksalsjahr 1509, in dem am Vorabend von St. Cosmas und Damian, das heißt am 26. September, wieder die Hölle losbrach. Das Wasser ging diesmal im Dollartgebiet über alle Deiche hinweg. Der Emsstrom durchstieß im Zusammenwirken mit der Sturmflut die Schleife, die er bis dahin bei Emden beschrieben hatte, und schuf die „Frische Ems". Zugleich nahte das Ende der Warfendörfer am Emsufer. Nur in Nesse, das durch die Verlagerung des Emsbettes zur Insel geworden war, blieben einige Einwohner zurück. Diese erneute Flutkatastrophe erweiterte den Dollart besonders nach Westen und Süden erheblich: Er erlangte mit rund 300 Quadratkilometer seine größte Ausdehnung. Ein Teil des vom Meer geraubten Landes wurde in den folgenden Jahrhunderten auf niederländischer wie auf deutscher Seite durch Einpolderungen Stück für Stück zurückerobert. Dann aber war der Wert des Neulandes infolge landwirtschaftlicher Überproduktion so stark gesunken, daß von 1924 an weitere Eindeichungen unterblieben.

Die Naturschützer sind heute froh darüber, daß damals die Rückgewinnung des verlorenen Landes nicht forgesetzt wurde. Der Dollart konnte für die an der Küste wie im Binnenland mehr und mehr bedrängte Vogelwelt zu einer Zufluchtstätte ersten Ranges werden. Er stellt allein von seiner Vegetation her etwas Einzigartiges im gesamten niedersächsischen Küstengebiet dar. Denn er hat einen geringeren Salzgehalt als vergleichsweise die Leybucht oder der Jadebusen, so daß sich auch seine Pflanzenwelt umfangreicher und vielfältiger entwickeln konnte. Kennzeichnend für den Dollart sind großflächige Pflanzenbestände an seinen Rändern von unterschiedlichster Art. Im Watt, das sich über dem einstigen Moorboden gebildet hat, kann man auf weite Pionierstadien aus Schlickgras und Meerbinse treffen. Andere große Flächen sind mit Röhrichten aus Meerbinse, Schilf und Strandaster bestanden. Zudem hat das Andelgras weitläufige dichte Rasen gebildet. Dieses durch seine etwas blaugrüne Färbung auffallende Gras, das sowohl Überflutungen als auch Überdeckungen mit Schlick verträgt, gilt als der leistungsfähigste Marschbildner. Mit den Andelrasen sind Strandnelkenrasen verquickt.

Im Dollart sind 155 Vogelarten nachgewiesen, darunter 23 als Brutvögel. Zu den hier brütenden Arten gehören vor allem die Uferschnepfe, der Rotschenkel, der Kampfläufer und der Säbelschnäbler, während sich als Gastvögel insbesondere Gänse- und Entenarten sowie die Bekassine, der Große Brachvogel und der Goldregenpfeifer regelmäßig einstellen. Man kann auch Kormorane im tiefen Wasser und an Prielen fischen sehen und beobachten, wie sie sich nach dem Tauchen auf Pricken setzen, ihre Flügel ausbreiten und vom Wind ihr Gefieder trocknen lassen. Dominierend sind jedoch die Gänsearten. Am häufigsten kommt die Bläßgans vor, für die der Dollart überhaupt der bedeutendste Rastplatz im deutschen Bundesgebiet ist. Die Mindestzahl von 1 000 Exemplaren, die zur Anerkennung als Feuchtgebiet von internationaler Bedeutung erforderlich ist, wird gleich zehnfach überschritten. Auch die Saatgans kommt an der deutschen Küste nur in dieser Meeresbucht in nennenswerter Anzahl vor. Im Frühjahrszug wurden schon bis zu 1 800 Exemplare gezählt – dreimal mehr als zur Anerkennung als Feuchtgebiet von internationaler Bedeutung gefordert wird. Mit einer sehr hohen Zahl bis zu fast 3 000 Stück wartet auch die Brandgans auf.

Im Dollart erreicht die Nordsee in Niedersachsen ihren südlichsten Punkt. Er ist vom Meer geraubtes Land, das nicht zurückerobert wurde. Dafür hat die an der Küste verdrängte Vogelwelt in dieser Meeresbucht neue Brut- und Rastplätze erhalten. Die Saatgans zum Beispiel (rechts) kommt nur noch hier in nennenswerter Anzahl vor. Das Bild unten zeigt den Dollart bei Flut, die gerade den Scheitel erreichte. Im Hintergrund ist Emden zu sehen.

70 Nur tot bleibt es am Leben:

Das Ewige Meer

Als David Fabricius, Theologe und Astronom aus Esens, und Ubbo Emmius, Historiker und Groninger Universitätsrektor aus Greetsiel, gegen Ende des 16. Jahrhunderts die ersten Landkarten von Ostfriesland zeichneten, vermerkten sie erstaunlich viele Orts- und Landschaftsnamen. Den Gewässern dagegen schenkten sie nur wenig Aufmerksamkeit. Wo hätten sie auch bei der großen Zahl von Seen, Teichen und Tümpeln, die es zu ihrer Zeit in der weiten moorreichen Landschaft Ostfrieslands gab, mit dem Kartographieren anfangen und wo enden sollen? Dazu die vielen Fließgewässer, die man hier Ehe, Tief, Flumm oder Riede nennt! Wer an Ostfriesland und Wasser denkt, denkt auch heute noch zumeist nur an das Meer, an die Nordsee, in die die Nordwestecke Niedersachsens wie eine trutzig geballte Faust hineinragt.

Daß es hier auch Binnenmeere von beachtlichem Ausmaß gibt, ist außer der einheimischen Bevölkerung nur wenigen bekannt, obgleich sie längst in jede Landkarte Ostfrieslands eingezeichnet und über gute Zuwegungen bequem zu erreichen sind. So liegt im Südbrockmerland zwischen Emden und Aurich das Große Meer, das mit 4,2 Quadratkilometer Fläche nach dem Steinhuder Meer, dem Dümmer und dem Zwischenahner Meer das viertgrößte Binnengewässer Niedersachsens ist. Es bildet inmitten einer weiten grünen Wiesenlandschaft den Kern eines herrlichen Erholungsgebietes. Doch für den Naturfreund noch interessanter als dieser vom Segelsport eroberte See ist zweifellos das Ewige Meer, das westlich der von Aurich nach Westerholt führenden Straße liegt.

Das Ewige Meer gilt als der größte und schönste Hochmoorsee nicht nur Deutschlands, sondern ganz Westeuropas. Es ist in eine unzerstörte, noch rund 360 Hektar umfassende Hochmoorlandschaft eingebettet, die den nördlichen Teil des Tannenhauser Moores bildet. Die Länge des Meeres beträgt rund 1 800, die Breite 900 Meter. Doch das Merkwürdige ist, daß das braune 2 bis 3 Meter tiefe Moorwasser keinerlei pflanzliches oder tierisches Leben aufweist. Der Grund ist einfach: Die Nährstoffarmut dieses Wassers und die Moorsäuren, die es enthält, lassen kein Leben aufkommen.

Wie dieses eigenartige Gewässer entstanden ist, weiß man nicht genau. Man kann es sich nur denken. So wird angenommen, daß mehrere Hochmoorgebiete aufeinander zuwuchsen, bis zuletzt nur noch die vom heutigen See bedeckte Fläche frei blieb. Hier hatte sich inzwischen das aus den nassen Moorrändern herausquellende Wasser angesammelt und verhinderte ein weiteres Vordringen des Torfmooses. Die das Wasser umgebenden Moore wuchsen höher, so daß ein Seebecken entstand, in dem sich immer mehr aus den Moorrändern einfließendes Grundwasser staute. Dieses lebensfeindliche Naß verhinderte das Aufkommen einer Ufervegetation und damit zugleich die Verlandung des Sees. Es mag paradox erscheinen, doch es ist wahr: Das Ewige Meer kann nur tot am Leben bleiben.

Das Ewige Meer, einer der schönsten Hochmoorseen, bietet wie zu jeder Jahreszeit auch im Herbst einen herrlichen Anblick. Das Wasser dieses Sees ist so nährstoffarm, daß er im Gegensatz zu vielen anderen nicht verlanden kann.

Insofern ist auch die Bezeichnung „ewig" recht zutreffend. Dennoch hat ihr sprachlicher Ursprung mit dem Unvergänglichen nicht das Geringste zu tun. Sie leitet sich von dem Namen der Streusiedlung Eversmeer her, die am Nordrand dieses seit 1939 unter Naturschutz stehenden Hochmoorgebietes liegt. In das Naturschutzgebiet mit einbezogen sind das Kleine Eversmeer, die Dobbe und das winzige Krickmeer, die ebenfalls Hochmoorseen sind. Das Kleine Eversmeer, das im Gegensatz zum großen, zum Ewigen Meer in seinen Randgebieten pflanzliches Leben besitzt, ist schon zu mehr als der Hälfte verlandet.

Voll von Leben ist dagegen das Moor, das diese Seen umgibt. Es besteht nicht allein aus den graugrünen Polstern des Torfmooses, des eigentlichen Baumeisters der Hochmoore, sondern ist von vielen anderen Pflanzenarten bewachsen. Seinen größten Teil bedecken Wollgras, Pfeifengras, Binsen und Seggen. An den feuchteren Stellen steht die Glockenheide und an den trockeneren der Gagelstrauch. Botaniker haben in diesem Moor auch drei Arten des Sonnentaues entdeckt. jener zierlichen Pflanze, die auf ihren klebrigen Blättchen Insekten fängt und verzehrt.

Weiter kommt hier die zu runden Büschen wachsende Rausch- oder Trunkelbeere vor, deren den Heidelbeeren ähnliche Früchte nach dem Genuß mitunter Kopfschmerzen und Erbrechen verursachen können. Sie ist eine der ältesten in Niedersachsen vorkommenden Pflanzen überhaupt und begann sich hier bereits anzusiedeln, als die Nacheiszeit wieder pflanzliches Leben zuließ. Ein Zuhause hat am Ewigen Meer auch die Moosbeere, an deren niedrigen, über den Boden kriechenden Trieben große rote Beeren reifen. Aus solchen Früchten werden in den skandinavischen Ländern Limonade, Likör und Konfitüre bereitet. Zudem findet man hier die Rosmarinheide, die an ihren langstieligen rosaroten Glöckchen zu erkennen ist. Diesem lieblichen Pflänzchen, das in einem Lied von Hermann Löns besungen wird, haben die Wissenschaftler den Namen der aus der griechischen Mythologie bekannten äthiopischen Königstochter Andromeda gegeben. So wie diese Moorpflanze auch an Felsen wachsen kann, war der Sage nach Andromeda an einen Felsen geschmiedet, bis sie von Perseus, einem Sohn des Zeus, befreit wurde.

Auch die Tierwelt ist am Ewigen Meer noch reich vertreten, vor allem mit gefiederten Arten wie Birkhühnern, Kampfläufern, Rohrammern, Sumpfohreulen und verschiedenen Enten. Hier kann man den Kiebitz beobachten, wie er seine Flugkünste vollführt, und die Bekassine, die mit den Schwanzfedern „meckert", wenn sie sich im Sturzflug fallen läßt, und deshalb auch Himmelsziege heißt. Man kann den melancholischen Ruf der Uferschnepfe hören und auch die melodische Stimme des ganz selten gewordenen Großen Brachvogels. Weiter sind hier die Trauerseeschwalbe, der Rotschenkel, der Ziegenmelker und andere Vogelarten anzutreffen, die in der Bundesrepublik Deutschland als bestandsgefährdet gelten oder – wie die Wiesenweihe – schon vor dem Aussterben stehen.

Der Seltenheitswert dieses Gebietes wurde immer größer, je mehr Hochmoorflächen in Niedersachsen als dem moorreichsten Land der Bundesrepublik der Abtorfung und landwirtschaftlichen Kultivierung geopfert wurden. Die Naturschützer hoffen, daß in diesem landschaftlichen Kleinod Ostfrieslands Lebewesen, die anderswo bestandsbedroht sind, nicht nur erhalten bleiben, sondern sich von hier aus auch wieder ausbreiten. Um ihnen neuen Lebensraum zu schaffen, wird seit Jahren in Niedersachsen viel getan. Vor allem werden abgetorfte Moore durch Wiedervernässung regeneriert.

Das ausgedehnte Moor, das das Ewige Meer umgibt, ist reich an Pflanzenarten. Am auffallendsten ist das Wollgras, wenn es im Frühsommer fruchtet.

Vom Meer geschaffen:

71

Der Hammersee

Die Insel Juist hat die Form eines Stabes, der an der Seeseite gerade und an der Wattseite leicht gewellt ist. Sie erstreckt sich fast genau von Osten nach Westen, hat bei mittlerem Tidehochwasser eine Länge von 15 Kilometer und trägt wie die anderen Ostfriesischen Inseln dazu bei, das Wattenmeer gegen die Nordsee abzugrenzen. Bedenkt man, daß die Insel Juist nur einen halben Kilometer breit ist, so erscheint es erstaunlich, daß es auf ihr einen Binnensee von 33 Hektar Größe gibt. Er leuchtet bei schönem Wetter den Inselbesuchern, die mit dem Flugzeug anreisen, schon von weitem wie ein funkelnder Aquamarin entgegen. Dieses landschaftliche Juwel ist der Hammersee, der sein Entstehen einer Naturkatastrophe – der Petriflut des Jahres 1651 – verdankt. Damals durchbrach die vom Sturm aufgewühlte See die Juister Dünenkette auf 2 Kilometer Länge und spülte dabei das Dorf der Inselbewohner weg.

Von all den Sturmfluten, denen Juist schon ausgesetzt war, übte die von 1651 den nachhaltigsten Einfluß auf die heutige Gestalt dieses schmalen Eilandes aus. Die Dünenkette blieb über 200 Jahre unterbrochen, so daß an dieser Stelle das Seewasser ungehindert ein- und auslaufen konnte. Ein Inselbesucher namens Brandt notierte für ein Buch, das 1883 erschien: „Die Insel besteht aus zwei Teilen: einem großen östlichen und einem kleinen westlichen, die Bill genannt, welche durch eine mit Muscheln übersäte Sandplatte, den Hammerich, noch zusammenhängen, die aber bei hoher Flut überschwemmt wird und dann Watt und offene See verbindet." Diese Eindrücke müssen allerdings schon einige Jahre vor Drucklegung des Buches niedergeschrieben worden sein, weil 1877 die Dünenwehr nach langwierigen mühevollen Arbeiten durch Sandfang, Dünenbepflanzungen und Deichbau wieder geschlossen werden konnte. Übrig blieb ein See, der nach dem Inselgebiet, das er bedeckt, benannt wurde. Hamm oder auch Hammerich bedeuten im friesischen Sprachraum eine zum Weiden benutzte Niederung.

Das Wasser des Hammersees ist aber längst nicht mehr salzig. Denn das über 200 Jahre lang ein- und ausströmende Meerwasser hat die Hammerniederung noch weiter ausgeräumt, so daß hier die Süßwasserlinse zutage trat, die sich unter der Insel befindet. In trockenen Sommern fällt der Wasserspiegel um mehrere Dezimeter. 1959 war der See so ausgetrocknet, daß auf seinem Grund Fußball gespielt werden konnte. Das andere Extrem trat 20 Jahre später nach dem schneereichen Winter 1979 ein, der auch der Insel Juist schwere Tage brachte. Als nach der Schneeschmelze ein Mitarbeiter des Bauamtes für Küstenschutz in Norden den See durchwatete und neben anderen Untersuchungen den Wasserstand maß, stellte er eine Höhe von 1,50 Meter fest.

Das Bauamt für Küstenschutz der niedersächsischen Wasserwirtschaftsverwaltung ist um die Erhaltung dieses größten Süßwassersees sämtlicher Nordseeinseln und das ihn umgebende Gebiet besonders besorgt. Leider unterliegt der Hammersee wie viele andere ähnliche Gewässer auf dem

Festland einem Verlandungsprozeß. Damit sich dieser nicht zu rasch vollzieht, wird sehr darauf geachtet, daß die Dünen rings um den See durch guten Bewuchs den Sand sichern, so daß er vom Wind nicht abgetragen werden kann. Zugleich halten die entweder mit Strandhafer oder mit Rotschwingel, Sandsegge, Sanddorn, Holunder und Brombeeren üppig bewachsenen Dünen den vom Strand heranwehenden Sand ab. Aber ganz bleibt der See nicht verschont.

Der etwa 1300 Meter lange und 300 Meter breite Hammersee sowie das ihn umgebende Gebiet – zusammen 184 Hektar – stehen seit 1952 unter Naturschutz. Es ist das Naturschutzgebiet Bill. Dieses Dünengebiet, das von vielen Arten Gräsern, Kräutern, Sträuchern und Bäumen bewachsen ist, erinnert mit seinen stellenweise sumpfigen, undurchdringlichen Dickichten an exotische Urwälder. Wer gerne in die Ferne träumt und sich gut gegen Mückenstiche geschützt hat, kann sich hier verzaubern lassen. Das pflanzenüberwucherte Gebiet ist von langgestreckten Tälern durchschnitten. In ihm gibt es allein sieben Farnarten, darunter den seltenen Königsfarn, dessen Sporenkrone übermannshoch werden kann.

Weiter kann man den fleischfressenden Sonnentau entdecken und das Herzblatt, eine im Sumpf lebende Orchideenart. Auch das Rundblättrige Wintergrün – eine immergrüne, etwa 30 Zentimeter hohe Pflanze mit lebhaft glänzenden Blättern und weißen Blüten, die zumeist nur in Bergwäldern vorkommt – ist hier anzutreffen. Um die Stämme von Schwarzerlen und anderen Bäumen schlingt sich Hopfen, und das Geißblatt, ebenfalls eine Kletterpflanze, umwindet Sanddornsträucher. Die Verlandungszone des Hammersees ist mit Schilf, Strandsimse sowie mit breit- und schmalblättrigen Rohrkolben bestanden. Wegen seiner Urwüchsigkeit und Schönheit wurde dieses Dünengebiet bereits 1899 von der damaligen Regierung in Aurich unter Schutz gestellt.

Anlaß für diese frühe amtliche Fürsorge gaben vor allem auch die hier in großer Zahl brütenden Brandgänse, die mit ihrem breiten zimtroten Brustband, ihrem glänzenden dunkelgrünen Kopf und ihren schwarzen Schultern das Auge jedes Naturfreundes erfreuen. Wegen ihrer Entenform auch Brandenten genannt, gelten sie für viele als die schönsten der heimischen Brutvögel an der See. Überhaupt ist hier die Vogelwelt nicht nur mit Amsel, Drossel, Fink und Star vertreten, sondern auch mit vielen seltenen Arten. So brüten hier die Kornweihe, Rohrweihe, Wiesenweihe und der Turmfalke. Auch die Sumpfohreule und der in Niedersachsen vom Aussterben bedrohte Große Brachvogel ziehen hier noch alljährlich Junge auf. Aus dem Norden stellt sich zur Brutzeit der Birkenzeisig ein. Am Rand des Hammersees brüten Reiherenten, Stockenten und die schon erwähnten Brandgänse.

Im Dünengebiet um den Hammersee läßt sich auch beobachten, wie sich die Singdrossel und der Neuntöter ihre Nahrung bereiten. Die Singdrossel zertrümmert auf Steinen Gehäuseschnekken, die sie fest im Schnabel hält, und der Neuntöter spießt an Dornen Käfer, Jungmäuse und mitunter auch frisch geschlüpfte Vögel auf. Ungleich größere Räuber sind jedoch die im Schutzgebiet brütenden Silbermöwen, die deshalb nur ungern geduldet werden. Insgesamt haben im Naturschutzgebiet Bill 70 Vogelarten Lebensraum, gegenüber nur 28 vor der Unterschutzstellung im Jahre 1899. Seit 1952, als der Hammersee und seine Dünenlandschaft endgültig zum Naturschutzgebiet erklärt wurden, wird es alljährlich von April bis Oktober von einem Vogelschutzwart sorgsam behütet.

Auf den ersten Blick wirkt dieses Bild vom Hammersee (links) wie eine Landschaft aus dem hohen Norden Europas. Erst bei näherem Hinsehen erkennt man die Dünenkette und dahinter das Meer.
Auch das Sumpfgebiet in der Nähe der Bill (rechts) vermutet man nicht auf der Insel Juist.

72 Musterbeispiel der Dünenbildung:

Die Insel Spiekeroog

Die Erdoberfläche verändert sich noch ständig. In Niedersachsen ist dies am deutlichsten an der Küste wahrzunehmen. Hier bedarf es nicht Zehntausender, Hundertausender oder gar Millionen von Jahren, um die Wirksamkeit des Werdens und Vergehens erkennen zu können. Hier vollzogen und vollziehen sich die Veränderungen in überschaubareren Zeiträumen, ja sogar unmittelbar unter den Augen der Küstenbewohner und -besucher. Es ist erdgeschichtlich nicht sehr lange her, daß auf dem Boden der südlichen Nordsee noch gepflügt wurde, daß es noch Wälder gab und Dörfer, in denen Menschen trockenen Fußes ihrem Broterwerb nachgingen. Die Mündungen von Elbe und Rhein lagen an der Doggerbank, die ein Geestrücken war wie viele andere im heutigen nördlichen Niedersachsen. Noch um die Zeitenwende berichten die Geographen und Geschichtsschreiber des alten Roms vom Bernsteinland, das hier einstmals lag, aber auch schon von einem Meer mit vielen Inseln. In jener Zeit um Christi Geburt schlug die Sterbestunde der meisten dieser Eilande, und neue, darunter die Ostfriesischen Inseln, wurden geboren.

Die gewaltigen Veränderungen in der Deutschen Bucht werden auf eine Vergrößerung des Tidenhubes zurückgeführt. Dadurch konnte die Flutwelle immer schneller und ungehemmter die Küste erreichen und auf sie zerstörend einwirken. Man nimmt an, daß die heftigeren Flutwellen zuerst in die einstigen Mündungen der Elbe und des Rheins eindrangen und nach Durchbrechen der Uferwälle immer mehr Land überschwemmten. An Stelle des früheren Deltas bekamen die Flüsse breite Mündungstrichter, zudem entstanden neue tiefe Küsteneinschnitte. Überflutung und Abtragung des Festlandes gingen nicht gleichmäßig vor sich, sondern ruckweise, so daß sich noch jahrhundertelang Festlandsreste als Inseln erhalten konnten. Es bedurfte etwa eines Jahrtausends, bevor die letzten Überbleibsel der Uferwälle des Rheins und der Elbe hinweggeschwemmt waren. Und seitdem sind weitere rund eineinhalb Jahrtausende vergangen, in denen die im Meer zurückgebliebenen Geestrücken zu Bänken abgeschliffen wurden. Zugleich stieg die Flutwelle immer höher an. Sie drohte die Marsch in lauter Halligen aufzulösen. Jever, Wittmund, Esens und andere Orte waren zu Häfen geworden. Jetzt endlich fanden die Menschen die Kraft, sich mit dem Bau von Deichen und Sielen gegen die immer höher auflaufende Flut zur Wehr zu setzen.

Auf den sieben Düneninseln, die in den letzten zwei Jahrtausenden vor der niedersächsischen Marschenküste entstanden sind, geht der Veränderungsprozeß noch ständig weiter. Die Kräfte zur Umbildung werden von Wind und Wasser geliefert. Unter diesen Eilanden, die wie eine Kette am Rande der Watten liegen und von der Marschenküste durchschnittlich 8 Kilometer entfernt sind, nimmt Spiekeroog eine gewisse Sonderstellung ein, weil sich hier alle Stadien des Ablaufes der Inselbildung, der Verlagerung der Insel und ihres Anwachsens großräumig beobachten lassen. Zudem läßt Spiekeroog den Aufbau eines Dünengebirges deutlich erkennen und zeigt als Insel insgesamt eine ausgeprägte Dünenfigur. Ihr Dünengebiet hat die Form einer Sichel, bei einiger Phantasie die einer gekrümmten Garnele, wie ein kurzer Blick auf die Landkarte bestätigt. Diese besondere Form, die auch jede einzelne Düne aufweist, hat ihre Ursache im Nordwestwind, der die von Südwesten nach Nordosten verlaufenden Dünenwälle in südöstliche Richtung abbiegt.

Dünen entstehen aus Sand, der vom Meer angeschwemmt wurde. Wenn er trocken geworden ist, kann er bei Windstärke 5 und mehr verdriftet werden. Wird die Windgeschwindigkeit durch die Reibung an Bodenhindernissen verringert, stürzen die Sandkörner ab. Solchen Widerstand leistet der Strandweizen, der sich zumeist als erste Pflanze auf einer im Meer gebildeten Sandplate ansiedelt und sich auch behaupten kann, wenn im Boden über das Brackwasser Süßwasser entstanden ist. Dieses bis 60 Zentimeter hohe Ährengras fängt Flugsand ein und durchtreibt ihn mit Sprossen. An seinen biegsamen Stengeln bildet der Sand rundliche Kuppen mitunter bis zu 3 Meter Höhe, die man Primärdünen nennt. Während der Winterzeit überschwemmen Sturmfluten den Strandweizenbestand, sie tragen Dünen wieder ab und füllen mit deren Sand kleine Täler auf, in denen neue Triebe keimen. So gestaltet sich das Gelände der Primärdünen ständig um und nimmt bei anhaltender Sandzufuhr an Höhe zu. Dadurch wird die Aussüßung des Bodenwassers weiter gefördert, so daß nach einigen Jahren auch andere Pflanzen ansässig werden, dabei vor allem der Strandhafer.

Während der Strandweizen nur wenige Halme je Flächeneinheit hervorbringt, wächst der Strandhafer zu dichteren und auch höheren Beständen heran. An ihnen steigen die jungen Dünen steilwandig empor. Auf Spiekeroog werden sie bis zu 20 Meter hoch. Der Strandhafer hat die Fähigkeit, meterlange unterirdische Kriechsprosse auszubilden, so daß er immer wieder aus dem Sand hervortreiben kann – selbst dann noch, wenn er bei Düneneinbrüchen verschüttet wird. Der Strandhafer bildet beim Aufbau der Dünenketten das Baugerüst. Diese Sekundärdünen, die zum größten Teil noch weiß sind und deshalb auch Weißdünen heißen, werden dann allmählich von einer Pflanzendecke überzogen. Wie sich dieser Wandel zur sogenannten Graudüne vollzieht, ist recht kompliziert und daher nicht mit wenigen Sätzen darzustellen. Obgleich sich die Vorgänge im einzelnen mit dem Verstand genau erfassen lassen, fällt ihr Zusammenwirken von der Nährstoffzufuhr bis zum Pflanzenwachstum und einem mehrmaligen Pflanzenwechsel in den Bereich der Wunder der Natur.

Die neuen Dünen von Spiekeroog bilden sich auf der 6 Kilometer langen Ostplate, deren Entstehung mit der Verlandung der der Insel gegenüberliegenden Harlebucht zusammenhängt. Seit der Mitte des 18. Jahrhunderts weitete sich der ursprünglich nur schmale Sandstrand von Spiekeroog immer mehr nach Osten aus und verengte dadurch zugleich den Abstand zur Nachbarinsel Wangerooge. Die Ostplate, die zunächst kaum über das mittlere Hochwasser herausragte, wuchs auch immer höher an. Etwa um die Mitte dieses Jahrhunderts zeigten sich auf ihrem Mittelrücken die ersten größeren Sandaufschüttungen, die sich nach der Besiedlung durch Strandweizen nicht nur gegen Stürme und Überflutungen behaupteten, sondern immer größeren Umfang annahmen. Fast gleichzeitig mit den Dünen bildete sich in deren Schutz im Südteil der Insel durch Schlickanhäufungen ein Quellerfeld aus. Zudem entwickelte sich ein Hellergebiet, das sich von Jahr zu Jahr weiter nach Osten vorschob und sich mit den Tälern des Primärdünenbereiches verband. Als das Quellerfeld hoch genug war, siedelten sich auch andere Pflanzen wie Kali-Salzkraut, Milchkraut, Meerstrand-Gänsefüßchen und Andelgras an.

1970 wurde die Ostplate von Spiekeroog auf einer Fläche von 885 Hektar unter Naturschutz gestellt. Seitdem kann sich die Vegetation vollkommen unbeeinflußt entwickeln. Das scheinen besonders auch Blütenpflanzen zu danken, die sich schon in großer Zahl und Vielfalt eingestellt ha-

ben. Die zunehmende Begrünung hat auch viele Vögel angelockt, die hier im Frühjahr ungestört brüten und ihre Jungen aufziehen können. Unter anderen gehen hier Austernfischer, Kiebitze, Rotschenkel, Regenpfeifer sowie Fluß- und Küstenseeschwalben ihrem Brutgeschäft nach. Besonders lebhaft wird es während des Vogelzuges, wenn Abertausende von nordischen Vögeln auf Reisen sind und hier rasten. Sie lassen sich vor allem im Watt nieder, haben aber auch schon das Dünengebiet in Beschlag genommen.

Diese vier Bilder von Spiekeroog veranschaulichen die Phasen der Entstehung eines Dünengebirges. Das Bild links oben zeigt die Ostplatte der Insel, die erst in den letzten rund 200 Jahren entstanden ist. Auf ihr verfängt sich an Strandweizenhalmen trockener Sand und lagert sich in Form runder Kuppen zu Primärdünen ab (links unten). Diese bauen sich unter Mithilfe des Strandhafers zu Sekundärdünen auf (rechts oben). Überziehen sie sich dann mit einer Pflanzendecke, werden sie zur fertigen Düne wie die im Bild unten rechts, auf der das Seezeichen von Spiekeroog steht.

73 Neuland im Wattenmeer:

Der Knechtsand

Im strömungsarmen Gebiet zwischen Jade-, Weser- und Elbmündung dehnen sich bis zu 20 Kilometer breite Watten aus. Das sind Flächen aus Sand und Schlick, die täglich im Wechsel der Gezeiten vom Meerwasser überflutet und wieder freigegeben werden. Sie sind von zahlreichen, sich ständig verlagernden Wasserläufen durchzogen, von denen die kleineren „Priele" und die größeren „Baljen" heißen. Einige der „Sände" genannten Wattflächen haben sich zu Inseln entwickelt wie Mellum, Minseneroog, Scharhörn und – weiter im Westen – Memmert. Andere dagegen, die bereits Inseln waren, sind von den vereinten Kräften des Windes und des Wassers abgetragen und in den Wattboden eingeebnet worden. Ein Beispiel dafür ist jene Insel, die im ersten vorchristlichen Jahrhundert von dem griechischen Geographen Strabo „Burchanis" und von den römischen Legionären volkstümlicher „Fabaria" – die „Bohneninsel" – getauft wurde. Dieses Eiland, auf dem in großen Mengen wilde Bohnen wuchsen, war damals mit etwa 16 Quadratkilometer Fläche doppelt so groß wie das heutige Juist und lag zwischen dieser Insel und dem östlichen Mündungsarm der Ems. Von Burchanis ist nichts geblieben.

Die jüngste Insel im Wattenmeer entsteht gegenwärtig auf dem Großen Knechtsand, der den Marschen des Landes Wursten vorgelagert ist. Sie wird von der Gezeitenströmung und der Brandung aus wanderndem Sand aufgebaut, der vom Westen her angeschwemmt wird, und hat das Urstadium der Inselbildung bereits überschritten. Dieses Stadium gilt als erreicht, wenn der Sand bei Niedrigwasser trockenfällt. Die Knechtsand-Insel ragt sogar schon über das mittlere Hochwasser hinaus. Sie ist in dieser Gezeitenphase rund 6 Quadratkilometer groß, hat die Form eines Eies und ist stellenweise dicht mit Muscheln bedeckt. Auf diesem Schalenpflaster hat der Wind erste kleine Sanddünen bis zu 1,5 Meter Höhe angehäuft. Im Jahr 1962 wurden durch Menschenhand Zäune errichtet sowie Strandgerste und Strandhafer angepflanzt, damit sich an ihnen der Sand verfängt und so die Dünenbildung beschleunigt wird.

An der Westseite der jungen Insel, wo täglich zweimal die Flut anrollt und das Wasser nie ganz abfließt, haben sich Queller angesiedelt – jene merkwürdigen, stark salzverträglichen Pflanzen, die auf den ersten Blick nur aus dicklichen runden Stengeln zu bestehen scheinen. Ihre Blätter sind so zurückgebildet, daß von ihnen nur noch Wulste blieben, und auch die Blüten sind fast völlig verkümmert. Zur Pflanzengesellschaft, die sich auf der Knechtsand-Insel eine Heimat geschaffen hat, gehören Meerstrandquecken, Strandmelden, Strandwegerich und der Meersenf, der mit seinen blaßlila Blütchen die einzigen freundlichen Farbtupfer in das recht eintönige Inselbild bringt. Der aus dem Meer flach herausragende Knechtsand macht alles in allem ganz den Eindruck, daß hier mit dem Erwachen des ersten Pflanzenlebens eine Fortschreibung der Schöpfungsgeschichte begonnen wurde.

Allerdings war dieses Wattengebiet bereits auch der Zerstörungssucht des Menschen ausgeliefert: Es diente von 1945 bis 1957 der britischen Luftwaffe als Bombenabwurfplatz. Die militärischen Übungen führten zu solch grausigem Vogelmord, daß sich in Bremerhaven eine Schutz- und Forschungsgemeinschaft Knechtsand organisierte und mit zielstrebiger Energie den Kampf gegen das verderbliche Treiben in diesem Wattengebiet aufzunehmen begann. Der Erfolg war, daß der

Der Knechtsand zeigt beispielhaft, wie in den Wattgebieten an der Nordseeküste durch Sandanschwemmung neue Inseln entstehen. Die erste Pflanze, die sich auf dem noch vom Meerwasser immer wieder überfluteten Sand ansiedelt, ist der stark salzverträgliche Queller. Er bedeckt fast die gesamte Westseite der jungen Insel, an die täglich zweimal die Flut rollt.

Knechtsand-Bombenvertrag zwischen der Bundesrepublik und dem Vereinigten Königreich nicht verlängert wurde und das Gebiet noch im Jahr 1957 vom Land Niedersachsen unter Naturschutz gestellt werden konnte. Da die in großer Eile erlassene Schutzverordnung jedoch unvollkommen war, bedurfte sie einer Änderung, die 1966 vorgenommen wurde. An die rechtliche Grundlage wurde dann noch einmal Hand angelegt, aber nur, um das Naturschutzgebiet von 260 auf 302 Quadratkilometer zu erweitern. Dies geschah 1973 durch die Einbeziehung der Watten von vier stillgelegten Leuchttürmen am Weserfahrwasser. Seitdem heißt das Naturschutzgebiet „Wattenmeer Knechtsand/Eversand".

Der Knechtsand ist für den Vogelschutz von so großer Bedeutung, daß er 1968 zu einem Europa-Reservat erklärt wurde. In diesem Gebiet versammeln sich jährlich in den Monaten Juli bis September sämtliche in den westeuropäischen Küstengebieten beheimateten Brandgänse zur Mauser. Innerhalb dieser Zeitspanne gibt es Tage, an denen bis zu 75 000 dieser herrlich gefärbten Vögel beisammen sind.

Bei der Brandgans, die der Form nach den Enten ähnelt, sind Kopf, Hals, Schultern und Flügelspitzen schwarz, die Flügeldecken, der Rücken und die Unterseite dagegen weiß. Die Farbenpracht entsteht durch das breite zimtrote Brustband, den grünen und braunen Spiegel, den grünlichen Schiller des schwarzen Kopfes und den karminroten Schnabel.

Was die Brandgänse dazu treibt, daß sie sich Jahr für Jahr alle auf dem Knechtsand einfinden, ist schwer zu ergründen. Wissenschaftliche Beobachtungen haben ergeben, daß es jährlich insgesamt bis zu 100 000 sind, wobei die durchschnittliche Verweildauer je Gans 12 bis 14 Tage beträgt. Die größte Konzentration an Tieren ist jeweils von Ende Juli bis in die zweite Hälfte August festzustellen, wenn das Wasser am wärmsten ist. Es ist dann auch die Zeit der Mauser, des zur völligen Flugunfähigkeit führenden Verlustes des Schwingengefieders. Die Hand- und Armschwingenfedern treiben während dieser Periode in langen Bändern am Strand der Knechtsand-Insel. Die Brandgänse mausern wahrscheinlich deshalb in der Zeit der höchsten Wassertemperaturen, weil dann ihr Wärmeverlust am geringsten ist. Es konnte auch beobachtet werden, daß sich die flugunfähigen Vögel zur Nahrungssuche bei Niedrigwasser von der Insel nur wenige Kilometer durch Gezeitenströme wegdriften lassen, während sie in flugfähigem Zustand die Insel 20 Kilometer und noch weiter verlassen. Diese Feststellung des weiten Wegfliegens hat mit dazu geführt, daß das Naturschutzgebiet ausgedehnt wurde.

Von den vielen Brandgänsen bleiben nur wenige das ganze Jahr über auf dem Knechtsand, um hier auch zu brüten. Dafür wird er von anderen Vogelarten wie Silbermöwen, Sturmmöwen, Austernfischern, Rotschenkeln, Sandregenpfeifern und mehreren Seeschwalbenarten in reichem Maße als Brutbiotop genutzt. Zur Beobachtung der Seevogelwelt wie auch zur Erforschung des gesamten Ökosystems im Watt wurde bereits 1961 auf der Knechtsand-Insel ein seefester hölzerner Beobachtungsturm errichtet, der – weithin sichtbar – zu einer Art Seezeichen geworden ist. So sehr sich Sandbänke für die Vogelwelt als nützlich erweisen, so sehr sind sie der Schrecken der Seeleute. Auch auf dem Knechtsand zeugt ein Schiffswrack von der großen Gefahr. Da der Beobachtungsturm nicht, wie es von den zuständigen Naturschutzbehörden vorgesehen wurde, jährlich von Mitte April bis Ende September mit einem Vogelschutzwart besetzt werden kann, weil freiwillige Helfer nicht in ausreichender Zahl zur Verfügung stehen, ist die Überwachung dieses Naturschutzgebietes noch unvollkommen. Sorge bereitet besonders die stark angestiegene Zahl von Touristen an der Wurster Küste, von denen immer mehr immer weiter mit Booten in das Naturschutzgebiet eindringen und das Vogelleben stören. So gefährden sie auch den letzten Kormoranbrutplatz, den es in der Bundesrepublik noch gibt, und die Liegeplätze von Seehunden.

Für die Brandgänse (rechts) hat der Große Knechtsand (unten) eine besondere Bedeutung: Sie kommen Jahr für Jahr in riesigen Scharen aus dem gesamten westeuropäischen Küstengebiet hierher, um zu mausern.

Folgende Seiten:

Nördlich der Ostfriesischen Inseln, die wie ein Bollwerk wirken, verliert sich das Festland im Meer. Wer dem Spiel der anbrandenden Wellen zusieht, kann sich kaum vorstellen, daß noch vor 2000 Jahren viel weiter, als der Blick zu reichen vermag, alles Festland war, auf dem es Weideflächen und Wälder gab. Der blanke Hans hat das Land den Menschen nach und nach genommen.

Literaturverzeichnis

Abels, H.
„Die Ortsnamen des Emslandes – Kreis Meppen, Aschendorf, Hümmling, Lingen, Bentheim", Paderborn 1927

Amelung, G.
„Planungsidee und Planungsverwirklichung in den niedersächsischen Landesforsten – dargestellt am Beispiel der Forstwirtschaft im Hils 1746–1980", Neues Archiv für Niedersachsen Band 28, Heft 2, Göttingen 1979

Augst, H.-J.
„Gutachten über die Bedeutung der Meißendorfer Fischteiche für den Tierartenschutz", Niedersächsisches Landesverwaltungsamt, Hannover 1976

Baum, U.
„Lauenstein im Ith", Lauenstein 1977

Behrmann, W.
„Oberflächengestalt des Harzes", Forschungen zur Deutschen Landes- und Volkskunde, Stuttgart 1912

Berger, H.
„Das Teufelsmoor", Schriftenreihe des Informationsdienstes der Regierung in Stade, Heft 10/1950

Bernatzky, A.
„Die Tausendjährige Linde in Heede/Ems", Baumzeitung Nr. 2, Frankfurt 1967

Bernd, R., Brunken, E. J., Schmidt, G. u. Schmidt, H.
„Faunistische und ökologische Aspekte für Naturschutz, Landschaftsgestaltung und Strukturplanung im Raum Braunschweig", Braunschweiger Heimat, 1979

Borcherding, H.
„Grafschaft Schaumburg – mein Heimatland", Rinteln 1951

Brandes, J.
„Das Ewige Meer", Ostfriesland Heft 2, 1966

Brandes, W.
„Forstbotanisches Merkbuch – Nachweis der beachtenswerten und zu schützenden urwüchsigen Sträucher, Bäume und Bestände im Königreich Preußen – Provinz Hannover", Hannover 1907

Brandt, M. G. W.
„Insel und Seebad Juist an der ostfriesischen Küste", Norden 1883

Brauer, P. u. Prüser, J.
„Die Göhrde", Heimvolkshochschule Jagdschloß Göhrde s. a.

Bremer, H.
„Flußerosion an der oberen Weser", Göttingen 1959

Brünger, W.
„Länderkundliche Gliederung der Oberweserlandschaft", Göttingen 1973

Brüning, K. u. Schmidt, H.
„Niedersachsen und Bremen", Stuttgart 1969

Buchwald, K.
„Bruchwaldgesellschaften im Großen und Kleinen Moor, Forstamt Danndorf", Angewandte Pflanzensoziologie Heft 2, Stolzenau/Weser 1951

Burckhardt, H.
„Der Eibenhain im Pleßwalde bei Göttingen", Aus dem Walde Heft 1/1865

Campe, J. H.
„Beschreibung einer Reise von Hamburg in die Schweiz im Jahre 1785", Erste Sammlung merkwürdiger Reisebeschreibungen Teil I/II, 8. Aufl., Braunschweig 1847

Dahl, H.-J. u. Heckenroth, H.
„Landschaftspflegerisches Gutachten zur Emsumleitung durch den Dollart", Naturschutz und Landschaftspflege Heft 6, Hannover 1978

Dahms, E.
„Limnogeologische Untersuchungen im Dümmer-Becken im Hinblick auf seine Bedeutung als Natur- und Landschaftsschutzgebiet", Diss. Berlin 1972

Dahms, K.
„Die Dörfer im Sackwald", Heimatkundliche Beiträge zum Studium Niedersachsens Heft 2/1960

Dierßen, K.
„Die Vegetation des Gildehauser Venns", Diss. Hannover 1973

Dumler, H.
„Rundwanderungen Lüneburger Heide", Stuttgart 1972

Eggelsmann, R.
„Hydrologie der Naturschutzgebiete ‚Großes Tate-Meer' und ‚Theikenmeer' am Hümmling", Naturwissenschaftlicher Verein Bremen, Bremen 1977

Ehlers, H.
„Erzhausen im mittleren Leinetal mit Pumpspeicherwerk", Bad Gandersheim 1974

Ellenberg, H.
„Vegetation Mitteleuropas mit den Alpen", Stuttgart 1963

Erchinger, H. F.
„Deichbau auf Juist", Seehund Band 3, Juist 1977

Erdmann, E.
„Naturschutz am Jadebusen", Landkreis Wesermarsch, 1977

Friese, H.
„Die Dinosaurierfährten von Barkhausen im Wiehengebirge", Wittlager Heimathefte Heft 6, Bad Essen 1972 und „Geologische Naturdenkmäler von Niedersachsen", Katalog der Sonderausstellung 1974–1975 des Niedersächsischen Landesmuseums Hannover

Garfs, J.
„Bad Pyrmont – Ursprung, Vergangenheit, Gegenwart", Bad Pyrmont 1969

Garleff, K.
„Jungquartäre Taleintiefungen am Wilseder Berg", Öhringen/Württ. 1971

Gilly, W.
„Der Hasbruch", Ganderkesee 1969

Goebel, W.
„Stratigraphie und Tektonik im Gebiet der Harzrandzone zwischen Bad Harzburg und Goslar", Diss. Berlin 1962

Goedeke, R.
„Die Oberflächenformen des Elm", Göttingen 1966

Grotelüschen, W. u. Muuß, U.
„Luftbildatlas Niedersachsen", Neumünster 1974

Günther, F.
„Der Ambergau", Walluf b. Wiesbaden 1974

Haase, H., Schmidt, M. u. Lenz, J.
„Der Wasserhaushalt des Westharzes", Göttingen 1970

Hacke, Th.
„Bentheim und der Herrgott von Bentheim", Osnabrück 1898

Hamm, F.
„Einführung in Niedersachsens Erdgeschichte", Hildesheim und Leipzig 1938

Hasbargen, L.
„Die Ostfriesischen Inseln", Hildesheim 1964

Heckenroth, H. u. Lüderwaldt, D.
„Der Dümmer", Natur und Landschaft Heft 5, Stuttgart 1974

Hempel, L.
„Das morphologische Landschaftsbild des Unter-Eichsfeldes unter besonderer Berücksichtigung der Bodenerosion und ihrer Kleinformen", Forschungen zur deutschen Landeskunde Band 98, 1957

Henniger, K. u. Harten, J. v.
„Niedersachsens Sagenborn", Hildesheim 1953

Herrmann, A.
„Die geologische und hydrologische Situation der Rhumequelle am Südharz", Abhandlungen zur Karst- und Höhlenkunde, Blaubeuren 1969

Herrmann, R.
„Der Krater von Bad Nenndorf" in Festschrift „175 Jahre Bad Nenndorf", Bad Nenndorf 1963 und „Natur und Geschichte der Dunsthöhle in Bad Pyrmont", Berichte der Naturwissenschaftlichen Gesellschaft zu Hannover Band 115/1971

Höche, W.
„Die Geschichte des Hamelner Stadtwaldes", Diss. Hann. Münden 1952

Holder, A.
„Alt-celtischer Sprachschatz", Leipzig 1896

Huntemann, H.
„Die Wildeshauser Geest", Bremen 1977

Janßen, W.
„Burg und Schloß Neuenburg", Oldenburg 1978

Kaerger, G.
„Herz des Naturparks – das Hühnerfeld", Beilage „Unsere Heimat" der Mündenschen Nachrichten Nr. 39/1968

Kaiser, C.
„Einführung in die Geologie des Naturschutzgebietes Hohenstein", Staatliches Forstamt Oldendorf 1979

Kayser, K.
„Die Kelten des Bardengaus", Hannover und Berlin 1909

Kemper, E.
„Die Sprache der Steine", Unser Betrieb – C. Deilmann Bergbau GmbH Heft 1, Bentheim 1966

Kersten, K.
„Urgeschichte des Naturschutzparkes Wilsede", Hildesheim 1964

Kleinschmit, H.
„Landschaftsrahmenplan Naturpark Münden", Landkreis Göttingen 1974

Klink, H.-J.
„Das naturräumliche Gefüge des Ith-Hils-Berglandes", Bad Godesberg 1969

Kluge, F.
„Etymologisches Wörterbuch der deutschen Sprache", Straßburg 1899

Kohl, J. G.
„Nordwestdeutsche Skizzen, Fahrten zu Wasser und zu Lande an den unteren Gegenden der Weser, Elbe und Ems", Bremen 1864

Kohnen, A.
„Geschichte des Hümmlings", Papenburg 1950

Kremser, W.
„Die Erhaltung und Pflege kulturhistorisch bedeutsamer Waldbilder als gesellschaftliche Aufgabe", Rotenburger Schriften Heft 33/1970

Krieger, H.-B.
„Elmsagen", Braunschweig-Schöppenstedt 1967

Krumbein, C.
„Der Herrgott von Bentheim", Bremen-Horn 1956

Künnemann, Ch.
„Mensch und Meer am Jadebusen", Oldenburg 1954

Kürschner, K.
„Ein Beitrag zur Geschichte des Reinhäuser Waldes", Diss., Göttingen 1977

Lagemann, J. C.
„Urland zwischen Heide und Moor", Kempen 1946

Lang, A. W.
„Das Juister Watt", Bremen-Horn 1955

Lange, F.
„Morphologische Untersuchungen an der Süntelbuche", Mitteilungen der Deutschen Dendrologischen Gesellschaft Heft 67, Göttingen 1974

Langenkamp, R.
„Die Geschichte des Bramwaldes", Zeitschrift für Forst- und Jagdwesen, Berlin 1940

Lauenstein, F. u. Müller K. W. L.
„Das Steinhuder Meer", Kassel 1972

Leiß, W.
„Geheimnisse um den Bramwald", Beilage „Unsere Heimat" der Mündenschen Nachrichten Nr. 39/1968

Lembcke, R.
„Kreis Land Hadeln", Otterndorf 1976

Lievenbrück, B.
„Der Nordhümmling", Schriftenreihe des Emsländischen Heimatbundes Band 3, Meppen 1978

Löns, H.
„Ein Pirschgang am Kahnstein" und „Ein Sommertag im Südharz" aus „Mein grünes Buch", Hamburg 1960

Lomnatzsch, H.
„Iberger Tropfsteinhöhle, Iberg-Winterberg, Hübichenstein", Clausthal-Zellerfeld s. a.

Ludewig, K.
„Die Dransfelder Hasenjagd Anno 1305". Dransfeld 1975

Meinrenken, F.
„Die Naturschönheiten des Neuenburger Urwaldes", Wilhelmshaven 1966

Meyer, J.
„Die Provinz Hannover in Geschichts-, Kultur- und Landschaftsbildern", Hannover 1888

Meyer, L.
„Einführung in die Geologie des Westharzes", Clausthal-Zellerfeld 1972

Meyer-Deepen, J. u. Meertinus, P. D. M.
„Spiekeroog – Naturkunde einer ostfriesischen Insel", Spiekeroog 1979

Mohr, K.
„400 Millionen Jahre Harzgeschichte", Clausthal-Zellerfeld 1975

Montag, A.
„Das Naturschutzgebiet Braunschweig-Riddagshausen und das Landschaftsschutzgebiet Buchhorst bei Braunschweig", Hannover 1965

Müller, Th.
„Ostfälische Landeskunde", Braunschweig 1952

Müller, W.
„Oberflächenstruktur und Hydrologie des Bruchbergmoores im Harz im Zusammenhang mit der Differenzierung der Moorvegetation", unveröffentlichte Staatsexamensarbeit, Köln 1974

Neumann, G.
„Der Name des Hurkutsteins", Göttinger Jahrbuch 1963

Neumann, R.
„Rundwanderungen zwischen Ems und Weser", Stuttgart 1976

Nowothnig, W.
„Der Giebichenstein bei Stöckse, Kreis Nienburg/W., und die vorgeschichtlichen Denkmäler", Hildesheim 1973

Oelke, H.
„Die Bedeutung des Großen Knechtsandes als Mausergebiet der Brandgans (Tadorna tadorna) im Gebiet der Deutschen Bucht", Landschaft + Stadt, Stuttgart 1969

Patze, H.
„Geschichte Niedersachsens", Hildesheim 1977

Pfannenberg, K. u. Dienemann, W.
„Das Dümmerbecken", Hildesheim 1964

Pfeifer, H.
„Das Kloster Riddagshausen bei Braunschweig", Wolfenbüttel 1896

Pittelkow, H.
„Das Weser-Wiehengebirge", Bremen-Horn 1954

Raabe, W.
„Das Odfeld" und „Hastenbeck", erstmals erschienen 1888 und 1898 in der Nationalzeitung

Rabe, E.
„Die ‚Dicke Linde' von Upstedt", Braunschweigische Heimat 1961

Reinboth, F.
„Die Jettenhöhle bei Düna und ihre Umgebung", München 1972

Reinboth, W.
„Naturschutzgebiet Sachsenstein bei Walkenried", Dokumentation, Walkenried 1979

Ries. H.
„Das Zwischenahner Meer", Westerstede 1936

Rink, A.
„Die Ith-Hils-Mulde", Hannoversche geographische Arbeiten, Hannover 1942

Röhr, H.
„Der Elm – Geschichte einer Landschaft und ihrer Menschen", Braunschweig-Schöppenstedt 1962

Ronge, R.
„Der Landkreis Münden", Oldenburg 1970

Runge, F.
„Die Naturschutzgebiete Westfalens und des Regierungsbezirks Osnabrück", Münster/Westfalen 1961

Rühl, A.
„Waldvegetationsgeographie des Weser-Leineberglandes", Göttingen 1973

Sagert, G.
„Cuxhavener Wattenmeer", Hannover 1973

Sanden-Guja, W. v.
„Der große Binsensee", Stuttgart 1960

Schirmeyer, L.
„Sagen aus dem Emsland", Rastede 1947

Schmeidler, E.
„Fischerei und Teichwirtschaft" in „Der Landkreis Celle – Geschichte, Landschaft, Wirtschaft", Oldenburg 1966

Schneider, S.
„Das Bissendorfer Moor nördlich von Hannover", Berichte der Naturhistorischen Gesellschaft zu Hannover, 1965

Schönfelder, P.
„Vegetationsverhältnisse auf Gips im südwestlichen Harzvorland", Naturschutz und Landschaftspflege in Niedersachsen Heft 8, Hannover 1978

Schrader, E.
„Die Landschaften Niedersachsens", Hannover 1965

Schriel, W.
„Geologie des Harzes", Hannover 1954

Schwieker, F.
„Das Hamme-Urstromtal, Worpswede und das Teufelsmoor", Stuttgart 1928

Schütt, G.
„Die cromerzeitlichen Bären aus der Einhornhöhle bei Scharzfeld", Mitteilungen aus dem Geologischen Institut der Technischen Hochschule Hannover Heft 7/1968

Seedorf, H. H.
„Topographischer Atlas Niedersachsen und Bremen", Neumünster 1977. – „Reliefbildung durch Gips und Salz", Bremen-Horn 1955

Seewald, Ch.
„Wald- und Grünland-Gesellschaften im Drömling", Diss., Vaduz 1977

Sello, G.
„Territoriale Entwicklung des Herzogtums Oldenburg", Göttingen 1917

Stokes, W. u. Bezzenberger, A.
„Wortschatz der keltischen Spracheinheit", Göttingen 1979

Streif, H.
„Limnogeologische Untersuchungen des Seeburger Sees", Geologisches Jahrbuch Beih. 83, Hannover 1970

Sturmfels, W. u. Bischof, H.
„Unsere Ortsnamen im ABC erklärt nach Herkunft und Bedeutung", Bonn 1961

Tacke, E.
„Bilder aus der Geschichte Grünenplans und der Glasindustrie im Hils", Alfeld 1949. – „Der Landkreis Holzminden", Bremen-Horn 1951

Thien, H.
„Theikenmeer – die Wiedergeburt eines Moorsees", Kosmos Heft 9/1979

Thöne, W.
„Landkreis Duderstadt", Oldenburg 1971

Tüxen, R.
„Der Maujahn – Skizze der Pflanzengesellschaften eines wendländischen Moores", Veröffentlichungen des Geobotanischen Instituts der Eidg. Techn. Hochschule Zürich, Heft 37

Urban, B.
„Pollenanalytische Untersuchungen zur Entstehungsgeschichte des Bruchbergmoores / Oberharz", Diplomarbeit, Köln 1975

Walther, S.
„Singularia Magdeburgica oder: Merckwürdigkeiten aus der Magdeburger Historie", Magdeburg u. Leipzig 1737

Weber, H. E.
„Vegetation des Naturschutzgebiets Balksee und Randmoore", Naturschutz und Landschaftspflege in Niedersachsen Heft 9, Hannover 1978

Weißköppel, P.
„Die Vogelwelt am Steinhuder Meer und in seiner weiteren Umgebung", Wunstorf 1975

Wiepking, H. F.
„Rettet die Kratteichen im Naturschutzgebiet Baumweg", Natur und Landschaft Heft 11/1970

Wilkening, A.
„Obernkirchen – alte Stadt am Bückeberg", Obernkirchen 1956

Willerding, U.
„Beiträge zur Geschichte der Eibe", Plesse-Archiv Heft 3, Göttingen 1968

Woebcken, C.
„Die Entstehung des Dollart", Aurich 1928, „Deiche und Sturmfluten an der deutschen Nordseeküste", Bremen-Wilhelmshaven 1924

Zander, O.
„Die Rhumequelle, eine der größten Quellen Europas, und das 1000-jährige Pöhlde", Pöhlde 1955

Geographieverzeichnis

A

B

H

I

J

T

U

V

W

Z